# LE CHARME DE L'HISTOIRE

DU MÊME AUTEUR :

**Remarques et Pensées,** deuxième édition, avec une préface de SULLY PRUDHOMME. In-12 (XVI-172) Librairie Paul Ollendorf.

———————

EUGÈNE MARBEAU

# LE CHARME DE L'HISTOIRE

## ÉTUDES DIVERSES

Le Charme de l'Histoire
Granvelle aux Pays-Bas — Lettres de Dubuisson
Dufort de Cheverny — Treilhard
Le Grand Orient devant le Conseil d'État en 1863
Le Livre de la Pousta — Les Contes de Perrault
La Rochefoucauld et la Comtesse Diane
Fragments divers

———— ✳ ————

## PARIS

ALPHONSE PICARD ET FILS, ÉDITEURS

82, rue Bonaparte, 82

—

1902

# AVANT-PROPOS

J'ai réuni dans ce volume diverses lectures faites à la Société des Études historiques sur des ouvrages dont elle me chargeait de lui rendre compte, ou sur des sujets qui avaient frappé mon attention. J'y ai joint une conférence sur Treilhard qui m'a été demandée en 1882 par l'Association Corrézienne, et des « Souvenirs », publiés l'an dernier par la Revue des Deux Mondes, sur une affaire concernant le Grand Orient de France, dont j'ai été rapporteur au Conseil d'État en 1863.

J'ai eu soin de rappeler la date de chacune de ces études. Les choses changent vite en France, et peut-être aujourd'hui ne songerais-je plus à écrire quelques passages, notamment sur l'idée de patrie, qui datent à peine de quelques années.

J'avais intitulé autrefois « Le Charme de l'Histoire » une courte allocution que j'avais prononcée en ouvrant la séance publique de la Société des Études Historiques l'année où elle m'avait

*fait l'honneur de me nommer son président. J'ai
cru pouvoir conserver ce titre à tout le volume :
il indique que, si j'aime l'histoire et ses enseignements, je n'ai nullement la prétention d'être
un historien. On ne trouvera dans ce modeste
recueil ni les grands aperçus qui jettent un jour
lumineux sur la marche progressive de l'humanité, ni même des découvertes nouvelles sur
quelque sujet encore ignoré, mais seulement de
simples notes prises sur quelques-unes de mes
lectures. Lorsque, dans une œuvre historique ou
littéraire, je rencontre le tableau vivant de
mœurs différentes des nôtres ou de situations
analogues à celles que nous traversons, j'aime à
comparer ces différences ou ces analogies, à voir
ce qu'étaient nos pères, comment ils ont supporté
leurs épreuves, et par quelles vertus, quels efforts
ils sont parvenus à s'en relever.*

*Regarder le passé console parfois des tristesses
et des misères du présent.*

*Mars 1902.*

# LE CHARME DE L'HISTOIRE[1]

———

Mesdames, Messieurs,

Mon premier devoir en ouvrant cette séance est de vous remercier d'avoir fidèlement répondu à notre appel. Votre présence donne à nos réunions annuelles un éclat dont nous vous sommes reconnaissants ; elle est le sympathique témoignage de l'intérêt que vous portez aux études historiques ; à ce titre, elle est pour nous le plus précieux des encouragements.

L'étude de l'histoire retient par un attrait irrésistible tout esprit qui a commencé à s'y livrer. Jeunes, nous lui demandons d'éclairer notre conduite dans la vie publique qui nous appelle, de nous guider dans ces luttes confuses où chacun doit choisir et défendre son drapeau. Plus tard, quand l'âge ou les évènements nous ont délivrés des soucis de l'action, nous cherchons dans le souvenir des gloires et des tristesses de nos pères, non plus peut-être un ensei-

(1) Discours prononcé à la séance publique de la *Société des Etudes historiques* le 30 avril 1890.

1

gnement, mais une consolation et une espérance.
Tous enfin, n'avons-nous pas besoin par instants
d'échapper au terre à terre des occupations banales
dans lesquelles se résume toute profession ou toute
carrière? L'histoire nous transporte dans la région
élevée et sereine des idées ; elle nous convie à connaître, par la manifestation de leurs actes publics,
les hommes qui ont marqué leur passage dans la
mémoire des siècles ; à étudier les faits qui ont
influé sur la marche de la civilisation ; à discerner,
derrière l'apparent désordre des évènements, leur
enchaînement logique et nécessaire.

Toutes les branches de l'histoire sont intéressantes : les grandes vues qui dominent l'humanité nous montrent dans la suite des âges les lois
permanentes de son développement ; les petits détails anecdotiques donnent à chaque siècle, à chaque
pays sa physionomie spéciale, et nous apprennent
comment, à une époque déterminée, vivaient, pensaient, sentaient nos ancêtres. Il n'est pas jusqu'aux menus faits particuliers à quelque personnage obscur qui ne puissent éveiller l'ardente
curiosité de l'érudit. Le modeste chercheur est
peut-être, de tous les adeptes des études historiques,
celui qui jouit le plus de son œuvre ; là, comme
partout, le plus humble est le plus heureux. Il se
passionne pour son héros, en raison même de l'obscurité dans laquelle il l'a trouvé ; il l'entoure d'une

tendresse paternelle ; il triomphe de la renommée
qu'il cherche à lui rendre et qui était méritée peut-
être, car la postérité a d'étranges injustices ! Tel
personnage oublié maintenant était doué de facultés
éminentes qui ont émerveillé ses contemporains ;
que lui a-t-il donc manqué pour que l'histoire ait
retenu son nom ?

Les monographies des lieux peuvent nous captiver
comme celles des hommes, et les courtes notices
que nous envoient souvent nos confrères font songer
à ces minuscules clichés photographiques que les
amateurs rapportent de leurs voyages et dont il
suffit d'agrandir l'image pour obtenir un vrai tableau, avec tous ses détails et toutes ses perspectives.

En voulez-vous des exemples ? Voici quatre modestes localités dont l'histoire nous a été racontée :
le petit village de Montépilloy, entre Seinls et Dam-
martin ; celui de Bellegarde, dans le Gatinais ; et,
au fond de la Vendée, le bourg de Maillezais et le
petit port de Bouin, aujourd'hui comblé par les
relais de la mer.

A Montépilloy, Philippe-Auguste se rencontra
avec le comte de Flandre, à qui il disputait le Valois
et le Vermandois, héritage de ses cousines Isabelle
et Aliénor ; notre petit village de la banlieue de
Paris était alors une des frontières du royaume de
France ! Deux cent cinquante ans plus tard, le duc
de Bedfort y assigna rendez-vous à Charles VII

pour une bataille, ainsi qu'on eût pu le faire pour
un duel. Du haut de la vieille tour féodale, dont les
ruines sévères dominent la campagne, pareilles à
ces souvenirs confus de l'ancien régime qui trou-
blent encore la mémoire des paysans, on a pu voir
Jeanne d'Arc s'avancer entre les deux armées et
frapper de sa lance, en signe de défi, les pieux des
palissades derrière lesquelles s'abritaient les Anglais. Mais en vain cria-t-elle à Bedfort qu'il avait
lui-même demandé la bataille ; en vain lui offrit-
elle de faire reculer les troupes françaises pour lui
donner du champ et lui permettre de se développer;
Bedfort, ce jour-là, n'osa pas sortir de ses retranchements et se mesurer avec la Pucelle d'Orléans.

C'est à un autre titre, par la série de ses propriétaires successifs, que Bellegarde-en-Gatinais nous
intéresse. La terre, qui s'appelait alors Choisy,
avait été défrichée au $IX^e$ siècle par des moines
Génovéfains. A l'époque où les fils de nos rois se
partageaient la France, elle se trouva comprise dans
l'apanage du quatrième fils de Jean, celui qui, à
Poitiers, à peine âgé de 15 ans, fut blessé en défen-
dant son père, et qui devint plus tard duc de Bourgogne, sous le nom de Philippe-le-Hardi. Il donna
Choisy, à titre de fief, à un de ses hommes d'armes.
C'était un rendez-vous de chasse aimé de nos rois.
Pour remercier les seigneurs de l'hospitalité qu'ils
se plaisaient à y recevoir, ils érigèrent successive-

ment le fief en Comté, puis en Marquisat. Les Condé
en devinrent propriétaires, et, en 1645, le jeune
vainqueur de Rocroy le céda, par échange, au vieux
maréchal de Bellegarde.

Le maréchal avait été l'ami d'Henri III, puis
le compagnon d'armes et de plaisirs d'Henri IV,
qui, dit la légende, lui permettait parfois, sous
prétexte qu' « il faut que tout le monde vive », de
recueillir les miettes de sa table. Il fut aussi l'ami
de Louis XIII, qui, en 1620, le nomma duc et pair.
Il aurait été, sans aucun doute, l'ami de Louis XIV,
si un roi de six ans et un maréchal octogénaire
avaient pu se rencontrer dans les mêmes plaisirs.
Mais il fut probablement l'ami de Mazarin ou
d'Anne d'Autriche ; dès qu'il devint propriétaire du
Marquisat de Choisy, des Lettres patentes l'autori-
sèrent à transporter sur son nouveau domaine le
titre de Duché-Pairie. Choisy se nomma désormais
Bellegarde ; il paraît qu'à cette époque c'était quelquefois la terre qui, pour s'anoblir, prenait le nom
de son maître. Après le maréchal, la terre échut,
par deux successions collatérales, à son petit-neveu,
Louis-Henri Pardaillan de Gondrin, marquis de
Montespan, qui venait d'épouser la belle Athénaïs
de Mortemart. Lorsque M. de Montespan devint
gênant à la Cour, Louis XIV lui donna 200,000
livres pour payer ses dettes, avec ordre de s'exiler
dans ses domaines de Guienne et de laisser Belle-

garde à la marquise. Celle-ci l'habita quelquefois, et à sa mort la terre passa à son seul enfant légitime, le duc d'Antin, célèbre dans nos annales comme le modèle accompli du parfait courtisan, le courtisan par adoration sincère de son souverain, le duc d'Antin y donna des fêtes, dont le souvenir n'y est pas encore oublié. Lors de la Révolution, Bellegarde appartenait au Président à mortier Gilbert de Voisins, qui fut guillotiné en 1793. La terre fut mise en vente comme bien national. L'intendant de la famille l'acheta, non pour la conserver à ses légitimes propriétaires et la leur rendre un jour, comme le firent beaucoup de serviteurs fidèles, mais pour devenir seigneur à son tour. Cinquante ans plus tard, le fils du Président guillotiné était devenu, après l'avènement au trône de Louis-Philippe, son ami d'enfance, pair de France et Conseiller à la Cour de Cassation. Le hasard lui fit rencontrer un soir, dans un salon parisien, le fils de l'ancien intendant. Il lui tendit la main. On en fut étonné. « Mais il détient votre fortune ! » — « Non, répondit le magistrat, avec l'ironie indulgente de l'homme qui a beaucoup souffert et beaucoup pardonné : il n'a plus que des biens patrimoniaux ».

Bouin est un îlot de rochers, longtemps perdu dans l'estuaire de la Loire, maintenant à peine rattaché à la terre ferme par des marécages. Son nom rappelle pourtant des souvenirs intéressants de notre histoire. Là, fut un des premiers repaires des Normands sur les côtes de France; c'est de là que chaque printemps ils s'élançaient pour remonter les fleuves, saccager les campagnes et les villes. Bien des siècles plus tard, après la Fronde, c'est là que le célèbre coadjuteur, évadé de sa prison de Nantes, repoussé du pays de Retz par son frère qui redoutait la colère de Mazarin, vint s'embarquer pour ce voyage, dont ses Mémoires racontent les curieuses péripéties. Jeté en prison quand il débarque en Espagne et menacé d'être pendu, parce qu'on le prend pour un aventurier ordinaire, puis traité en Prince dès qu'on le reconnaît pour un grand seigneur révolté contre son souverain, il arrive à Rome au moment de la mort d'Innocent X, devient, par son génie d'intrigue, le maître du Conclave, et réussit, malgré Mazarin, malgré les Espagnols, malgré les Cardinaux italiens, à faire élire Pape son candidat personnel, Alexandre VII, qui, à peine installé, le met en disgrâce! Cet épisode ne résume-t-il pas toute la vie agitée et stérile du cardinal de Retz?

Maillezais, au bord des marais de l'Authie et de la Sèvre Niortaise, était jadis une île boisée et sauvage, où les Druides avaient caché leurs mystères, où un temple du Soleil avait été plus tard transformé en chapelle chrétienne. Un jour, dont les traditions locales n'ont pas perdu le souvenir, le 31 octobre

1360, après une violente tempête, les eaux de la mer se retirèrent de ses lagunes et ne revinrent plus. Les Bénédictins défrichèrent la contrée. Leur abbaye devint riche et puissante ; elle jouissait du droit d'asile : elle relevait directement du Saint-Siège. Trois ducs d'Aquitaine avaient voulu y être ensevelis. Ils reposaient à côté du terrible Geoffroy de Lusignan, dit « la Grand' Dent ». Ce bandit féodal avait été la terreur de toute la région. Sur la fin de sa vie, il crut, par des aumônes que ses déprédations lui rendaient faciles, apaiser la colère du Dieu devant qui il allait paraître. Il apaisa du moins la colère des moines ; ceux-ci, indemnisés et indulgents, lui élevèrent un superbe monument dans l'église même qu'il avait maintes fois pillée. Rabelais vit ces tombeaux : il fut bénédictin à Maillezais, après avoir été cordelier à Fontenay-le-Comte. Ce fut là qu'il jeta définitivement son froc aux orties. Pendant les guerres de religion, l'abbaye s'entoura de retranchements pour se défendre contre les Huguenots. Le Béarnais la prit d'assaut et y enferma pendant quelques jours son concurrent Charles X, « le Roi des Ligueurs ». Puis il en nomma gouverneur Agrippa d'Aubigné, dont son petit-fils, le Roi-Soleil, devait, un siècle plus tard, épouser la petite-fille. D'Aubigné y passa trente années dans la retraite, occupé à écrire des vers et de l'histoire et aussi à se tailler, dans ce pays reculé, une véritable principauté que, tout-à-coup, à 70 ans, las du repos, il vendit au duc de Rohan, pour aller à Genève se remarier. Richelieu, pendant son séjour à Luçon, avait pu voir le danger de cette abbaye forteresse ; il en fit raser les retranchements, n'épargnant que des arceaux et des cloîtres désormais déserts. Après de longues années de silence, le tableau change encore. La Révolution gronde, les Vendéens se soulèvent pour défendre leur roi et leur foi, et de nouveau ces contrées ne présentent plus, pendant quelques années, que des scènes de guerre civile, que la lutte à mort de deux fanatismes.

Aujourd'hui, tous ces souvenirs sont relégués dans les lointains de l'histoire. Maillezais pleure son abbaye, son château, son évêché, mais jouit de la sécurité de notre siècle prosaïque ; c'est un chef-lieu de canton, résidence paisible, pittoresque et peu salubre d'un juge de paix, d'un percepteur et d'un brigadier de gendarmerie.

Est-ce que ces noms, ces souvenirs n'évoquent pas devant nous toute notre histoire en images saisissantes ? Nous entrevoyons dans le lointain des siècles nos ancêtres adorant les dieux des Druides ou ceux des Romains. Nous voyons l'Eglise fonder sa richesse et sa puissance sur ses bienfaits, aux temps troublés et obscurs où elle représente seule et abrite dans ses cloîtres l'étude, le travail, la paix, c'est-à-dire les traditions de l'humanité et

l'avenir de la civilisation ; nous assistons au déclin
de son prestige quand l'instruction cesse d'être son
privilège. Nous suivons dans ses phases ce régime
féodal si étrange, si plein de contradictions ; la
guerre règne partout, mais les seigneurs les plus
arrogants s'arrêtent devant la « Trêve de Dieu » ;
les lois de l'honneur permettent qu'elle soit injuste
et cruelle, mais exigent qu'elle reste chevaleresque
et loyale ; les royaumes et les principautés sont
des héritages que se partagent les enfants du souverain ou dont dispose à son gré le caprice d'un
testament ; nos rois, enfermés dans les étroites
limites de l'Ile de France, sont moins puissants
que leurs grands vassaux. Mais Jeanne d'Arc lève
l'étendard de la grande patrie française ; le XVIe siècle
secoue l'ancien ordre de choses ; Henri IV et
Richelieu affranchissent le pouvoir royal ; et, après
la dernière convulsion de la Fronde, le vieux monde
féodal s'écroule sous le regard de Louis XIV,
comme les arbres séculaires du duc d'Antin ! Sans
doute l'histoire générale nous avait enseigné ces
faits ; elle nous avait appris le nom, le caractère et
les actes de tous ces personnages ; mais les hommes
que nous ne connaissons que par elle restent trop
souvent pour nous de vagues abstractions. Il est
bon qu'une anecdote intime les rattache à un monument, à un site, à un détail personnel et précis ;
ils prennent alors un corps, ils deviennent des

êtres réels, et nous les jugeons, non plus avec notre réflexion indifférente, mais avec notre âme et notre cœur ! Nous les aimons ou nous les détestons !

Je vous dépeins, parce que c'est la seule que je connaisse, la joie de l'humble amateur qui recueille avec délices ces miettes de l'histoire. Tel ou tel de mes collègues saurait vous dire celle du véritable historien, du penseur qui groupe tous les petits faits, en saisit l'enchaînement mystérieux, en tire la conclusion élevée et profonde, et, ainsi que du haut d'une montagne on s'explique les détours qui semblent si capricieux d'une rivière, nous montre que le cours des événements est, comme celui des fleuves, soumis à des lois inflexibles et précises.

L'histoire est la grande consolatrice. C'est elle qui nous enseigne à envisager sans appréhension l'avenir et sans amertume le présent. Si elle nous parle des douloureuses épreuves que notre chère patrie a trop souvent traversées, elle nous rappelle que la France s'est toujours relevée glorieuse après les plus terribles revers. Si elle nous dit que de tout temps on a vu la force opprimer le droit, la persécution frapper les humbles et les justes, le crime et la duplicité s'emparer de la puissance, elle nous montre aussi les aspirations éternelles des hommes vers la justice. Elle nous répète que les idées, bien plus que la force, ont exercé l'influence prépondérante sur la marche de la civilisation ; que le Christianisme, plus que les batailles de Zama ou d'Actium, a transformé le monde occidental ; que l'Imprimerie, la Renaissance, la Réforme, la Révolution française ont eu des conséquences plus générales, plus profondes, plus durables qu'Azincourt ou que Marengo.

L'histoire nous fait voir l'humanité s'avançant toujours, à travers les âges, vers le but marqué par les hommes de cœur qui ont un idéal et qui cherchent, au lieu de ce qui est, ce qui devrait être ; par ces rêveurs, à qui leurs rêves donnent comme une vision de l'avenir. L'esclavage, base indiscutée de la société antique, fait place au servage. Le servage, sans lequel le Moyen-Age n'aurait pu vivre, fait place au travail libre et au prolétariat. Aujourd'hui le prolétariat est à son tour battu en brèche même par les souverains, et le jour approche où il fera place à quelque autre forme de travail, satisfaisant mieux peut-être aux exigences nouvelles de la civilisation et aux aspirations de la fraternité chrétienne.

Qu'elles sont loin de nous les guerres que se faisaient jadis de petites cités acharnées l'une contre l'autre, d'autant plus qu'elles étaient voisines : Jérusalem et Samarie, Athènes et Lacédémone, Albe et Rome ! Et les guerres entre les rois de France et les ducs de Bourgogne, entre Aragon et

Castille, entre l'Angleterre et l'Ecosse, ces ennemis
héréditaires et irréconciliables ! Et celles que nous
avons vues, de nos jours encore, entre des peuples
qui maintenant sont frères, qui sont unis sous le
même drapeau, qui seraient fiers des mêmes victoires, tristes des mêmes revers ! Nous pouvons
prévoir qu'il en sera dans l'ordre politique comme
dans l'ordre social ; les guerres de notre siècle entre
nations Européennes paraîtront à nos descendants,
comme à nous celles de nos pères, de véritables
guerres civiles.

L'avenir vaudra mieux que le présent, parce que
chaque jour voit s'accroître et s'enraciner dans les
cœurs le respect de l'homme et le respect du droit,
ces deux sentiments qui distinguent la civilisation
de la barbarie. Mais le présent vaut mieux que le
passé, et dans ce que l'on appelle « le bon vieux
temps », il n'est pas une période qui, étudiée avec
attention, ne laisse apparaître un état social inférieur à celui dont nous sommes si facilement tentés
de nous plaindre aujourd'hui. Aussi la conclusion
logique et consolante de toute investigation historique est-elle qu'après tout c'est encore dans notre
siècle qu'il vaut mieux être né.

Voilà ce que nous dit l'histoire. Elle nous dirait
peut-être encore beaucoup d'autres choses si nous
continuions à l'interroger ; mais vous trouvez sans
doute que je l'ai déjà fait parler trop longtemps.

Je m'arrête, et je cède la parole à ceux qui, au lieu
de vous vanter ses mérites, sauront vous les montrer, et qui, pour vous la faire applaudir, n'auront
qu'à vous lire quelques pages détachées de leurs
œuvres.

# LE CARDINAL DE GRANVELLE

## AUX PAYS-BAS [1]

---

Le cardinal de Granvelle fut un des hommes les
plus remarquables du xvi<sup>e</sup> siècle. Fils d'un bourgeois
d'Ornans qui était devenu par son mérite chancelier
de Charles-Quint, il arriva jeune au pouvoir et fut
mêlé à la plupart des affaires politiques, diplomatiques et même militaires de son temps. Délégué
de Charles-Quint au Concile de Trente ; chargé
par Philippe II d'assister dans les Flandres la
régente Marguerite de Parme ; vice-roi de Naples,
où il prépara à Don Juan d'Autriche la flotte qui
remporta la victoire de Lépante ; premier ministre
à Madrid, partout il joua un rôle prépondérant.
Schiller, dans son *Histoire des révolutions des
Pays-Bas*, trace un admirable portrait de « cet
homme extraordinaire ». Il lui reconnaît, au degré
le plus élevé, les qualités rares et précieuses qui

(1) *Revue de la Société des Etudes historiques*, 1891.

font les grands ministres : l'intelligence étendue,
l'instruction profonde, la puissance de travail,
l'inébranlable fermeté du caractère ; « sa fidélité,
dit-il, était incorruptible, car les passions qui rendent les hommes dépendants de leurs semblables
n'avaient aucun pouvoir sur son âme ». L'histoire
n'a pas désavoué ce magnifique éloge ; cependant
elle est peu sympathique au cardinal. Un dernier
trait, que Schiller ajoute comme un éloge encore,
explique peut-être ce jugement de la postérité :
« Granvelle, dit-il, pénétrait avec sagacité le caractère de son maître ; il avait l'art de descendre au
niveau de cet esprit médiocre ; de faire éclore dans
cette âme lente et indécise des pensées dont le
germe était à peine formé et dont il lui abandon-
nait la gloire. Il savait rendre son génie esclave
d'un autre homme ! » Ainsi, avec ses facultés puis-
santes, Granvelle n'aurait été que l'instrument
soumis et résigné d'un prince à l'esprit étroit et
cruel. Pendant qu'il avait dans les Pays-Bas une
autorité qui semblait faire de lui le souverain en
second de ces provinces, les Flandres ont été
troublées par des persécutions odieuses, par une
politique despotique et violente. Il en porte la
responsabilité, et, s'il a été souvent comparé à
Richelieu, ce rapprochement semble moins un
hommage au génie de l'homme d'Etat qu'un souvenir du sang versé par un ministre à la robe rouge.

Le jugement n'est-il pas trop sévère ? M. Louis
Wiesener s'est posé cette question, et dans ses
*Etudes sur les Pays-Bas au* xvi<sup>e</sup> *siècle* (Hachette,
1889), ouvrage très intéressant dont les premiers
chapitres ont été lus par lui à la Société des Etudes
Historiques (1), il a recherché, d'après des docu-
ments nouveaux, quel fut exactement le rôle de
Granvelle dans les Flandres.

M. Wiesener est coutumier de semblables tâches.
Il a la passion de la justice et de la vérité dans
l'histoire. Quand il rencontre au cours de ses études
un personnage flétri par un blâme qui lui semble
immérité, il se plaît à prendre la défense de
l'accusé ; il recommence la procédure ; il révise le
jugement. Dans un de ses premiers ouvrages, il
s'est jadis attaché à prouver que Marie Stuart n'a
pas été complice du meurtre de Darnley, et s'il
n'a pas irréfragablement établi l'innocence de sa
cliente, il a montré du moins combien sont peu
décisives les preuves accumulées contre elle par
ses ennemis et trop facilement accueillies par les
indifférents, toujours enclins à donner tort à ceux
que la fortune a condamnés. Tout récemment, la
Société des Etudes Historiques l'a vu prendre en
main la cause d'un personnage à coup sûr moins
sympathique que la malheureuse et charmante

---

(1) *Revue des Etudes Historiques,* 1887, pages 17 et 243.

reine d'Ecosse ; mais l'histoire n'a pas plus le droit
d'être injuste envers le cardinal Dubois, sur la foi
des ducs et pairs, qu'envers Marie Stuart sur la foi
d'Elisabeth. Le fardeau de la réputation que porte
devant la postérité le précepteur du régent reste
assez lourd ; n'y ajoutons pas, puisqu'il n'est pas
justifié, le reproche d'avoir, dans ses négociations
avec l'Angleterre, acheté par une humiliation pour
la France l'honneur de jouer dans la politique de
son pays un rôle auquel ses adversaires jugeaient
que sa naissance et sa condition première ne
l'avaient pas destiné.

Rectifier de semblables légendes est une œuvre
digne d'éloges, car l'histoire a pour premier devoir
d'être fidèle à la vérité ; c'est presque une œuvre
pie, quand la légende est l'écho de la voix du plus
fort ; l'histoire alors, comme le dit fièrement l'auteur
anonyme de *Robert Emmet*, « devrait être le dernier refuge des malheureux et des vaincus ». Mais
l'œuvre est aussi difficile qu'elle est méritoire. La
postérité n'est pas toujours mieux éclairée, et elle
est rarement plus impartiale que les contemporains.
Comme eux elle se courbe devant le succès ; comme
eux elle obéit à l'esprit de parti. Pour l'obliger à
reconnaître qu'elle s'est trompée, ce que n'aiment
jamais les hommes, il ne suffit pas de lui démontrer
par des preuves que la légende est fausse ; il faut
créer ou rencontrer un courant d'opinion contraire

à celui qui jadis a fait naître la légende. Or, ce
courant, ce n'est pas la démonstration froide et
claire de la vérité qui peut le déterminer, ce sont
les passions seules ; c'est le besoin de trouver dans
le passé des arguments ou des allusions pour servir
les intérêts actuels. En dépit des érudits, Etienne
Marcel sera, suivant les temps, un traître ou un
héros.

Il faut le reconnaître d'ailleurs, ces injustices
sont rarement sans excuse. L'erreur n'a pu s'accré-
diter que parce qu'elle était conforme à la vraisemblance, c'est-à-dire à la vérité morale. Marie Stuart
n'a peut-être pas trempé dans le meurtre de Darnley,
mais elle a épousé le meurtrier. Dubois n'a pas
volontairement humilié la France, mais il l'a
indignée par ses vices, ses intrigues, ses bassesses,
et l'opinion unanime lui a attribué cette bassesse
de plus. En allant au fond des choses, on trouve,
derrière la prétendue injustice de l'histoire, la
justice des jugements humains. Même au siècle des
Poltrot de Méré et des Balthasar Gérard, même
pendant la profonde démoralisation de la Régence,
la conscience des contemporains a flétri la reine
qui pouvait avoir assassiné son mari, le ministre
qui pouvait avoir trahi son pays. L'histoire peut
plus tard réviser ces verdicts ; l'humanité n'a pas
à les regretter.

On sait que de nombreux documents authentiques,

longtemps ignorés et successivement découverts
en Espagne, en France, en Belgique, en Hollande,
en Angleterre, en Italie et même en Russie, ont
jeté depuis quelques années un jour tout nouveau
sur les règnes de Charles-Quint et de Philippe II.
Les historiens et les érudits se sont emparés de
cette mine féconde ; M. Henry Forneron, notamment, dans son *Histoire de Philippe II*, y a puisé
largement, et déjà bien des légendes ont été détrui-
tes, bien des points obscurs ont été élucidés. On
est éclairé maintenant sur la prétendue folie de
Jeanne la Folle, cette malheureuse reine que,
pendant 49 ans, son père, puis son fils, ont tenue
enfermée dans une sombre tour, pour qu'elle ne
pût faire valoir ses droits à la couronne de Castille,
du chef de sa mère Isabelle. La volumineuse
collection des *Papiers d'Etat de Granvelle*, la
correspondance de Philippe II, celle de Marguerite
d'Autriche, celle de Guillaume le Taciturne, les
relations si curieuses et si complètes des Ambassadeurs Vénitiens ont permis à M. Wiesener de
retrouver également la vérité sur le rôle du Cardinal dans les Pays-Bas. Voyons, à la lumière de ces
révélations nouvelles, quel jugement définitif doit
être porté sur cet homme d'Etat, et si l'histoire a
complètement tort contre lui.

Lorsque Charles-Quint, fatigué de la vie plus
encore que du pouvoir, résolut de remettre à son

fils, royaume à royaume, le faisceau des États que
le hasard des héritages et la fortune des armes
avaient successivement réunis sous sa domination,
il lui recommanda Granvelle comme le plus sûr et
le plus habile des conseillers dont il pouvait
s'entourer. On sait qu'il fit à Bruxelles, le 25 octobre 1555, le premier de ses actes d'abdication.
Appuyé sur le bras du jeune Guillaume d'Orange,
alors son favori, entouré de ses deux sœurs, la
reine de France et la reine de Hongrie, il renonça
solennellement, en présence des Flamands assem-
blés, à la souveraineté de la Franche-Comté et à
celle des Pays-Bas. Ses sanglots l'empêchèrent
d'achever ses recommandations à son fils. Celui-ci
était moins ému ; on se résout plus aisément à
monter sur un trône avant l'heure qu'à en descendre ;
pourtant il s'excusa de ne pas répondre lui-même
dans une langue qui lui était peu familière, et ce fut
Granvelle qui exprima en son nom ses sentiments
à ses nouveaux sujets et au vieil empereur. Quatre
ans après, Philippe quitta les Flandres et retourna
dans l'Espagne où il était né, qu'il aimait, et dont
il ne voulut plus sortir. Il confia la Régence des
Pays-Bas à sa sœur naturelle, Marguerite de Parme,
et ce fut encore Granvelle qu'il chargea de présenter
aux États-Généraux la nouvelle gouvernante ; ce
fut lui dont ses instructions secrètes prescrivirent à
Marguerite de suivre les avis.

Cette période de l'histoire des Pays-Bas est la première phase de la longue lutte qui s'engagea entre Philippe II et les Flandres, et qui, après avoir fait couler des torrents de sang, aboutit à l'affranchissement des sept provinces du Nord. Les Flamands n'étaient pas encore des rebelles ; ils ne songeaient nullement à secouer la domination du roi d'Espagne. Mais ils exigeaient que Philippe respectât ce qu'ils appelaient leurs *privilèges*, ces Chartes que ses prédécesseurs avaient accordées à leurs pères, et dont lui-même, avant et après son avènement, avait deux fois juré le maintien. Aujourd'hui notre esprit se révolte à la pensée qu'une province, c'est-à-dire une population vivante et frémissante, puisse être possédée, comme une terre ou un bois, par un maître qui l'exploite à son profit et à son gré. Au XVIᵉ siècle, c'était encore là le droit commun. La souveraineté était considérée comme une sorte de propriété, et elle était régie par les mêmes lois ; les provinces, comme les domaines privés, étaient des héritages, dont le sort était réglé par le hasard des mariages, des successions et des échanges. Le roi d'Espagne ou le duc de Bourgogne devenait tout à coup souverain des Flandres et préposait à la garde de ces provinces, comme il l'eût fait pour un domaine éloigné, son plus proche parent, légitime ou bâtard, personnage sacré, puisque le sang royal coulait dans ses veines ;

souvent une femme, sa sœur ou sa tante, qui s'appelait Marguerite d'Autriche ou Marie de Hongrie sous Charles-Quint, Marguerite de Parme sous Philippe II. Mais le droit féodal avait un correctif, c'étaient ces Chartes, véritables traités passés entre le prince et ses sujets, qui, différant pour chaque province suivant ses mœurs ou suivant ses exigences et sa force, garantissaient à chacune d'elles, sous le nom de *privilèges* ou de *franchises*, quelques-unes de ces libertés qui nous semblent aujourd'hui le droit naturel et incontestable d'une population. Grâce à ces Chartes, l'Espagne pouvait, sans trop d'inconvénients, être gouvernée par un Flamand comme Charles-Quint, et les Flandres par un Espagnol comme Philippe II. La souveraineté passait au nouveau maître avec ses avantages politiques, avec le produit des impôts et les forces militaires ; mais l'administration locale, les coutumes aimées qui font la vie de tous les jours, et qui, plus que la politique, touchent les intérêts immédiats et les passions du peuple, tout cela ne changeait pas, quel que fût le nouveau souverain. Rome autrefois connaissait cette condition nécessaire des dominations lointaines. Quand elle avait vaincu une cité et qu'elle voulait en rester maîtresse, elle lui imposait une *formule* qui réglait le tribut à payer et les rapports avec la métropole ; mais elle respectait ses usages et ses Dieux ; elle

la laissait gérer elle-même ses affaires intérieures,
elle gouvernait, elle évitait d'administrer.

Or, parmi les privilèges des provinces flamandes,
il y en avait un qui était inscrit dans toutes leurs
Chartes et que les Flamands regardaient comme
la garantie de tous les autres : le souverain s'inter
disait de choisir pour ministres des étrangers,
d'entretenir dans le pays des troupes étrangères.
Les Flamands, « bons sujets, mais mauvais escla·
ves », suivant l'expression de Voltaire, entendaient
n'être gouvernés, administrés et gardés que par
des Flamands. Ce privilège, précieux en tout temps,
venait de prendre une importance capitale. A
Charles-Quint, Flamand par la naissance, l'éducation, les goûts, succédait un prince né et élevé en
Espagne, qui avait toutes les idées, toutes les
passions, tous les préjugés des Espagnols; pour qui,
disait un ambassadeur Vénitien, « rien n'était bien
dit, bien fait ou bien pensé, qui ne fût en espagnol
ou d'un espagnol ». La différence des mœurs et des
caractères, des qualités comme des défauts, différence qui allait jusqu'au contraste, avait fait naître
une antipathie profonde entre les Espagnols et les
Flamands, surtout depuis que les deux pays, se
trouvant soumis aux mêmes maîtres, étaient en
contact plus immédiat et plus incessant. Les hommes sont presque toujours portés à mépriser ce
qui ne leur ressemble pas. La noblesse espagnole,

indolente et sobre, regardant le travail comme une
œuvre servile, et uniquement occupée de la guerre,
avait le plus profond dédain pour ces Flamands
à la fois industrieux et intempérants, qui poursui-
vaient la richesse par un labeur acharné, et qui,
pour se délasser, s'enivraient de vin, de bière et
de bonne chère. Ceux-ci, de leur côté, aussi braves
que leurs rivaux quand il s'agissait de défendre
chez eux leurs droits menacés, mais ne se plaisant
pas à guerroyer, éprouvant le besoin d'être libres
plutôt que celui de peser sur la liberté des autres,
chez qui régnait la prépondérance du travail sur
la guerre, de la richesse sur les armes, rendaient
aux Espagnols dédain pour dédain.

Les Flamands auraient voulu que leur pays, sous
la suzeraineté du roi d'Espagne, fût une sorte de
République, où le roi n'aurait eu qu'un pouvoir
nominal. Philippe, au contraire, souverain absolu
en Espagne, s'irritait de ne pas l'être également
en Flandre, et de sentir dans ce pays dont Dieu
l'avait fait souverain, son pouvoir limité par la
fierté hautaine des seigneurs et par l'indépendance
narquoise des marchands.

La question religieuse, qui, pour Philippe, se
confondait avec la question politique, était une
autre cause de mésintelligence. La Réforme venait
de poser dans toute l'Europe le terrible problème
de la liberté de conscience, et ce problème était

résolu d'une manière toute différente dans les deux
pays. En Espagne, depuis 700 ans, les Chrétiens
luttant contre les Maures, combattaient, mouraient
ou tuaient pour leur foi ; l'unité religieuse était la
base de l'unité politique ; elle était la condition de
la sécurité des personnes ; elle s'identifiait avec
l'existence même de la patrie ; aussi l'Espagne
prétendait-elle la maintenir à tout prix, contre les
dissidents comme contre les infidèles. En Flandre,
les mœurs étaient plus douces et les croyances
moins passionnées ; la diversité des cultes n'y
mettait pas en danger l'unité sociale. Le bas peuple
seul, d'ailleurs, à cette époque, avait embrassé la
Réforme ; c'était une question de petites gens, et
les grands, par indifférence et par politique, le
clergé par indulgence et par bonhomie, les bourgeois par esprit d'indépendance et aussi par crainte
que la persécution ne nuisît aux relations commerciales qui faisaient leur fortune, tous étaient
d'accord pour réclamer la tolérance. Déjà, pendant
les dernières années de Charles-Quint, de sourds
dissentiments s'étaient élevés à ce sujet entre la
couronne et le pays. Mais, comme le dit M. Wiesener, « si la loi édictée par l'empereur était atroce,
la répression, tant qu'elle restait confiée aux Flamands, était débonnaire ». Philippe ne l'entendait
pas ainsi. Peut-être ne songeait-il pas à introduire
en Flandre, comme le craignaient les Flamands,

l'Inquisition Espagnole, redoutée par eux surtout
à cause de ses procédés odieux qui répugnaient
aux mœurs locales ; les *placards* de Charles-Quint,
plus sévères au fond, sinon dans la forme, lui suffisaient ; mais il prétendait les faire rigoureusement
exécuter et transformer ainsi en persécution active,
ce qui n'avait guère été jusque-là qu'une menace
contre l'hérésie. Enivré par le double fanatisme
du pouvoir absolu et de la foi religieuse, il croyait
avoir reçu de Dieu, avec la couronne, la mission
sacrée de maintenir par tous les moyens, même
par l'échafaud et les autodafés, ses sujets dans
l'obéissance politique et dans la vraie foi. Il pres-
crivait des supplices qui amenaient des révoltes
populaires ; il jugeait alors la répression insuffi-
sante, gourmandait ses agents « qui y allaient trop
flochement », et pressait sa sœur de trouver et de
punir un plus grand nombre de coupables. Les
Huguenots sur le bûcher haranguaient le peuple ;
il ordonna de les bâillonner. Bâillonnés, ils conser-
vaient l'attitude enthousiaste et triomphante de
martyrs qui meurent pour leur foi et qui croient
voir le ciel s'ouvrir ; il enjoignit de les faire mourir
dans l'enceinte de la prison, étranglés ou noyés
dans un baquet !

Entre ce forcené et les malheureuses provinces
dont le hasard des héritages avait mis le sort entre
ses mains, quel fut le rôle de Granvelle ? Granvelle

était Franc-Comtois, c'est-à-dire étranger aux
Flandres ; à ce titre seul, sa présence irritait les
Flamands. Aussitôt que les principaux seigneurs
qui siégeaient à côté de lui dans les Conseils de
Marguerite, Guillaume d'Orange, Egmont, de Hor-
nes, se furent aperçus que le chef réel du gouvernement était lui, et non l'un d'eux, ils cherchèrent
à l'éloigner. Aucun d'eux à ce moment n'avait
intérêt à ébranler le souverain, aucun n'étant assez
fort pour prétendre le remplacer ; mais tous con-
voitaient le pouvoir du ministre. Ce fut donc le
ministre qu'ils attaquèrent. Ainsi, par des motifs
tirés de la situation même, devançant en quelque
sorte de trois siècles la théorie moderne de la
fiction constitutionnelle, ils prirent soin de respecter le roi et de ne s'en prendre qu'à Granvelle.
Ils affectèrent de croire que Granvelle seul était la
cause de toutes les difficultés qui troublaient le
pays. C'était lui qui, par ses mesures impolitiques,
compromettait l'autorité du roi ; qui, par des persécutions inutiles et maladroites, poussait le peuple
à la désobéissance. Ils l'accusèrent devant Philippe
par leurs lettres pressantes et hautaines ; devant
l'opinion publique par leurs libelles. Ils cherchèrent à l'intimider lui-même en faisant répandre
contre lui des menaces de mort. Granvelle, impas-
sible dans cette « incorruptible fidélité » que loue
Schiller, ne se défendit que devant son maître, et

l'histoire, accueillant les griefs de ses adversaires, répéta, comme les contemporains, qu'il usait d'artifices envers les Flamands ; qu'il poussait jusqu'à la cruauté son aversion pour les Huguenots ; que son fanatisme voulait des supplices ; qu'à la fin, effrayé lui-même de son impopularité et craignant pour sa vie, il s'enfuit de Bruxelles et alla chercher à Besançon un refuge contre les poignards dont il se croyait menacé.

La correspondance du Cardinal et celle de Philippe nous montrent Granvelle sous un jour tout différent. Modéré par caractère ; tolérant, parce qu'il avait l'esprit étendu ; sachant pardonner à ses adversaires de jouer le rôle que leur imposait leur situation ; impartial dans les Flandres, parce qu'il n'était ni Flamand, ni Espagnol, ce qui, d'ailleurs, le rendait suspect aux Espagnols aussi bien qu'aux Flamands ; n'ayant d'autre but que de maintenir intacte l'autorité de son maître, Granvelle voyait clairement que les mesures de rigueur compromettaient cette autorité. Il s'attachait à calmer de part et d'autre des passions qu'il ne partageait pas ; il cherchait à adoucir le roi, à le ramener à un sentiment plus juste des nécessités du gouvernement et des devoirs d'un chef d'Etat. Quand Philippe lui signalait de Madrid, sur le rapport de ses inquisiteurs d'Espagne, tel ou tel hérétique à poursuivre dans telle ou telle ville de Flandre, il répondait avec

ironie qu'il y en avait des milliers d'autres, aussi
bien connus de lui que ceux qu'on lui désignait, et
qu'il était de bonne politique de ne pas les inquié-
ter (1). Quand les supplices prescrits par Philippe
avaient soulevé une révolte populaire, comme à
Valenciennes, et que Philippe voulait des coupables
et des échafauds, il conseillait de ne pas donner
prétexte à de nouveaux troubles par une sévérité
inopportune. Alors qu'en Espagne le duc d'Albe,
conseiller favori du roi, rendu « frénétique » par le
langage des seigneurs Flamands, s'écriait qu' « il
fallait dissimuler avec eux jusqu'à ce qu'on pût leur
faire couper la tête (2) », Granvelle engageait le roi
à les ramener en ayant égard dans une certaine
mesure à leurs réclamations, à gagner leur affection
par des honneurs et des libéralités, au lieu de les
pousser à bout par des violences inutiles. « Ce qui
s'établira par la douceur et la clémence, écrivait-il,
sera plus durable ».... « Répandre le sang de ses
sujets, c'est s'affaiblir soi-même (3) ». Toujours loyal
avec ses adversaires, il leur rendait justice, même
quand ceux-ci le calomniaient dans leurs pamphlets ;
même quand ils le faisaient menacer de mort ;
même quand plus tard ils le poursuivirent dans sa
retraite par des injures et des railleries douloureuses

(1) Lettres des 6 octobre 1562 et 17 juin 1563.
(2) Lettre du 21 octobre 1563.
(3) Lettres des 15 septembre 1566, 14 mars et 12 novembre
1567.

pour sa dignité. Ce langage, il ne le tenait pas seulement dans ses dépêches officielles, mais dans ses lettres intimes à ses amis ; ce n'était donc pas des opinions d'apparat ; c'étaient les sentiments véritables d'une grande âme que Schiller a justement caractérisée, qui jugeait froidement les hommes, et qui restait sans haine devant ses plus cruels ennemis. Lorsque enfin il quitta Bruxelles, ce ne fut pas, comme on l'avait cru jusqu'à présent, par découragement ou par peur ; ce fut sur l'ordre exprès et secret de Philippe. Ici, les archives espagnoles ont révélé un fait imprévu et curieux : l'impérieux despote finit par reculer devant l'attitude et les fières réclamations de ses sujets ; obéissant, lui aussi, à cette fiction constitutionnelle qui semble vraiment être dans la nature des choses, il sacrifia son ministre pour rester souverain. Mais il ne voulut pas qu'on se doutât qu'il était vaincu. Afin de cacher sa défaite en attendant qu'il pût la venger, il prescrivit à Granvelle de prétexter un voyage et de lui demander un congé pour aller voir sa mère en Franche-Comté ! Granvelle obéit ; il partit et garda religieusement le silence. Il le garda si bien que ce ne fut ni par lui de son vivant, ni après lui par ses volumineux *Papiers d'Etat* que le secret finit par être connu ; ce fut trois cents ans plus tard, quand les Archives royales de Simancas s'ouvrirent enfin, et qu'on put y lire la correspondance de Philippe II.

C'est peut-être dans sa retraite que Granvelle nous intéresse le plus, parce que c'est là qu'on aperçoit le mieux l'homme derrière le politique. Il resta le conseiller fidèle et écouté de Philippe II, non seulement pour les affaires des Flandres, mais pour celles de tout l'empire (1). Loin de s'abandonner à l'amertume et de chercher à se venger, comme l'eût fait une âme vulgaire, il ne cessa d'engager le roi à employer les seigneurs qui avaient exigé son éloignement, à conserver ou à rendre la régence à Marguerite qui avait ironiquement pressé son départ. Quand plus tard Egmont, le principal auteur de sa chute, fut emprisonné par le duc d'Albe, Granvelle intercéda pour lui, suppliant le roi d'oublier les torts récents et de ne songer qu'aux services passés. A Besançon, la *Raison d'État*, ce mot qui, dans le langage hypocrite des hommes politiques est synonyme d'attentat au droit ou à la morale, ne lui conseillait que le pardon et la clémence. Que n'est-il resté fidèle à ces généreux sentiments quand il redevint ministre ! En même temps il vantait à ses amis le clair soleil, les belles montagnes, les bonnes truites

(1) C'est par la copie qui lui en fut envoyée de Madrid que nous avons connu la correspondance du duc d'Albe rendant compte à Philippe de sa mission à Bayonne auprès de Catherine de Médicis en 1565. Le duc était chargé d'obtenir de la reine qu'elle poursuivit les Huguenots en France, comme Philippe les poursuivait dans ses États, et, ce jour-là, quoi qu'en aient dit les contemporains et les historiens, Catherine s'y refusa. Encore une légende qui tombe !

et le bon vin de la Franche-Comté, la douceur du
repos après les orages de la politique. « Tirer profit
» de ce en quoi les adversaires procurent faire
» dommage, voilà ma philosophie, écrivait-il ; avec
» cela vivre le plus joyeusement que l'on peut et se
» rire du monde, des folies des appassionnés et de ce
» qu'ils disent sans fondement. » Cette sérénité
était-elle sincère ? Pourquoi en douterions-nous ?
Quelque douleur que ressente l'homme d'action
éloigné malgré lui du champ où se jouent les destinées des empires, s'il a, comme Granvelle, l'âme
haute et l'esprit cultivé, il peut encore, à défaut des
jouissances que donne dans la lutte l'exercice de
la volonté, trouver un instant quelque charme à
celles que procurent, en présence de la nature qui
apaise et de Dieu qui console, l'exercice de la pensée
méditative et sereine, le culte des lettres, c'est-à-
dire des trésors que nous ont légués les grandes
intelligences du passé. Granvelle espéra longtemps
que sa disgrâce serait momentanée. Quel puissant
ministre, quel humble marchand, quittant pour
prendre sa retraite le poste où la destinée l'avait
placé, ne se figure qu'il y était indispensable et que
la terre ne pourra pas tourner sans lui ! Granvelle,
plus que tout autre, dut se bercer de ces illusions.
Il connaissait sa valeur, et quant à son caractère,
il l'a peint lui-même dans son admirable devise :
« *Durate !* » L'usage, qui avilit par l'accoutumance

3

le sens de tous les mots, a émoussé l'énergie superbe
du mot *durer* : Être *dur* contre les causes de destruction ; en dépit de tout, persister à être ! C'est en
ce sens que Granvelle prétendait durer ; il persis-
tait, parce qu'il espérait ! « Un peu de patience,
« écrivait-il, et cette nuée passera ! » Un jour pourtant il dut comprendre que son rôle dans les Flandres était bien fini ; mais alors il fut appelé à des
rôles nouveaux sur dé plus grands théâtres, à Rome,
à Naples, à Madrid.

Il convient donc de rétablir la vérité historique ;
de rendre justice à l'homme d'Etat qui, sacrifié à
des nécessités politiques qu'il n'avait pas créées et
que ses conseils auraient évitées, eut assez d'empire
sur lui-même, assez de grandeur morale, pour
accepter sans mauvaise humeur, sans faire retentir
l'Europe de ses plaintes, l'ordre qui l'écartait du
champ de bataille. Il continua, dans l'ombre de la
retraite, à servir son maître fidèlement et « sans
bruit », ne cherchant d'autre satisfaction vis-à-vis
du public que celle « d'ébahir, en ne bougeant pas,
» ceux qui auraient voulu qu'il remuât le ménage
» pour leur donner matière ! » (1)

Cet acte de justice accompli, nous conservons le
droit de nous demander si l'histoire a eu complètement tort quand elle a fait peser sur Granvelle la
responsabilité de ce qui s'est accompli dans les

(1) Lettre du 3 octobre 1565.

Pays-Bas pendant son ministère. Il a déconseillé, mais il a fini par exécuter des mesures qu'il jugeait odieuses et funestes, qui ont ensanglanté les Flandres et qui en ont amené la perte pour l'Espagne. Le ministre qui, par faiblesse ou par ambition, ne sait pas « contredire jusqu'à se faire briser », qui, après avoir parlé, plie et obéit à une politique qu'il réprouve, n'est-il pas aussi coupable, peut-être même moralement plus coupable, que celui qui, du moins, est sincère dans sa passion ou dans son erreur ? La faiblesse cause dans ce monde plus de maux encore que la méchanceté ; aussi n'est-elle jamais une justification, surtout pour celui qui prétend au redoutable honneur de gouverner les hommes. Agir « la mort dans l'âme », n'est pas plus la morale des forts que l'excuse des faibles. Peut-être dans un autre siècle, au milieu d'un autre courant d'idées, la haute intelligence de Granvelle, son inébranlable fermeté, son élévation morale, auraient-elles fait de lui un ministre plus indépendant, plus fier et plus maître de sa politique personnelle, plus digne d'être comparé à Richelieu. Mais, quel que soit le sentiment qui l'a inspiré : dévouement loyal pour la personne et les droits de son maître ou soumission trop étroite aux préjugés de son siècle, Granvelle a consenti à couvrir Philippe II ; en le jugeant responsable, l'histoire l'a traité comme il a mérité, comme il a d'avance accepté de l'être.

Autour de Granvelle s'agitaient, avec les passions
et les faiblesses qui expliquent leur destinée, d'autres
personnages, secondaires dans les récits de M. Wiesener, mais dont l'histoire ou la poésie ont consacré
les noms. Au premier rang, l'étrange Philippe II.
Avec étonnement nous le voyons en Flandre, pendant les premières années de son règne, jovial et
bon vivant, aimant le plaisir, la table, les intrigues
galantes, les mascarades et les courses nocturnes
par les rues des villes avec ses gentilshommes et ses
bouffons, presque devenu Flamand, si c'est s'assimiler
à un peuple que d'en prendre les défauts. Plus tard, en
Espagne, rendu à sa vraie nature, il apparaît sombre
et dissimulé, jaloux de son autorité et ne sachant
pas vouloir ; n'ayant, comme l'écrivait à Granvelle
son frère Chantonay, « d'autres résolutions que de
demeurer perpétuellement irrésolu » ; érigeant en
règle de conduite, comme nous le faisons tous, l'in-
firmité de son caractère, répétant avec satisfaction,
pour reculer le moment de prendre un parti : « Le
temps et moi, nous en valons deux ! » Marguerite
de Parme, énergique et virile, véritable homme
d'État comme son père Charles-Quint, aussi décidée
que Philippe était lent et indécis. Le duc d'Albe,
encore au second plan, voulant déjà couper des
têtes ! Egmont, brillant et vain, plus soldat que politique. Guillaume d'Orange, plus politique qu'homme
de guerre, général habile plus que soldat vaillant ;

Luthérien de naissance, Catholique avec Charles-
Quint, Calviniste contre Philippe II ; c'est lui qui,
même dans ce siècle religieux et militaire, l'empor-
tera sur ses rivaux ; prudent et avisé, plus maître de
lui que le bouillant Egmont, il saura ne pas mourir
avant d'avoir vaincu.

M. Wiesener trace tous ces portraits de main de
maître, avec un grand bonheur d'expression. Il ne
s'attarde pas à des récits de batailles ou de négociations diplomatiques ; il fait revivre devant nos yeux
les hommes et les peuples. Peindre les mœurs, les
idées, les préjugés d'une nation ou d'un siècle ;
montrer les grands caractères aux prises avec de
grands évènements ou avec de grandes passions,
n'est-ce pas la plus haute mission, le plus grand
attrait de l'histoire ? La vérité sur un détail de fait
a-t-elle autant d'importance pour la postérité, autant
d'intérêt et de charme pour le lecteur, que ces
vivants tableaux des temps qui ne sont plus, qui, en
s'écoulant, ont préparé le temps présent et qui nous
aident à pressentir le mystérieux avenir ? Heureux
l'historien qui, comme M. Wiesener, sait également
rétablir l'exactitude des détails, présenter à grands
traits la physionomie générale d'une époque et
mettre en relief, par des traits vigoureux et incisifs,
l'action exercée par chacun des personnages qui y
ont joué un rôle et dont le nom mérite d'être retenu !

# LETTRES DE DUBUISSON

## AU MARQUIS DE CAUMONT [1]

---

Simon-Henri Dubuisson était simple clerc dans
l'étude de Mᵉ Leverrier, notaire au Châtelet. Il
avait l'habitude d'écrire tous les mois au marquis
de Caumont (2), gentilhomme érudit et lettré,
membre correspondant de l'Académie des Inscriptions et Belles-Lettres, ami du Père Brumoy, de
d'Aguesseau, du président Bouhier et de la marquise de Simiane. Le marquis de Caumont habitait
le comtat Venaissain (3); Dubuisson le tenait au

(1) Cette étude a parue dans la *Revue de la Société des
Etudes historiques*, Mars-Avril 1883.

(2) Lettres du commissaire Dubuisson au marquis de
Caumont, avec introduction, notes et table, par **A. Rouxel.**

(3) Joseph de Seytres, marquis de Caumont, était né à
Avignon le 30 juin 1688. Erudit en même temps qu'homme
du monde, ami de Mᵐᵉ de Simiane dans la famille de laquelle
ont été retrouvés ses papiers, archéologue, bibliophile,
numismate, aucune branche de la science ou des lettres ne
lui était étrangère. Il était en relations suivies avec les

courant de tout ce qui se passait, se disait, se publiait à Paris. Il lui rendait compte des livres nouveaux qu'il avait lus, des pièces qu'il avait vu représenter à la Comédie-Française, à la Comédie-Italienne, à l'Opéra et même à la Foire ; il lui racontait, telles qu'il les avait recueillies, les nouvelles de la Cour et de la Ville, de la politique qui déjà passionnait les esprits, de la guerre lointaine qui les laissait assez indifférents. Ces lettres sont écrites sans apprêt, dans un style un peu négligé, mais piquant et spirituel ; elles sont toujours empreintes d'une respectueuse déférence, sans que l'on y trouve jamais une seule de ces expressions que l'on regrette trop souvent de rencontrer à cette époque dans la correspondance des hommes de lettres avec les grands seigneurs. Elles se suivent assez régulièrement depuis 1735 jusqu'à la fin de 1740 ; elles s'arrêtent au moment où Dubuisson vient d'être nommé Commissaire au Châtelet de Paris, office modeste dont les attributions tenaient à la fois de nos Commissaires de police et de nos

savants d'Italie, d'Angleterre, d'Espagne et même de Russie. Il correspondait avec Voltaire, qui lui demandait des documents pour son « Siècle de Louis XIV » et envoyait à Réaumur des observations sur les insectes. Membre de la Société Royale de Londres, de l'Académie des Arcades de Rome, il était aussi correspondant honoraire étranger de notre Académie des Inscriptions et Belles-Lettres.

Il mourut en 1742, de douleur d'avoir perdu son fils aîné, tué au siège de Prague.

Juges de paix, et qu'il conserva pendant près de trente ans. Destinées à faire connaître au marquis de Caumont ces mille événements secondaires qu'un homme du monde « curieux et intelligemment curieux » ne voulait pas ignorer sous peine de devenir étranger à son temps, que l'histoire n'enregistre pas, mais qui l'éclairent, les lettres de Dubuisson ont pour nous l'attrait que pourront avoir pour nos arrière-neveux les Chroniques de nos Journaux et de nos Revues. Les privilégiés de l'érudition, qui ont le droit de n'accorder leur intérêt qu'aux révélations nouvelles, y trouveront, sur tout ce qui touche à la littérature et aux théâtres, quelques détails que ne donnent ni les publications contemporaines, ni les correspondances et les mémoires connus jusqu'à ce jour. Les lecteurs profanes, à qui plaît, même quand ils ont pu déjà le lire ailleurs, tout ce qui est bien écrit, éprouveront sans doute, comme nous, un plaisir réel à se transporter au milieu du Paris d'il y a 150 ans, à le voir revivre dans son esprit, dans ses préjugés, dans ses mœurs si différentes des nôtres. Les lettres de Dubuisson leur apprendront, comme elles l'apprenaient alors au marquis de Caumont au fond de sa province, ce qui se passait, ce qu'on disait à Paris. Ils sauront comment on y jugeait des hommes que nous jugeons tout autrement aujourd'hui ; comment on y appréciait des événements et

un mouvement d'idées qui commençaient à peine à
se dessiner, et dont les conséquences étaient encore
enveloppées dans les brumes de l'avenir. Ces conséquences, nous les connaissons maintenant et
nous en avons oublié les causes : voilà ce qui rend
si intéressants pour nous les correspondances et les
mémoires écrits jadis au jour le jour. Qui de nous,
au milieu de la complexité de notre histoire contemporaine, ne s'est écrié : — « Comment cela
finira-t-il? Que deviendra tel ou tel personnage? »
Je me rappelle qu'en 1848, pendant ces luttes passionnées entre la Révolution menaçante et la
Société qui cherchait à reprendre son équilibre, un
vieillard me disait : « — Ce qui me désole, c'est
que je mourrai avant de savoir la fin de tout ceci ».
— Hé bien ! la fin des événements qui se passaient
en 1740 et dont les lettres de Dubuisson nous déroulent chaque mois le tableau pris sur le fait, nous la
connaissons ; nous savons ce que devint plus tard
ce jeune roi adoré de ses sujets, qui ne le blâmaient
alors de trop aimer la chasse et les petits soupers
que quand ils craignaient que sa santé n'en fût
compromise ; comment s'est effondrée cette Société
si fière de sa noblesse, de sa bravoure, de son esprit
et de ses plaisirs ; combien peu d'années la France
a conservé les fruits de la politique modeste de ce
vieux et sage cardinal de Fleury, qui rétablissait
nos finances et nous donnait la Lorraine, et dont

Dubuisson, vrai fils de la bourgeoisie, vante à toute occasion, en termes que n'eût pas désavoués un électeur du gouvernement de Juillet, la modération, la prudence et l'honnêteté.

Nous voyons de vives admirations pour des grands hommes maintenant bien oubliés ; nous voyons apparaître des inconnus qui deviendront et qui resteront célèbres.

A l'Exposition de peinture de 1737, « un M. Chardin », qui n'avait encore peint que des animaux morts ou vivants, se révèle par de « petites fantaisies » qui enchantent Dubuisson ; « si l'on veut la » vérité, c'est là qu'il faut la chercher ! »

L'année suivante, Dubuisson envoie au marquis de Caumont des *Réflexions sur les Passions et sur les Goûts*, par un jeune homme en qui « il lui » semble voir que l'imagination galope, tandis que » le bon sens va au pas ». Ce jeune homme, qui a la hardiesse d'aborder à vingt-trois ans un sujet pour lequel l'expérience et l'observation de toute une vie ne seraient pas inutiles, c'est le poète facile et fleuri que Voltaire appellera *Babet la Bouquetière* ; à vingt-neuf ans il entrera à l'Académie française ; favori de M^me de Pompadour, il sera cardinal, ambassadeur, ministre des affaires étrangères : c'est l'abbé de Bernis.

L'une des premières lettres du volume annonce le grand succès d'un poème léger, dont le héros est

un perroquet nommé *Vert-Vert*. Le public est
charmé par les « beautés de détail de cet ouvrage
» ingénieux » ; mais il apprend avec surprise que
c'est un membre de la Compagnie de Jésus qui
tourne ainsi en badinage, sinon la religion, du
moins les choses religieuses. Bientôt le bruit court
que les Jésuites font sous main racheter le livre,
et que, sur la plainte des Visitandines, ils ont
envoyé le P. Gresset en pénitence dans un couvent
de province ; puis, quand *Le Carême impromptu*
et *Le Lutrin vivant* leur ont prouvé que le jeune
poète est incorrigible, ils l'invitent à quitter la Compagnie. Gresset, pour ses adieux, fait l'éloge de ses
anciens maîtres dans une épître en vers où le public,
« qui veut entendre finesse à tout, ne voit qu'une
» ironie » ; il prend l'habit séculier, obtient qu'on
rétablisse en sa faveur le titre d'Historiographe du
Roi et de la Ville qu'avait autrefois possédé San-
teul, et, assuré désormais d'un revenu de 1,500
livres, il donne libre cours à sa verve poétique.

Marivaux a déjà conquis une certaine renommée,
car il voudrait être de l'Académie française ; mais
son style et sa manière sont peu goûtés. « L'un des
membres glorieux de cet illustre corps » dit à
Dubuisson : « Notre métier est de travailler à la
» composition de la langue, et celui de M. de Mari-
» vaux est de travailler à la décomposer ; nous ne
» lui refusons pas l'esprit, mais nos emplois jurent

» l'un contre l'autre, et cette différence lui interdira
» toujours l'entrée de notre sanctuaire ».

L'arrêt ne fut pas irrévocable ; Marivaux fut élu
en 1743 ; mais pour le moment, on lui préféra
l'abbé Séguy et M. de Mirepoix.

« Il n'est pas plus heureux au Théâtre-Français
» qu'à l'Académie. Il vient de donner une petite
» comédie d'un acte, sous le titre du *Legs* ; elle a
» paru à la représentation plus longue qu'une de
» cinq, et je doute, quand on l'élaguerait de moitié,
» qu'on pût la rendre bonne. Il s'agit d'un marquis
» et d'une comtesse que l'auteur a montés sur les
» plus bas bourgeois, qui s'aiment, et qui ne peu-
» vent se déterminer à le dire. Cela vient à l'idée
» de la *Pupille* (1), mais quelle différence dans la
» manière dont cela est traité ! » Les *Fausses Confidences* n'ont aussi « qu'un très médiocre succès ;
» cette pièce pèche en beaucoup de points : . . . . . .
» au reste, c'est encore une *Surprise de l'amour* ».
Dubuisson est habituellement bon juge, mais il est
de son siècle, et il a les mêmes yeux que ses
contemporains. *Le Legs*, comme *Le Barbier de
Séville*, sera l'éternelle consolation des auteurs
sifflés.

(1) *La Pupille,* de Fayan, donnée à la Comédie-Française
quelque temps avant *Le Legs*, est aujourd'hui présentée
par nos histoires littéraires comme écrite *dans le genre
de Marivaux.*

Piron donne *La Métromanie*; Rameau expose
dans le Journal de Trévoux ses idées sur la musique,
et, à la grande satisfaction de Dubuisson, trouve
encore le temps de composer *Castor et Pollux*, puis
*Dardanus*; l'abbé Prévost, qui n'est plus ni jésuite,
ni soldat, ni bénédictin, ni simple défroqué, n'a
pas encore écrit *Manon Lescaut*, mais il déploie
déjà sa fécondité merveilleuse; il publie *Cleveland*
et *Le Doyen de Killerine*, et il se fait des ennemis
en traitant les questions littéraires dans ses *Pour
et Contre*; « il est de ceux, dit Dubuisson, à qui
» l'on souhaiterait qu'un peu plus d'opulence
» permît de travailler un peu plus leurs ouvrages ».
Le marquis d'Argens, Crébillon fils, Destouches,
La Chaussée, Louis Racine, Gentil Bernard, et
jusqu'au bon Rollin qui, tout en s'efforçant de sauver
l'Université menacée, achève patiemment volume
par volume son *Histoire ancienne*, tous ces hommes
auxquels la postérité, qui ne les lit plus guère, a
assigné leur place définitive dans le mouvement
littéraire et philosophique du xviiie siècle, tous
passent devant nos yeux, vivant, travaillant, luttant.

Au milieu de ce monde bruyant s'agite Voltaire,
qui déjà fait à lui seul plus de bruit que tous les
autres. Il a donné *Zaïre*; il fait représenter *Alzire*,
en dépit de Piron, à qui on l'accuse d'en avoir volé
le sujet, et de Lefranc de Pompignan, qui a voulu le
lui voler à son tour; pendant son séjour en Angle-

terre, il a découvert Shakespeare, Locke et Newton;
il cherche à les faire connaître à la France et il
donne la première impulsion à ce mouvement vers
les études scientifiques qui exerça une influence si
considérable sur la marche des idées, et par suite
sur celle des évènements. Mais il a encore à parcourir quarante années de sa longue carrière, et s'il
est déjà l'homme de lettres le plus haut placé dans
l'admiration du public, il n'est pas encore le Roi
Voltaire. Dubuisson établit sérieusement un paral-
lèle entre lui et son ennemi Rousseau; et ce Rousseau n'est pas Jean-Jacques, encore ignoré de tous;
c'est Jean-Baptiste, le vieux poète lyrique, qui, du
fond de son exil, n'en reste pas moins en possession
d'une gloire jusqu'alors incontestée, quoique destinée à pâlir bientôt par l'éclat même que jettera sur
le même nom un autre personnage. « Je ne juge
» point entre deux hommes si illustres, dit Dubuis-
» son; Apollon me paraît leur avoir assez également
» dispensé ses faveurs, et s'ils sont quelquefois
» au-dessous l'un de l'autre, c'est qu'ils sont en
» même temps au-dessous d'eux-mêmes. Je convien-
» drai pourtant d'une chose, c'est que Rousseau a
» sur Voltaire l'avantage de s'être négligé moins
» souvent et d'avoir par là d'autant plus mérité du
» public qu'il l'a plus respecté.... On dit qu'ils entre-
» tiennent entre eux un commerce d'injures gros-
» sières; quelle anecdote à mettre dans leurs fastes,

» si elle est vraie ! » En comparant ses deux héros,
Dubuisson se préoccupe exclusivement de leur mérite littéraire ; quelques années plus tard, quand le
mouvement philosophique du XVIIIᵉ siècle eut commencé à se dessiner, il aurait compris sans doute
que dans l'un des deux rivaux il y avait derrière
l'écrivain un penseur, à côté du talent un caractère ;
que Voltaire n'écrivait pas pour la satisfaction stérile de présenter aux lettrés des périodes savamment
arrondies et des vers ciselés suivant les règles de
l'art ; que toutes ses œuvres, même ses tragédies ou
ses contes, étaient destinées à propager une idée et
à atteindre un but poursuivi sans relâche ; que
c'était là, bien plus encore que le mérite de son
style, ce qui ferait sa puissance sur ses contemporains et la durée de sa renommée. De même, quelques années plus tard, il n'aurait plus douté des
injures que Voltaire avait l'habitude d'échanger
avec ses contradicteurs.

Déjà les querelles de Voltaire occupaient l'attention publique autant que ses écrits. Il était harcelé
par l'intarissable abbé Desfontaines qui, avec une
escouade d'obscurs collaborateurs, abordait tous les
genres et attaquait, suivant l'occasion, tous les
sujets et toutes les personnes ; il était poursuivi par
ses éditeurs qui l'accusaient de faire imprimer à
l'étranger les ouvrages qu'il leur avait vendus, ou
qui le rendirent responsable de la suppression de

leur brevet prononcée contre eux pour les avoir
publiés ; il ne pouvait, sans y être assailli de fâcheux
procès, se hasarder à Paris, quoique le lieutenant
de police voulût bien quelquefois l'autoriser à y
venir, « à condition qu'il n'écrira plus, ni sur la
» religion, ni sur le gouvernement. » — « Je serais
» fâché, dit Dubuisson, que M. de Voltaire fût réduit
» à s'expatrier ou à essuyer la lecture d'une grâce
» ou d'une mercuriale sur la sellette, comme l'abbé
» Desfontaines l'a essuyé le mois passé pour le
» discours qu'il avait prêté à l'abbé Séguy. (1) Le
» pauvre abbé Desfontaines a bu le calice jusqu'à la
» lie ; encore dit-on qu'il a fallu qu'il payât tous les
» dépens de la procédure. Peu de gens l'en ont
» plaint, et peut-être que bien peu aussi plaindraient
» M. de Voltaire, si le même malheur lui arrivait.
» On hait l'un parcequ'on le craint, et l'autre parce
» qu'on le jalouse. »

Dubuisson aurait pu ajouter qu'on les estimait
peu l'un et l'autre. La vie irrégulière des hommes
de lettres, leur défaut de dignité, les procédés peu
délicats qu'ils se permettaient envers le public et
entre eux n'étaient pas de nature à attirer sur eux
la considération. Ajoutons que, comme l'éprouva
Piron, ce siècle licencieux ne leur pardonnait pas la

(1) Discours que *doit prononcer* M. l'abbé Séguy pour sa
réception à l'Académie française.

4

licence de leurs écrits. On s'amusait de leur esprit, mais après avoir ri d'un libelle ou d'une chanson, on se moquait de l'auteur si l'on apprenait qu'il en avait été payé par une bastonnade au coin d'une rue,ou puni par une mercuriale à l'audience. La punition était quelquefois plus sévère ; J.-B. Rousseau et Voltaire eux-mêmes pouvaient témoigner que la Bastille ou l'exil attendait l'écrivain assez téméraire pour s'attaquer à un personnage bien en cour, ou à un abus trop utile. Dubuisson se plaint pourtant de l'insuffisance de la répression et de l'impuissance de la censure. « Que n'imprime-t-on pas à présent ? » Jamais il n'y a eu tant de liberté à cet égard, ou » plutôt jamais les imprimeurs n'ont été si hardis à » enfreindre les Déclarations du Roi qui les gênent, » ni la police si négligente à les faire exécuter ! » Il n'est plus d'impiété, d'injure, ni de production » licencieuse qui ne soit rendue publique par le » secours de l'impression ; ..... c'est un excès qui » mériterait d'être réprimé. »

Un autre jour, il remarque que si les écrits qui offensent les mœurs ou qui diffament les personnes se multiplient, c'est parce que « les auteurs espèrent » être lus, ou payés. » Hélas ! il en est ainsi à toutes les époques où le public accueille ces sortes d'écrits ; mais dès lors n'est-ce pas aux lecteurs que Dubuisson aurait dû s'en prendre ?

Déjà à cette époque on croyait à l'efficacité des

lois, aussi bien pour corriger l'esprit public ou pour
diriger les consciences que pour contraindre les
intérêts économiques. Dubuisson voudrait, afin de
prévenir la famine, que l'exportation des grains fût
interdite ; il approuve le gouverneur de Picardie
d'avoir saisi, pour les faire vendre sur place, des
convois de blé qui traversaient sa province ; dès
lors, il est naturel qu'il invoque la censure pour
redresser les mœurs littéraires. Il va même plus
loin ; moitié plaisamment, moitié sérieusement, il
regrette « qu'il n'y ait pas un Parlement au Parnasse
» pour supprimer les mauvais vers.... Sans doute il
» est difficile d'empêcher les sots d'écrire, mais les
» censeurs ne pourraient-ils pas les empêcher
» d'imprimer ! » Plus tard, il écrivit un *Mémoire
historique et généalogique de la maison de Béthune*
et il s'aperçut à ses dépens que la censure est aussi
gênante pour les inoffensifs qu'inefficace contre les
méchants.

Cette mauvaise humeur contre les ouvrages mé-
diocres s'explique du reste par les habitudes des
lettrés de l'époque. Les auteurs étaient peu nombreux ; leurs ouvrages s'imprimaient à un petit
nombre d'exemplaires, par conséquent pour un petit
nombre de lecteurs. Il semble que la vie intellectuelle de la nation était, comme sa vie politique et
sa vie mondaine, concentrée dans une aristocratie
limitée au lieu d'être répandue dans une innombra-

ble démocratie. Cela ne veut pas dire pourtant que
cette élite lettrée se renfermât exclusivement dans
ce qui était alors la société politique ou mondaine,
et que parmi la foule obscure et ignorée tout fût
ignorance ; Dubuisson lui-même en est la preuve ;
ce modeste commissaire au Châtelet, lisait tout,
appréciait la valeur littéraire de chaque ouvrage,
relevait des erreurs dans une histoire des Empereurs
romains de la décadence et savait formuler ses jugements en des lettres qui nous plaisent encore après
150 ans. Mais cette élite lettrée prétendait lire tout
ce qui s'imprimait, jusqu'aux mandements des Evêques et aux mémoires des Avocats. Le temps ne lui
manquait pas ; la presse, cet *emporte-pièce quoti-
dien*, comme l'appelle si justement le Père Gratry,
ne prenait pas à nos pères une ou deux de leurs
meilleures heures et ne leur avait pas donné l'habitude de lire en diagonale, uniquement pour savoir
de quel sujet parle l'auteur. La plus grande difficulté
était de se procurer des livres ; beaucoup s'imprimaient à l'étranger ou circulaient en manuscrit ; la
poste même n'était pas sûre, et Dubuisson nous
rend confidents des efforts auxquels il était condamné pour faire parvenir à son noble correspondant les ouvrages qu'il jugeait dignes de lui être
envoyés. Ce n'était pas dans les journaux que l'on
allait alors chercher les nouvelles ; c'était dans les
salons, dans les couloirs des théâtres, dans les cafés,

dans les promenades ; nous pouvons nous représenter
cet état de choses en nous rappelant ce que nous
avons vu nous-mêmes il y a quelques années, lorsque le silence était imposé à la presse. Nous avons
connu ces bruits que le public écoute parce qu'ils
satisfont sa passion, qu'il arrange, grossit, transforme, et dont on peut dire qu'ils contiennent toujours, à côté d'un fond de vérité, assez d'erreurs
pour tromper qui voudrait les prendre à la lettre.
Ces bruits couraient de bouche en bouche, d'autant
plus dangereux que nul ne se donnait la peine de
les contrôler, et que ceux qu'ils concernaient pouvaient les ignorer et tarder à les démentir. « On a
» beau, à Paris, être près des évènements, on est
» souvent longtemps à démêler la vérité, parce que
» ceux qui les racontent en changent les circons-
» tances suivant leur intérêt et leurs préjugés. Ce
» n'est qu'avec de l'attention et de la patience qu'on
» peut lever le voile dont ils les couvrent. » Il
arrive quelquefois à Dubuisson de rapporter des
bruits que lui-même déclare peu croyables, et qu'il
démentira dans la lettre suivante : « Mais, dit-il
» avec raison, l'on ne doit pas ignorer qu'ils ont
» couru. » Pour nous, comme pour lui, ceux-là ne
sont pas moins intéressants ni moins caractéristiques que les autres ; ils complètent le tableau de
l'époque en nous montrant ce que pensait le public
qui les imaginait ou qui y ajoutait foi ; ils la pei-

gnent avec autant de vérité peut-être que les faits vrais, et ce serait, suivant nous, non seulement faire une étude curieuse, mais retracer un fidèle portrait d'un siècle, que de recueillir l'histoire de tous les faux bruits qu'il a acceptés.

Le cercle sur lequel se portait alors la curiosité publique, ce qu'on appellerait maintenant le *Tout Paris*, était beaucoup plus restreint qu'aujourd'hui. En dehors des hommes de lettres, de la cour, du haut clergé, du parlement, le reste ne valait l'honneur d'être nommé que si quelque scandale éclatant, quelque ridicule étrange, ou une aventure avec quelque personnage en vue le tirait pour un instant de son obscurité. La plupart des anecdotes nous donnent le droit de penser que le niveau moral des gens du monde n'était guère plus élevé que celui des gens de lettres. Dubuisson frissonne en parlant de deux ou trois assassinats ; mais il conserve la tranquillité d'un homme qui, tout en condamnant, ne s'étonne pas, quand il raconte des faits étranges qui témoignent, non seulement de cette licence de mœurs trop connue et dont on trouverait d'ailleurs des exemples à toutes les époques, mais d'une perversion complète du sens moral.

D'autres récits font peu d'honneur à la délicatesse du siècle en fait d'argent : certes notre temps n'est pas de ceux qui ont le droit de se montrer sévères à cet égard ; cependant, si l'amour de l'or y est pratiqué, il y est jugé. L'on voit des mariages où la dot est prise en considération plus que la personne ; mais pas un de nos auteurs dramatiques n'oserait, comme Marivaux, prendre pour sujet et pour titre de sa pièce un legs, et mettre une préoccupation d'argent en balance avec l'impulsion de leur amour dans le cœur des personnages sur lesquels il voudrait appeler l'intérêt et la sympathie du spectateur. Quand Chauvelin, garde des sceaux et ministre des affaires étrangères, tombe en disgrâce, Dubuisson raconte qu'on l'accuse, à tort ou à raison, de prévarications et d'abus de pouvoir, et il ajoute que ce qui a dû lui être le plus sensible, c'est que Samuel Bernard, qui l'avait institué son exécuteur testamentaire et qui lui avait légué 80,000 livres, s'est empressé de révoquer cette disposition, rendue inutile par la chute du ministre. « Quoi ! s'écrie » Dubuisson, il fallait le payer pour assurer sa » fortune à ses enfants ! On l'imaginait au moins ! » Et quelle idée avait-il donc donnée de lui ! Il se » peut qu'il y ait eu quelque chose d'outré dans » cette créance ; mais dans ce cas il a eu tort de » l'avoir su et de l'avoir souffert ».

A côté des faits qui accusent les hommes, il y en a d'autres qui accusent surtout les institutions, et qui nous rappellent combien la liberté individuelle avait peu de garanties. Une femme, dont le mari

était détenu pour dettes, allait le voir dans sa
prison, et, quoique séparée de biens, elle l'aidait
de quelques secours. Ses parents s'en formalisèrent
et ils obtinrent du lieutenant de police l'ordre de
la faire enfermer à l'abbaye du Val d'Osne, à Cha-
renton. Le mari sort de prison, cherche sa femme,
finit par la découvrir, et obtient la permission de
la voir, à travers les grilles du parloir. Il court
au couvent apportant deux limes ; chacun des époux
s'escrime sur un barreau, et, la cage ouverte, ils se
sauvent ensemble. Que pensez-vous qu'il arriva?
On porta plainte contre le mari et on le décréta de
prise de corps ! « A-t-on jamais lu ou ouï rien de
pareil, s'écrie Dubuisson ! »

Les Francs-Maçons paient de la même peine le
crime d'avoir un secret. Ils apparaissent en 1737,
au moment où Chauvelin vient d'être renversé, et
ils font vite oublier ce grand événement. La première fois que Dubuisson parle d'eux, c'est en
anglais qu'il écrit leur nom. « Il n'est plus bruit que
» de la coterie des *Free-Massons* (sic) ; tout le
» monde en est ou veut en être.... Vous ririez
» d'entendre tous les contes différents qu'on fait
» sur les *Free-Massons*, leur secret et les signes
» par lesquels ils se reconnaissent ». L'année suivante, ils sont excommuniés par le Pape, sur la
demande du roi Stanislas. Deux ans après ils sont
mis en prison ; « le roi Louis XV ne veut plus

» entendre parler des loges de cette Société ». La
tolérance, le respect pour l'opinion d'autrui n'étaient
pas alors plus qu'aujourd'hui de mode en France.

La querelle des Jansénistes et des Molinistes est
l'occasion des faits les plus curieux. Il est étrange
de voir cette société si voisine de l'incrédulité prendre feu pour ou contre la grâce efficace ou la Bulle
*Unigenitus*, et donner une fois de plus la preuve
qu'il n'est pas nécessaire de comprendre pour se
passionner, que tout devient prétexte à qui veut
s'agiter. Les folies incroyables attribuées aux *Con-
vulsionnaires*, les miracles sur le tombeau du diacre
Pâris occupent toutes les classes. Les fidèles sont
en guerre avec le clergé, les Curés avec les Evêques;
les Evêques se combattent par des mandements que
Dubuisson annonce tranquillement au milieu des
autres publications nouvelles, romans et livres d'histoire, comédies et chansons. Le Parlement, qui
paraît représenter l'opinion de la ville, est en lutte
constante avec le Grand Conseil, organe de la Cour.
Un jour il flétrit, à cause de certaines propositions
sur l'autorité des deux puissances, un mandement
de l'Archevêque de Cambrai (Charles de Saint-
Albin, fils naturel du Régent); le Grand Conseil
casse l'arrêt ; le Parlement adresse inutilement à ce
sujet des remontrances au Roi ; mais l'Archevêque
ayant eu l'imprudence d'écrire une lettre pastorale
pour publier dans son diocèse l'arrêt du Conseil qui

lui donnait gain de cause, le Parlement saisit l'occasion de prendre sa revanche; « il supprime la
» lettre pastorale, en ce qu'elle désigne le Roi sous
» le titre de *Roi très chrétien*, qualification qui n'est
» permise qu'à ceux qui ne sont pas nés sujets du
» Roi ; il défend à Mgr de Cambrai de prendre le
» titre de Pair de France parceque le brevet du Roi
» qui lui a conservé ce titre en passant de l'Evêché
» de Laon à l'Archevêché de Cambrai n'a pas été
» registré à la Cour, et il lui défend de porter les
» armes d'Orléans, parcequ'il n'a pas été reconnu
» et avoué par feu M. le Régent. »

Le Saint-Siège lui-même se met de la partie, et
nous le voyons à plusieurs reprises annuler des
arrêts du Parlement, tandis que le Parlement supprime des Brefs et des Bulles. La Bulle de Clé-
ment XI, qui canonise saint Vincent de Paul,
devient l'objet d'une de ces luttes. Le Parlement,
jugeant qu'elle n'est pas conforme aux lois du
royaume, en ordonne la suppression par un arrêt
du 4 janvier 1738. Le 22 janvier le Grand Conseil
annule l'arrêt. Le 31, le Parlement riposte en maintenant son arrêt, et il enjoint aux *gens du Roi* de le
faire exécuter. D'autre part, le Pape fait brûler
l'arrêt du Parlement, et, dit Dubuisson, « l'on ajoute
» qu'il a envoyé ici un bref d'excommunication
» contre les Avocats qui ont signé la consultation.
» Mais on dit en même temps que M. le Cardinal a

» conseillé au porteur de ce Bref de le renvoyer à
» Rome, parceque, s'il le publiait, le Parlement
» pourrait bien le faire brûler aussi. »

Les Appels comme d'abus se croisent de tous
côtés : appel contre l'Evêque de Laon, qui attaque
dans ses mandements les lettres pastorales des
Evêques de Montpellier et d'Auxerre et de l'Archevêque de Sens ; appel contre une thèse soutenue par
les Jésuites de Laon et contre d'autres thèses soutenues en Sorbonne, où le Concile de Florence est
cité comme Œcuménique, opinion que le Parlement
condamne, tandis que le Grand Conseil l'approuve ;
appel contre un chapitre qui, après avoir refusé
l'extrême-onction et la sépulture ecclésiastique à un
chanoine de Saint-Amé de Douai excommunié pour
avoir appelé contre son Evêque, « l'a fait exhumer
» pour lui mettre la tête où il avait les pieds, sur la
» remarque judicieuse d'un chanoine qui a fait
» observer à ses confrères que le défunt, non seule-
» ment ne devait pas être enterré dans le cimetière,
» comme ils l'avaient décidé au chapitre, mais
» encore qu'il ne devait pas l'être à la manière des
» prêtres en quelque lieu que ce fût. » Vingt-trois
curés de Paris appellent contre une instruction pastorale de l'Archevêque de Sens qui « condamne les
» prétendus miracles de M. de Pâris. » Messieurs
de l'Oratoire appellent contre un mandement de
l'Evêque de Laon, où il est insinué que leur maison

est rebelle à l'Eglise. Un Janséniste de Viviers
appelle contre son évêque qui lui a refusé la communion dans les circonstances suivantes : le plai-
gnant s'était présenté à l'autel pendant la messe ;
il tenait à la main un pain qu'il requérait l'Evêque
de consacrer pour lui donner la communion, et il
avait à ses côtés deux notaires chargés de dresser
procès-verbal en cas de refus.

Un avocat porte plainte contre le maître de l'Ecole
charitable, le suisse et plusieurs serviteurs de la
paroisse Saint-Médard. « Il est bon de vous dire que
» le 1er mai est le jour anniversaire de la mort de
» M. de Pâris, et que les dévôts vont volontiers ce
» jour-là à Saint-Médard, où son corps repose. Notre
» avocat y fut et entra dans le chœur pour entendre
» la messe ; il était difficile de trouver place, tant
» par rapport à l'affluence que parce que les servi-
» teurs de l'église, établis par le desservant Coiffrel,
» avaient répandu malicieusement de l'huile en
» différents endroits ; il trouva pourtant à se placer.
» Mais le maître de l'Ecole charitable qui voyait à
» regret tant de personnes.... chercha sur qui il
» pourrait faire tomber sa mauvaise humeur; ses yeux
» ne lui offraient que des magistrats ou autres per-
» sonnes connues par la naissance et la dignité ;
» enfin il aperçut le pauvre avocat ; et ce fut lui
» qu'il choisit parce que son extérieur simple le
» flattait de l'impunité. » Il l'injurie, le pousse, le

chasse de l'église avec l'aide du suisse, et le fait
arrêter.

Au milieu de toute cette confusion le gouvernement avait pris parti, et naturellement l'opinion s'é-
tait aussitôt tournée contre lui. Il eût été cependant
dans son rôle en intervenant, si au lieu de prétendre
juger la question de foi, il s'était contenté de mettre
le holà et de rétablir la paix.

Cette dernière tâche, qui est essentiellement celle
du gouvernement, n'était pas facile alors, même en
dehors de l'agitation religieuse. La difficulté ne pro-
venait pas seulement de cette disposition innée qui
porte les Français à prendre parti contre le représentant de la loi et à laquelle Dubuisson opposait
tristement les mœurs anglaises. La France se ressentait encore de l'époque féodale, où tout lien social
étant relâché, toute autorité nationale anéantie, la
force individuelle était restée la seule sauvegarde.
Se faire justice à soi-même avait été une nécessité,
puis était devenu un point d'honneur, parce que
quiconque n'était pas de force à se défendre était
réduit à acheter, par un hommage qui diminuait sa
liberté et sa dignité, la protection d'un plus fort que
lui. Depuis, la monarchie absolue avait rétabli
l'unité française, mais le respect de l'autorité n'était
pas encore accepté par tous, n'avait pas pénétré
dans les mœurs. Beaucoup d'individualités avaient
conservé plus de puissance et plus de prestige que

les institutions sociales. Les représentants de la loi
étaient de fort petits personnages à côté des grands
seigneurs et de ceux qui prétendaient passer pour
tels. Un duc de Gramont cité devant le lieutenant
de police, écrit des injures au lieu de comparaître.
Un ancien lieutenant général des armées du Roi,
« mylord Galloway », est cité pour certaines fre-
daines que ses 88 ans rendaient peu pardonnables ;
dans la citation on avait omis par mégarde de men-
tionner « ses qualités ». Il vient à l'audience,
« écoute tranquillement la mercuriale que le grave
» magistrat croit devoir lui faire en l'assaisonnant
» pourtant d'excuses ; puis répond qu'il avait ouï
» dire par le public qu'il était un faquin et un inso-
» lent et que ce n'était que pour en savoir le vrai
» qu'il s'était fait amener chez lui ; que sa conduite
» n'était pas soumise à un juge aussi subalterne, et
» qu'il ne lui convenait de penser à un homme tel
» que lui que pour faire nettoyer les rues, afin qu'il
» y pût marcher sans être éclaboussé ! M. Hérault
» fut forcé de boire le calice de cette réponse, et on
» m'assure même qu'il a été obligé d'aller chez
» mylord Galloway pour lui faire des excuses par
» ordre de M. le Cardinal. » Si ce dernier point est
vrai, il faut avouer que le gouvernement prenait de
mauvais moyens pour inspirer aux Français le respect des autorités constituées.

Les *autorités constituées !* mot sans doute inconnu

alors, mot longtemps ridicule et dont maintenant encore on n'a peut-être pas cessé de rire ; mot profond cependant, et qui contient toute une révolution, car il signifie que les situations sociales s'effacent devant l'Etat ; que nul, quel que soit son rang, n'est au-dessus de la loi ; que chacun, si grand qu'il soit, doit respecter le dépositaire, si humble qu'il soit, d'une parcelle de l'autorité publique. En sommes-nous tout à fait là aujourd'hui ? Je n'oserais pas l'affirmer ; mais Dubuisson nous rappelle plus d'une fois que de son temps on en était bien loin.

Ce ne sont pas seulement les particuliers qui en appellent à la force ; les magistrats eux-mêmes, en conflit parce que leurs privilèges empiètent les uns sur les autres, se disputent à main armée les actes lucratifs de leur juridiction. A la mort du prince de Guise, les scellés avaient été apposés par un commissaire au Châtelet ; « mais comme l'hôtel de » Guise est situé dans l'enclos du Temple, la justice » de cet enclos a prétendu que c'était à elle à » apposer les scellés en question ; et pour se faire » ouvrir de force en cas de refus, elle s'est fait » accompagner par une compagnie de cinquante » suisses. Les domestiques de l'hôtel s'étaient » armés pour repousser les assaillants ; et il n'était » pas question de moins que d'un bris de porte et » d'un combat ; mais heureusement M. le comte

» de Guise et M^me la duchesse de Richelieu, qui
» furent avertis à temps de ce qui se préparait, en
» prévinrent l'éclat en envoyant ordre qu'on laissât
» entrer cette justice furibonde ». Le grand Prieur
du Temple dirigeait de son carrosse l'expédition ;
fils naturel du Régent, il était un de ces personnages qui se croyaient mis par leur naissance au-
dessus des lois. C'est à lui du reste que donna tort
le Grand Conseil, appelé à juger le conflit entre le
Bailliage du Temple et le Châtelet.

Le désordre est partout, même dans le sein des
Tribunaux. Les Membres du Parlement sont en
guerre avec leur Premier Président, pour une
question de prérogative, et pendant plus d'un mois
ils refusent de tenir audience. Les avocats refusent
de plaider, tantôt devant le Châtelet parce que le
Lieutenant-civil prétend les obliger à prêter serment entre ses mains, tantôt devant le Parlement,
parce qu'un avocat-général, plaidant dans une
affaire particulière, ce qui était admis alors, a parlé
en dedans de la barre, au lieu de rester en dehors,
comme les avocats. Ces querelles interrompent le
cours de la justice ; mais qu'importe ? Nul ne veut
abandonner ce que, dans le langage moderne, on
appellerait son *droit*, ce qu'on appelait alors son
*privilège*.

Tout, en effet, dans cette société issue de la féodalité, avait pris la forme d'un privilège. C'était un

privilège de juger tel procès, comme c'en était un
de n'être jugé que par telle juridiction ; c'était un
privilège de recevoir tel serment, un privilège de
prêter serment devant telle autorité ; et, ce qui est
la caractéristique de cette époque, chacun, en cherchant à maintenir ou à étendre son privilège,
oubliait la mission sociale en vue de laquelle le
privilège avait été primitivement créé. Les fonctions
publiques n'étaient plus conférées dans l'intérêt du
public, mais dans l'intérêt de celui qui les obtenait
et qui, les ayant reçues par faveur ou les ayant
achetées, n'y voyait qu'un *bénéfice* et s'attachait
moins à en remplir les charges qu'à en accroître
les revenus. Les Français d'alors étaient bien les
pères de ceux qui cinquante ans plus tard firent
une *Déclaration des droits* et refusèrent d'y
inscrire les *devoirs*. *Privilèges* en 1740, *Droits* en
1789, séparés de la notion des *Devoirs* qui en est le
corollaire et qui seule peut les légitimer, dérivent
au fond du même principe, l'égoïsme ; voilà pourquoi aux deux époques ceux qui les revendiquent
nous apparaissent également àpres à les défendre,
également peu soucieux de les mériter.

Nous avons reproduit quelques-unes des anecdotes
que raconte Dubuisson, et exprimé l'impression que
la lecture de ses lettres a fait naître dans notre
esprit. Nous sommes loin de penser cependant qu'il
faille juger son siècle uniquement d'après les faits

que nous avons cités. Ce serait tomber dans la même erreur que si l'on prétendait juger notre temps sur les récits des journaux à scandales ou sur les comptes-rendus judiciaires de la *Gazette des Tribunaux*. Alors, comme aujourd'hui, le mal était plus bruyant que le bien, et nous ne devons pas oublier qu'à cette même époque, d'Aguesseau honorait la magistrature et Massillon le clergé. Dubuisson raconte aussi parfois des traits fort différents de ceux qui accusent ses contemporains. Ainsi, M<sup>me</sup> Pâris de Montmartel, « pleurée des pauvres et » universellement regrettée », meurt à vingt-huit ans de la petite vérole gagnée au chevet de l'un de ses domestiques qu'elle était allée exhorter à recevoir les derniers sacrements. Mais s'il faut reconnaître que tout alors n'était pas égoïsme, que la société n'ignorait pas l'amour, la charité, le dévouement, la foi, il n'en est pas moins vrai qu'au-dessus de ces vertus trop cachées, ce qui se voyait était loin d'être respectable. Ecrites par un témoin impartial, un peu sceptique peut-être quoique trop jeune encore pour avoir perdu tout enthousiasme et toute illusion, en tout cas plutôt bienveillant qu'amer, les lettres de Dubuisson, dans leur ensemble, nous font peu regretter le bon vieux temps.

En résumé, si les idées et les mœurs dont cette correspondance nous présente le tableau diffèrent des nôtres, les passions et les caractères sont les

mêmes. C'est la conclusion inévitable à laquelle
on arrive toujours lorsqu'on étudie le passé pour le
comparer au présent. En dépit du costume, en dépit
de l'étiquette politique, les Parisiens sont certainement depuis 150 ans moins changés que la plaine
Saint-Denis, où le duc de Richelieu et le duc
d'Aumont tuaient en un jour six ou sept cents
pièces de gibier, sauf à être envoyés ensuite à la
Bastille pour s'être permis de chasser avant le roi
dans ce paradis des chasseurs.

La correspondance que M. A. Rouxel a eu la
bonne fortune de rencontrer et la bonne inspiration
de publier nous fait éprouver une double satisfaction : nous avons le plaisir de nous reconnaître
dans nos pères, et, en comparant leurs mœurs avec
les nôtres, nous acceptons avec plus de résignation
l'heure présente. Il en est des temps comme des
personnes ; pour mieux supporter, il est bon de
comparer, et l'histoire ne sert pas seulement à
guider et à instruire, mais aussi à consoler.

# MÉMOIRES

DE

# DUFORT DE CHEVERNY [1]

———

Jean-Nicolas Dufort appartenait à une famille de robe originaire de La Gorse, dans la vicomté de Turenne, établie à Paris à la suite du duc de Bouillon, frère aîné du rival de Condé. Noble, riche, bien apparenté, à quinze ans il se trouva orphelin et à peu près émancipé. A vingt ans, après avoir hésité entre la robe, qu'aurait voulu lui imposer sa famille, et l'épée, vers laquelle l'entraînaient ses goûts, il acheta une charge d'Introducteur des Ambassadeurs, qui le mit en rapports journaliers et intimes avec la famille royale et avec le flot mobile des courtisans. Il resta treize ans à la Cour, de 1751 à 1764 ; puis, craignant que les dépenses considérables exigées par ses fonctions ne compromissent sa fortune, il saisit l'occasion de céder sa charge. Il vendit en même temps son château patrimonial de Saint-Leu, qu'il trouvait trop rapproché de Paris, et il acquit,

(1) Cette étude a été publiée dans la *Revue de la Société des Etudes historiques*, 1888.

après de longues et curieuses négociations, la terre
de Cheverny, près de Blois, et la lieutenance générale du Blaisois (1).

Il mena alors la vie d'un grand seigneur de province, administrant ses biens, gouvernant ses vassaux, recevant dans son château nombreuse compagnie, organisant des comédies dont il était l'auteur
et l'*impresario*, visitant ses voisins, faisant parfois
des voyages de plaisir ou d'affaires dans des terres
plus éloignées, et passant chaque année quelques
mois à Paris ou à Versailles.

Avec la Révolution commence une troisième période tristement différente des deux autres. Tandis
que la plupart de ses amis émigrent, Dufort se
réfugie dans sa terre, au milieu des paysans dont il
se regarde comme le guide et le protecteur. Il y vit
seul et retiré, apprenant de loin la fuite, l'arrestation ou la mort de tous les compagnons de sa vie.
Malgré le soin qu'il prend à rester obscur, il finit
par être emprisonné comme les autres. Rendu à la
liberté par le 9 thermidor, il rentre dans son château
désert et y attend morne et triste la fin de l'orage.
C'est alors que « pour occuper son imagination, pour

(1) Sous l'ancien régime, le lieutenant général était un
magistrat de robe courte qui remplissait dans sa province
un emploi analogue à celui du lieutenant-civil au Châtelet
de Paris. En 1789, les lieutenants généraux présidèrent les
assemblées primaires pour l'élection des députés aux Etats-
Généraux.

lui seul et pour son seul plaisir », il se met à écrire
ses Mémoires (1).

Il les écrit de souvenir, un peu sans ordre comme
sans prétention littéraire, mais non sans finesse et
sans esprit. Une mémoire merveilleusement fidèle
lui rappelle toutes les scènes dont il a été témoin,
toutes les anecdotes qu'il a entendues, toutes les
personnes qu'il a connues pendant le cours de sa
carrière si longue et si remplie. Pour chaque fait il
décrit le lieu de la scène et nomme les personnages
qui étaient présents ; chaque nom est accompagné
d'un jugement bref et incisif ou d'une anecdote
caractéristique. Tout ce qui a marqué dans la haute
société parisienne pendant la seconde moitié du
xviiiᵉ siècle défile successivement sous les yeux du
lecteur.

Dufort n'est ni un homme politique, ni un homme
de lettres ; ce n'est qu'un homme du monde. Il ne
nous parle pas de la conduite des affaires diplomatiques, ni de ce personnel de littérateurs, de philosophes et de Mécènes dans lesquels nous avons pris
l'habitude de résumer le xviiiᵉ siècle. Mais il nous
montre la Cour et la Ville ; il nous apprend comment vivaient et ce que pensaient les membres de
cette société frivole et sceptique où déjà fermen-
taient les idées et les sentiments qui ont abouti à la

(1) Mémoires de Dufort, comte de Cheverny, avec introduction et notes par son arrière-petit-fils, Robert de Crévecœur.

Révolution. Il ne songe pas à décrire le mouvement des esprits, mais ce qui est beaucoup plus intéressant, il le subit ; il en est le vivant témoignage, et nous trouvons dans ses Mémoires des réflexions que notre siècle démocratique ne désavouerait pas, des traits de sage modération que peut-être nous n'aurions plus le courage d'imiter.

Ainsi, quand un ami lui offre l'Ordre du Mont-Carmel et l'Ordre de Saint-Lazare de Jérusalem, il a le bon goût de les refuser. Il décide un de ses collègues à ne pas porter l'Ordre romain du Christ, en lui disant « qu'un Ordre qu'on acquérait pour de » l'argent était au-dessous d'un honnête homme. » *Honnête homme* est sans doute pris ici, comme au xvii<sup>e</sup> siècle, pour homme de bon ton et de bonne éducation. La leçon serait encore aujourd'hui bonne à entendre.

Dufort n'est pas moins sensé quand il s'agit de son nom. Au moment de sa première présentation à la Cour, un de ses parents l'engage à prendre, comme l'usage l'y autorisait alors, le titre de marquis de Saint-Leu. Il s'y refuse, « résolu, dit-il, à » porter toujours le nom de son père ». Plus tard, quand la terre de Cheverny est érigée pour lui en comté, il n'accepte cette faveur qu'après avoir obtenu la permission de placer le titre de Comte avant son nom de famille, et de s'appeler *Comte Dufort*, « afin, dit-il, de ne pas se débaptiser ».

Nous trouvons dans sa famille un second trait du même genre. L'un de ses beaux-frères était Amelot, marquis de Chaillou, qui fut ministre sous Louis XVI, et dont le père avait été longtemps secrétaire d'Etat aux Affaires étrangères sous Louis XV. Dufort n'appelle jamais son beau-frère que « M. Amelot », réservant le nom d'Amelot de Chaillou pour son neveu, de même qu'il réserve le nom d'Amelot du Guépéan pour d'autres parents qu'il fallait distinguer du chef de la famille. Il ne fait en cela que se conformer aux intentions des Amelot, intentions bien connues d'ailleurs de leurs contemporains et auxquelles d'autres documents font allusion. On lit en effet, dans les Mémoires du duc de Luynes (I. 100), au moment où il raconte que le premier Amelot est nommé secrétaire d'Etat : « M. Amelot » de Chaillou ne s'appellera plus que Amelot, ce » nom, qui est le sien, étant plus connu aux Affaires » étrangères ». Ainsi, il y a 150 ans, c'est en entrant aux Affaires étrangères qu'on laissait de côté un titre de Marquis ! C'est en entrant à la Cour qu'on refusait d'en prendre un ! S'il avait vécu de nos jours, Dufort aurait commencé par écrire le nom de son père en deux mots, afin d'y simuler une particule, et bientôt un titre et une couronne eussent orné ses cartes de visite.

Il est vrai que la sagesse dont nous lui faisons honneur n'était pas, sous l'ancien régime, un sacri-

fice d'amour-propre aussi grand que nous nous le
figurons aujourd'hui. Nul n'ignorait alors qu'il
existait de très vieilles et quelquefois très hautes
noblesses sans particule et sans titre, et Dufort, en
racontant son refus, a bien soin d'ajouter : « Qu'il
» n'avait sujet de rougir d'aucun de ses ancêtres,
» qui, s'ils n'avaient pas été illustres, avaient au
» moins pour eux une filiation d'aïeux assez an-
» cienne » (I. 67). Aujourd'hui, si la noblesse n'est
plus une institution, elle est encore un souvenir et
une élégance, et, en dépit de nos idées devenues
égalitaires, nos mœurs, plus que jamais éprises de
distinctions, y attachent un fort grand prix. Seulement, nous la connaissons moins bien ; le titre et
la particule, qui en étaient jadis les compagnons
habituels, qui en sont maintenant le seul signe
visible, presque le seul privilège, nous en paraissent la condition essentielle, et ils ont pour nous
autant d'importance qu'ils en avaient peu pour nos
pères. Du reste, ces deux points de vue si différents
ont produit les mêmes conséquences : autrefois,
dans certaines circonstances, chacun prenait le
titre qui lui plaisait, et l'on sait qu'il en est à peu
près de même aujourd'hui.

La hiérarchie sociale n'en était pas établie moins
solidement. Mais, précisément parce que les rangs
étaient assez tranchés pour que l'on n'eût pas à
craindre de les voir se confondre, il y avait entre

les diverses classes une familiarité qui nous éton-
nerait maintenant. Ainsi Dufort, l'introducteur des
Ambassadeurs, le familier du Roi et des Princes,
comptait parmi ses amis les plus intimes Jélyotte,
le célèbre ténor, et Sedaine, qui avait commencé
par être maçon et qui resta toute sa vie entrepre-
neur de maçonnerie. Mais Jélyotte avait reçu une
excellente éducation ; il était aimable et de bonne
compagnie ; Sedaine était plein de cœur, d'esprit et
de grâce ; ces qualités suffisaient pour qu'ils fussent admis sur le pied d'une affectueuse égalité
dans la maison de l'homme de cour. Jélyotte était
également l'ami du duc de Choiseul et son hôte à
Chanteloup.

Le langage de Dufort sur les grands personnages
qui l'entourent, sur les courtisans, les princes, le
roi lui-même, nous réserve aussi de vives surprises.
La grande bienveillance qui est dans son caractère
et dans ses habitudes n'est jamais en défaut ; mais
il parle avec une liberté de jugement que nous
attendrions d'un philosophe de l'Encyclopédie plutôt
que d'un homme de Cour. « Je passais mon temps,
» dit-il, à des visites, à des soupers, où l'on s'entre-
» tenait de ce que le Roi et la famille royale avaient
» fait, ou feraient le lendemain. J'ai souvent fait la
» réflexion que la vie d'un courtisan assidu, je dis
» ceux qui veulent faire fortune sans avoir d'autres
» qualités, ressemble à celle d'un valet de chambre,

» enfin d'un être en servitude. J'ai vu le duc de
» Luynes le père, qui passait pour écrire les anec-
» dotes de toute la Cour, le duc de Saint-Aignan,
» de l'Académie française, le président Hénault,
» Moncrif et tant d'autres, rétrécir leur esprit par
» une conversation si peu variée que je ne pouvais
» ni m'y faire, ni m'y fixer » (T. I, p. 73).

Voilà pour les courtisans. Pour les princes, il les
juge sans aveuglement comme sans prévention. Il
sait discerner leurs qualités naturelles derrière les
défauts qui frappent le public ; mais loin d'être
ébloui par leur grandeur, c'est elle, c'est ce qu'il
appelle l'« *éducation de prince* », qu'il présente
comme la cause, en même temps que l'excuse de
leurs faiblesses. De nos jours, où sans doute cette
éducation est différente de ce qu'elle était jadis, la
reine de Roumanie a pu écrire avec vérité : « On
» élève les princes à vivre avec tout le monde ; que
» n'élève-t-on tout le monde comme les princes ! »
Dufort, au contraire, s'il veut faire l'éloge de
M^{me} Adélaïde, fille aînée de Louis XV, dira d'elle :
« Elle était raisonnable autant qu'une femme de
» son rang peut l'être » (I. 182).

Il témoigne à diverses reprises une véritable
affection pour deux personnages qui, dans l'histoire,
ne sont rien moins que sympathiques : Louis XV
et Charles de Bourbon, comte de Charolais. Mais
voyons comment il les juge : « Louis XV, dans

» l'intimité, était le plus aimable et le meilleur de
» tous les hommes. Comme particulier, comme
» père de famille, il aurait été aimé, estimé, consi-
» déré. Il ne lui manquait que ce qui manque à
» tous les rois, c'est de s'assimiler aux autres hom-
» mes. Accoutumés, du moment où ils naissent, à
» une espèce d'adoration, je crois fermement qu'ils
» se regardent comme au-dessus de l'espèce hu-
» maine... Il ne mettait aucune mesure vis-à-vis
» des autres, par défaut d'éducation » (I. 320).
Quand le roi parle des affaires d'Etat comme si
c'était un autre qui gouvernât (I. 228) ; quand il
donne une de ces preuves d'égoïsme ou de brutalité
qui nous révoltent ; par exemple, quand il s'amuse
à mettre ses deux talons sur les pieds d'un goutteux
en lui demandant si c'est là qu'il a la goutte (I. 320),
ou quand, à son petit lever, voyant un courtisan
foudroyé par une apoplexie rouler sur le parquet,
sa perruque loin de lui, il s'écrie : « D'Argenson !
» M. du Chayla vient de quitter sa perruque ! »
(I. 173), le jugement de Dufort est toujours le même :
« Grand tort d'une mauvaise éducation, car person-
» nellement il était le plus excellent des hommes,
» quelques choses que les malveillants aient pu
» dire » (I. 228).

Quant au Comte de Charolais, ce maniaque brutal
et grossier qui un jour, pour s'amuser, tira un coup
de fusil à un couvreur sur un toit, voici ce que dit

de lui notre auteur : « L'âge où je l'ai connu me l'a
» fait voir comme un homme de tête et fort raison-
» nable, mais sujet à l'humeur, comme un prince
» mal élevé » (I. 110). — « Otez son éducation de
» prince, c'était un homme de grand sens et de
» mérite à tous égards. La justice était dans son
» cœur, et *du moment qu'on rendait au prince du*
» *sang ce qu'il croyait lui être dû*, il était le plus
» juste des humains » (I. 113).

Que l'on remarque ces derniers mots. Ils expliquent peut-être certains traits de cette époque où la
plupart des grands pouvaient, dans leur conscience,
éprouver, à des degrés divers, les mêmes sentiments
que le Comte de Charolais ; ils expliquent certainement quelques-unes des excentricités de ce personnage qui, vivant en dehors des devoirs de son rang,
devait être irrité contre l'ordre qu'il méconnaissait,
et devait tenir plus âprement, parce qu'il pouvait
toujours craindre qu'on ne fût tenté de les lui refuser, aux prérogatives auxquelles il avait droit par sa
naissance sans en être digne par sa conduite. Dufort
raconte à cet égard une anecdote assez plaisante
dont il fut témoin. Il paraît que M. de Kaunitz se
souciait peu de faire à ce prince déclassé la visite
officielle que, comme ambassadeur, il devait à tous
les princes du sang. Un jour pourtant le Comte de
Charolais obtint que la visite enfin lui fût faite.
« C'était, dit Dufort, à Fontainebleau, pendant un

» voyage de la Cour. Chacun était logé là, dans de
» petites maisons, avec des porte-cochères, des
» escaliers étroits et le reste à l'avenant ; tout dut
» pourtant se passer avec le même cérémonial que
» dans un palais. La visite reçue, le prince dut la
» rendre. Je montai avec lui et Dumonan, son gen-
» tilhomme, dans sa voiture, qui avait l'air d'un
» carosse de remise et était tout en cuir. Le prince
» me dit en chemin que M. de Kaunitz le portait
» bien haut, qu'il savait l'étiquette comme lui, et se
» mit à chicaner sur un pas de plus ou de moins....
» Nous arrivons ; la visite se passe à merveille, la
» reconduite de même. L'ambassadeur doit descen-
» dre jusqu'au bas de l'escalier et voir partir le
» prince, comme le prince l'avait fait pour lui. La
» voiture avance difficilement sous la porte ; les
» rosses qui la conduisent serrent le bas de l'esca-
» lier ; tout cela prend cinq minutes. Le prince
» monte pesamment ; je monte après lui et me mets
» à côté ; Dumonan de même sur le devant. M. de
» Kaunitz comptant la chose finie, remonte l'esca-
» lier avec son cortège ; mais les chevaux résistent,
» et voilà le prince sortant à mi-corps de sa voiture
» qui crie : « Monsieur l'Ambassadeur, ce n'est pas
» là votre place et vous devez me voir partir. » —
» L'ambassadeur fait volte-face sans dire un mot, et
» revient à son poste. Enfin la voiture roule et nous
» partons. Voilà le Comte de Charolais qui me prend

» la cuisse à me faire crier, et me dit en riant :
« Voilà comme il faut mener les gens qui font les
» insolents. Ce n'est pas pour l'exactitude du céré-
» monial ; c'est pour lui apprendre que nous ne
» sommes pas ses égaux » (I. 111).

L'ordre social reposait alors sur la hiérarchie,
c'est-à-dire sur l'inégalité, et c'était par l'*étiquette*
que chacun, prince, ambassadeur, ou simple courtisan, obtenait qu'on lui rendît ce qu'il croyait être
dû à son rang. Aussi chacun prétendait-il l'observer,
et exigeait-il qu'elle fût respectée à son égard. Mais
sous ce rapport aussi l'on voyait se manifester cette
contradiction bizarre entre les usages, qui subsis-
taient tels que les avait légués le siècle précédent,
et les idées, qui, ouvertes par l'esprit de discussion,
jugeaient fort librement ces usages. Cette contradiction, quand elle se répand dans une société, est
un fâcheux symptôme ; elle présage une dislocation
prochaine ; c'est la débâcle des glaces qui commence. On était las de l'étiquette, on en riait tout
bas. Dufort qui, par ses fonctions, avait la mission
particulière de l'appliquer, se plaît souvent à faire
ressortir ce qu'elle a de puéril. Ainsi, après avoir
décrit avec des détails fort curieux la réception
solennelle du comte de Kaunitz, cérémonie fastueuse
qui eut presque le caractère d'une fête publique,
qui mit en mouvement toute la population de Paris,
et dont les réceptions actuelles des Ambassadeurs

par le chef de l'Etat ne peuvent nous donner une
idée, il termine son récit par ces mots : « Si ces
» fonctions (celles d'Introducteur des Ambassadeurs)
» sont magnifiques, elles ne roulent que sur des
» misères d'étiquette, plus faites pour rétrécir
» l'esprit que pour l'alimenter » (I. 85).

En 1760, Dufort et le comte de Charolais n'étaient
pas les seuls à rire de l'étiquette ou à la maudire.
Toute la famille royale en était, aussi bien que les
courtisans, l'esclave résignée, mais ennuyée. Un
jour, une dame de semaine auprès de M^{me} Adelaïde
se plaignit de s'habiller et de se déshabiller quatre
fois par jour et de n'avoir pas un quart d'heure de
liberté ! « Madame, lui répondit la pauvre princesse, vous en êtes quitte pour vous reposer une
semaine ; mais moi qui fais ce service toute l'année,
permettez que je garde ma pitié pour moi-même »
(I. p. 104).

Le personnage à qui l'étiquette pesait le plus était
encore le Roi, et peut-être le désir de se reposer de
la contrainte qu'elle lui imposait ne fut-elle pas
sans influence sur les premières irrégularités de sa
conduite. « Il aimait le particulier par goût, dit
» Dufort, et il sentait que sa place exigeait le con-
» traire. De sorte que dès qu'il pouvait se dérober
» à la représentation, il descendait chez M^{me} de
» Pompadour par un escalier dérobé et y déposait
» le caractère de Roi » (I. 319). Quelle expression

6 .

imprévue, *sa place*, pour parler du trône ! Bossuet
et Racine l'eussent-ils employée ?

Déposer le caractère royal et recouvrer, sous le
voile de l'incognito, la faculté de circuler librement,
de parler et d'entendre, a été le rêve de bien des
souverains, qu'ils se nommassent Haroun-al-Raschid
ou Henry IV, ou Pierre-le-Grand, ou Marie-Antoinette. Mais ce rêve était difficile à réaliser à une
époque où l'on n'avait pas encore l'habitude de
rencontrer, habillés d'un veston et mêlés à la foule,
les princes les plus résolus à faire respecter leur
majesté, lorsqu'ils sont en représentation.

Le récit fort intéressant de l'attentat de Damiens
nous montre les exigences de l'étiquette, le besoin
qu'éprouvait le roi de s'en affranchir et le soulagement qu'il ressentait lorsqu'il y échappait un
instant.

Louis XV avait conservé le souvenir des témoi-
gnages d'affection populaire qui l'avaient étonné et
charmé lorsqu'il avait été malade à Metz. Il s'était
écrié alors : « Que leur ai-je donc fait pour qu'ils
» m'aiment ainsi ? » Quelques années à peine
s'étaient écoulées et voilà qu'un fou le frappe dans
sa voiture, d'un coup de canif ! Soit par la crainte
que l'arme fût empoisonnée, soit par l'appréhension
de voir sa vie désormais sans cesse menacée, le roi
tomba dans une stupeur profonde. « Il resta plus
» d'une semaine au lit, dans sa vraie chambre à

» coucher, dit Dufort, enfermé entre ses quatre
» rideaux, n'ouvrant la bouche que pour demander
» des choses indifférentes », et ce ne fut pas seulement pour sa petite blessure qu'il fallut le soigner.

« C'est une grande cérémonie, raconte à cette
» occasion notre auteur, que le bouillon qu'on donne
» à un roi malade. Toutes les trois heures, il arrive
» à l'heure dite ; il est déposé sur la table de
» marbre, gardé par le maître d'hôtel, goûté par
» l'échanson et le médecin. L'huissier annonce le
» bouillon du roi ; on ouvre la porte de la chambre ;
» ceux qui sont dans le cabinet le suivent ; le
» premier médecin, le premier gentilhomme se
» trouvent dans la chambre. Nous suivîmes ; le roi
» était couché dans ses doubles rideaux, la cham-
» bre fort éclairée le lit fort noir. Nous ne vîmes
» que son bras qu'il avança ; il n'ouvrit pas la
» bouche, et l'huissier de dire : « Messieurs, retirez-
» vous... ».

.... « La première fois que nous pûmes le voir,
» cette superbe tête d'homme jeta sur nous un
» regard de chagrin ; il semblait qu'il voulût dire :
« Regardez votre roi qu'un misérable a voulu
» assassiner, et qui est le plus malheureux de son
» royaume » (I. 181, 184).

Plus tard l'étiquette exigea que le roi reçût les
ambassadeurs, pour se montrer à eux. « Tout le
» corps diplomatique s'y trouva ; le roi ne fit aucune

» question ; tout le monde garda un profond silence :
» aucune présentation n'eut lieu. Les ambassa-
» deurs eurent le temps de le contempler ; un signe
» de tête annonça qu'ils étaient congédiés » (I. 186).

Autour de ce malheureux malade, sans consolations, sans confident, livré à ses seules pensées,
s'agitaient mille intrigues de Cour sur lesquelles
il est inutile d'insister ; beaucoup d'autres que
Dufort les ont racontées.

Quand le roi commença à se lever, il parut dans
son cabinet, mais toujours morne et silencieux,
« choisissant le temps où il y avait le moins de
» monde ».

Sa réclusion ne cessa que deux ou trois semaines
après l'attentat, à la suite d'une scène singulière et
caractéristique qui mérite d'être entièrement reproduite :

« Enfin un jour, il était près de deux heures et
» le cabinet presque vide, tous ayant pris congé...
» Le roi avait sa robe de chambre, son bonnet de
» nuit, et à la main une canne sur laquelle il s'ap-
» puyait légèrement. Tantôt il regardait par la
» fenêtre, tantôt il s'arrêtait et rêvait. Le Dauphin,
» à qui le roi ne faisait pas signe de s'en aller,
» causait avec le marquis du Muy ; la Dauphine
» n'osait prendre congé. Enfin, le roi, sûr que tout
» le monde est à dîner, fait le signal du départ à la
» Dauphine, qui s'avance, le salue à l'ordinaire et

» s'en va. Elle était accompagnée de plusieurs
» dames, entre autres de la duchesse de Brancas,
» surnommée, à cause de sa taille, la grande ; le roi
» qui la connaissait particulièrement parce qu'elle
» allait souvent chez la marquise, lui dit : « Restez
» un moment ». — Le Dauphin regarde. — Le roi
» dit à Mᵐᵉ de Brancas : « Donnes-moi votre man-
» telet ». Elle le détache et le lui donne ; il le place
» sur ses épaules, fait un tour dans le cabinet sans
» rien dire, après l'avoir saluée, et s'en va. Il
» s'achemine à l'instant du côté de l'intérieur. Le
» Dauphin, accoutumé à le suivre, s'avance. Il n'est
» pas à moitié de la pièce que le roi se retourne et
» lui dit : « Ne me suivez pas ». Nous voyons la
» manœuvre et entendons le propos. Le Dauphin
» obéit et se rend à l'instant chez lui pour dîner.

» Fontanieu et Champcenetz se dirent : « La
» chose est trop intéressante pour dîner » ; j'en dis
» autant. M. de Maillebois arrive ; on lui conte
» tout, et nous voilà tous les quatre à attendre. Le
» roi revient entre les trois et quatre heures. — Au
» lieu d'un regard triste et sévère, son air était
» calme, son regard agréable ; il avait le sourire
» sur les lèvres et causait sans humeur. Il nous
» adressa la parole à tous, fit des plaisanteries sur
» le mantelet dont il s'était affublé, et nous quitta
» en disant qu'il allait dîner, et qu'il nous exhortait
» à en faire autant. Il rentra ; nous n'eûmes pas

» de peine à deviner qu'il avait été faire une visite
» à M^{me} de Pompadour. Une seule conversation
» d'une amie, intéressée à sa conservation plus que
» personne du royaume, avait guéri son esprit plus
» malade que.tout le reste » (I. p. 187 et 188).

Ce fut donc à l'influence morale de sa maîtresse
que, dans cette circonstance, Louis XV dût le réta-
blissement de sa santé.

Il paraît qu'à d'autres points de vue encore il
était utile au bien de l'État que le roi eût une
maîtresse. Après la mort de la Pompadour (1), la
grande préoccupation de la Cour fut de savoir qui
lui succèderait ; l'idée qu'elle ne serait pas remplacée ne venait à l'esprit de personne, et ce n'était
pas aux plaisirs du roi que l'on pensait, mais au
fonctionnement de la machine gouvernementale.
« Chacun sentait, dit Dufort, qu'il était impossible
» qu'il n'y eût pas un intermédiaire entre le pouvoir
» suprême et les ministres. Une femme accorte,

(1) Dufort, sur le témoignage de son ami Champlost,
attribue à Louis XV, à l'occasion de la mort de M^{me} de Pompadour, un langage bien différent de celui que lui prête la
légende. Le convoi funèbre quitta Versailles à six heures
du soir. « Le roi, dit Dufort, prend Champlost par le bras,
lui fait fermer la porte de son cabinet, et se met avec lui
en dehors sur le balcon. Il garde un silence religieux, voit
le convoi enfiler l'avenue, et malgré le mauvais temps et
l'injure de l'air auxquels il paraissait insensible, il le suit
des yeux jusqu'à ce qu'il perde de vue tout l'enterrement. Il
rentre alors, deux grosses larmes coulaient encore le long
de ses joues, et il ne dit à Champlost que ce peu de mots :
« Voilà les seuls devoirs que j'aie pu lui rendre » (I. 324).

» adroite, faisait parvenir plus facilement les récla-
» mations, et souvent rendait service » (I. 320).
Dans cette société singulière, la maîtresse du roi
était devenue un rouage indispensable, presque une
institution de l'État. Les ministres reconnaissaient
officiellement son autorité. Avant que sa haute
faveur ne fût ouvertement affichée, Mᵐᵉ de Pompadour avait demandé pour son mari une place de
fermier-général. Orry, contrôleur général, la lui
refusait. « Monsieur, finit-elle par lui dire, je serai
» obligée de vous faire demander la place par
» quelqu'un à qui vous ne pourrez la refuser ». —
M. Orry la reconduisit quelques pas et, en la quittant, lui dit avec humeur : « Madame, si vous êtes
» ce qu'on dit, j'obéirai, mais si vous ne l'êtes pas,
» vous n'obtiendrez rien ». — Il paya le compliment de sa place, ajoute Dufort, aussitôt qu'elle fut
reconnue maîtresse du roi (I. 190).

Les ambassadeurs, comme les ministres, s'incli-
naient devant cette puissance. Le jour de sa réception officielle, Kaunitz n'eut garde de quitter
Versailles avant d'avoir présenté ses hommages à
Mᵐᵉ de Pompadour. Elle lui avait fait exprimer par
Dufort son désir de le recevoir. Il se rendit chez elle
avec ses cavaliers d'ambassade et avec l'introducteur des ambassadeurs, aussitôt après avoir été reçu
par le roi, la reine et les princes du sang. Le cérémonial fut exactement le même. « Il entra seul avec

» moi, raconte Dufort. Il y avait trois sièges ; elle
» s'assit et nous nous assîmes. Après une conversa-
» tion qui eut l'air d'une visite amicale, il se leva
» et pria M^me la Marquise de lui permettre de lui
» présenter les cavaliers. Ils entrèrent ; on se tint
» debout ; la conversation devint générale, et après
» un quart d'heure, nous partîmes » (I. 84).

Quant aux courtisans, ils étaient aux pieds de la
favorite du jour, qu'elle s'appelât Pompadour ou Du
Barry. La charmante M^me de Choiseul elle-même, si
sympathique et si digne de respect, qui sut rester
sage dans cette cour corrompue, s'était liée d'une
étroite amitié avec M^me de Pompadour. Après la
mort de la marquise, elle crut devoir demander
qu'on lui donnât, en souvenir de celle qu'on voulait
bien appeler *son amie*, un petit chien favori. Ne
regrettons pas cette faiblesse, car la réponse de
Marigny, frère et héritier de la Pompadour, est
aussi un curieux trait de mœurs. Il envoya le chien
à M^me de Choiseul, mais il garda le collier, qui était
en argent massif. (I. 313).

La Du Barry eut sa cour, comme M^me de Pompadour avait eu la sienne. Chaque matin on conduisait
chez elle le jeune Condé, « dont on achevait alors
» l'éducation. »

Dufort raconte avec indifférence, sans en paraître
étonné, sans les juger, les traits les plus frappants
de cet étrange affaissement moral qui avait envahi

la société tout entière. Le goût lui-même, symptôme toujours caractéristique de l'état moral d'une
société, était bizarre. « Tous les ornements étaient
» baroques. Rien n'était d'aplomb, pas même les
» armes gravées soit sur la vaisselle, soit sur les
» cachets, soit sur les voitures » (I. 117). Là, comme
partout, on se plaisait à être dans le faux ; la mode
l'exigeait !

Un scepticisme général avait ébranlé toutes les
bases sur lesquelles reposait l'ancienne société ; on
ne croyait plus ni à la Royauté, ni à l'Église, ni à la
Noblesse, ni au Parlement. Il semblait que chacun
jouât un rôle et le jouât sans conviction. C'était par
habitude ou par calcul, c'est-à-dire par faiblesse ou
par égoïsme, que chacun faisait encore son métier
de roi, de prince ou de courtisan. Ce n'était plus,
comme sous Louis XIV, par respect pour la majesté
royale ; c'était moins encore par ce sentiment plus
ancien qui jadis commandait aux grands de faire un
noble usage du pouvoir qui leur avait été départi
sur les autres hommes. Même quand la formule
féodale disait durement : « Entre toi, vilain, et ton
seigneur, il n'y a point de juge », elle ajoutait :
« Fors Dieu ! » Ce Dieu et ses commandements
pouvaient être mal compris ; cependant les puissants
de la terre étaient avertis qu'ils devaient porter
leurs regards au-delà du temps présent ; à défaut de
nos idées modernes, de ce respect de l'homme que

nous appelons *humanité*, ils avaient le respect de
leur nom, de leur race, et ils savaient qu'un jour
Dieu leur demanderait compte de leurs actes. Plus
tard, un autre idéal a succédé à celui de ces anciens
âges ; l'amour de la patrie a inspiré à son tour le
dévouement et le sacrifice. Mais sous Louis XV, il
n'y avait pas de croyance, c'est-à-dire pas de mobile et pas de frein. Le roi lui-même était le premier
à donner l'exemple de la plus cynique indifférence
pour la chose publique, d'un égoïsme plus révoltant
peut-être encore que ses débauches. Il en était
d'ailleurs le premier puni. Il n'aimait personne,
mais il savait que personne ne l'aimait, excepté son
chien. (I. 125). Tant qu'il était debout, il voyait les
courtisans adorer platement ses moins respectables
caprices ; puis, par un retour soudain, il sentait
cruellement combien son prestige était fragile. Nous
avons dit sa stupeur après l'attentat de Damiens ;
ce fut pis encore quand il fut atteint à Versailles de
la petite-vérole qui devait l'emporter. « Quelle triste
» condition qu'un roi mourant !... C'était une infec-
» tion jusque dans l'œil-de-bœuf. Je me contentai,
» dit Dufort, de demander La Borde, premier valet
» de chambre de service, mon ami d'enfance....
» La Borde me conta qu'il l'avait appelé d'une voix
» ferme, l'avait fait approcher, avait regardé s'il
» était seul avec lui, et il lui avait dit : « Et M^{me} Du
» Barry, où est-elle ? » La Borde avait répondu :

« Sire, elle est partie ce matin. » Qu'alors le roi
» avait dit : « Quoi! déjà! » La Borde s'était aperçu
» qu'il lui sortait deux grosses larmes; puis le roi
» s'était renfoncé dans son lit, sans plus ouvrir la
» bouche » (I. 401).

Dès les premières années du nouveau règne,
Dufort voit le danger et déplore la marche des évènements. Seulement, s'il sait pressentir les appro-
ches d'une crise redoutable, il ne sait pas en discerner les véritables causes. Cédant à la tentation
ordinaire de quiconque juge les évènements contemporains, il en cherche la raison dans le caractère ou
dans l'imprudence de tel ou tel pesonnage. Attribuer
la Révolution à la faiblesse de Louis XVI ou à
l'incapacité de Maurepas est certes plus facile que
de reconnaître la faute universelle dont on est soi-
même le complice inconscient. Frivoles, égoïstes,
sans mœurs, sans foi, les hautes classes, qui jusqu'alors avaient seules dirigé la société, étaient
fatalement condamnées à perdre un rôle dont elles
avaient cessé d'être dignes.

Cependant, au moment où apparaissent, vagues
encore, les premiers signes de la tourmente, la
noblesse conserve, par la force d'une longue habitude, son prestige traditionnel. Vers elle se tour-
nent les regards de la foule qui désire des réformes
et qui, pour les préciser et les obtenir, cherche
instinctivement des guides. Les habitants du Blai-

sois ne semblent pas imaginer qu'ils puissent se
passer de Dufort. On l'appelle, on lui demande
conseil ; son nom est mis en avant dans toutes les
assemblées électorales et, comme il se dérobe aux
suffrages des électeurs, on le prie de désigner les
candidats. La plupart des personnages qui, comme
lui, avaient joué un rôle sous le régime précédent,
se contentent de regarder avec un étonnement
railleur les inconnus sur lesquels commence à se
porter l'attention. Bientôt, punis de leur abstention,
ils s'aperçoivent avec effroi qu'ils sont complètement
oubliés, et que les nouveaux venus restent seuls sur
la scène. Désormais, devant l'abdication de la classe
jusque-là dirigeante, l'avenir de la monarchie, les
destinées de la France, le salut même de l'ordre
social dépendent de ces hommes qui, hier encore,
n'étaient rien et qu'aucune expérience des affaires
n'a préparés à gouverner le pays. N'ayant pratiqué
que les livres et les théories, ils n'apportent au
pouvoir que des passions et des rêves. Bientôt ces
nouveaux venus seront dépassés par d'autres rêves
et d'autres passions ; assaillis, pilotes naïfs et inha-
biles, par une tempête qu'ils n'ont pas su prévenir
et qu'ils ne sauront pas dominer, ils livreront la
patrie aux caprices aveugles de la foule inconsciente
et désordonnée.

Dufort et ses deux beaux-frères adoptèrent à ce
moment redoutable des lignes de conduite diffé-

rentes ; aucun d'eux n'eut à se féliciter de celle qu'il choisit.

Amelot, ancien ministre de Louis XV, émigra. Ses biens furent confisqués. Son fils aîné fut emprisonné comme parent d'émigrés, et vit deux fois, à la Conciergerie, ses geôliers creuser devant lui la fosse qui lui était destinée. Quand Amelot rentra de l'étranger, sous le Directoire, il était tombé en enfance et ruiné.

Salaberry, le second beau-frère, ancien président de la Chambre des Comptes de Paris, était ardent et enthousiaste ; « toute sa vie, dit Dufort, il avait » mal digéré les phrases alambiquées de Diderot, » Rousseau et Voltaire » (II. 75). Il se lança dans le mouvement, se fit élire officier municipal à Blois, puis juge de paix, courut les clubs et les assemblées populaires pour préconiser les idées nouvelles. Bientôt, s'apercevant qu'on allait plus loin qu'il ne l'aurait voulu, il se mit en travers du torrent, perdit aussitôt sa popularité et fut guillotiné.

Dufort n'imita ni l'un ni l'autre. Plus calme et plus sensé que Salaberry, il ne se jeta pas dans la mêlée. Moins compromis qu'Amelot, il refusa d'émigrer. Dès le 8 octobre, quelques-uns de ses amis, effrayés par le récit des violences populaires, s'étaient enfuis en Suisse, et le pressaient de venir les rejoindre. « Nous nous consultons, dit-il ; nous » avons une grande possession à surveiller, des

» enfants à ne pas abandonner. Nous voyons du
» premier coup d'œil que quitter son pays au
» moment où il est en danger est une mauvaise
» condition... Le devoir est de rester attachés à la
» patrie et de contribuer, selon ses faibles moyens,
» à rétablir l'ordre » (II. 87).

A partir de ce jour, Dufort se trace un plan qu'il
définit ainsi : « Se conserver, lui et les siens, par
une nullité absolue » (II. 128). Il ne s'abstient pas
cependant des devoirs que lui impose sa situation ;
peut-être d'ailleurs n'aurait-il pu s'en affranchir
complètement sans se compromettre davantage. En
1789, il refuse d'être député aux États-Généraux,
mais il est présenté au club des Jacobins par
Beauharnais, et il se laisse nommer commandant
de la Garde nationale, quoique son âge et ses
rhumatismes ne lui permissent plus de monter à
cheval. Il assiste en cette qualité, le 14 juillet 1792,
à la fête de la Fédération à Blois, et avec une
surprise railleuse, mais sans indignation hautaine,
il reconnaît parmi ses collègues et il voit prendre
place à côté de lui, au banquet officiel, le maître
d'hôtel de son beau-frère Amelot. Sous le Directoire, fidèle à son système de toujours prêter son
concours à l'autorité pour maintenir l'ordre et rétablir la paix sociale, il compose des discours moraux
destinés à être lus dans les fêtes décadaires. Membre du club de Blois, il insiste pour créer des clubs

à Cour et à Cellettes, et il les préside. Mais il n'a guère à se féliciter des efforts auxquels l'entraîne sa bonne volonté. Les doctrines qu'il entend prêcher lui font horreur ; il évite de retourner aux séances et son absence y est remarquée. Le club de Blois prononce son exclusion « d'une voix unanime », et envoie au club de Cour des délégués qui intimident les paysans par leurs motions sanguinaires, et l'obligent à se retirer (II. 163 et 164).

Tous les postes alors étaient électifs : députés, officiers municipaux, juges, évêques, curés. Dufort nous fait assister à plusieurs élections. Elles ont un caractère commun : l'assemblée électorale, « rendez-» vous des songe-creux » (II. 80) et des ambitieux, est tumultueuse et devient le théâtre de mille « cabales ». Les électeurs, peu préparés à l'exercice de leurs nouveaux droits, donnent leurs voix à l'intrigue qui les trompe, à la violence qui les effraie, ou à la médiocrité qui ne leur inspire pas d'ombrage. Lors des élections aux États-Généraux, les trois premiers élus de la noblesse à Blois sont : Beauharnais, Phélines et Turpin. Beauharnais, « peu connu dans la ville, où il n'excitait aucune » envie.... et ne choquait personne » ; Phélines, « peu connu, arrivé par hasard la veille de l'assem-» blée, y était resté on ne sait pourquoi »... « Le » choix tomba sur eux, ajoute Dufort, comme on » fait dans le Conclave, pour mettre d'accord tous

» les partis ». Quant à Turpin, lieutenant-criminel,
on peut juger son caractère par ces mots : « Homme
» sage et fin, qui sut se conserver intact dans cette
» révolution, sans choquer ouvertement la folie du
» temps » (II. 80 et 81).

Les élections ecclésiastiques offrent le plus affli-
geant spectacle. De deux maux choisissant le moin-
dre, Dufort approuve les prêtres qui, pour conserver
leur ministère, prêtent le serment exigé par la
Constitution civile du clergé ; mais il déplore les
courbettes électorales, les promesses basses qui
compromettent la dignité des curés devant leurs
paroissiens devenus leurs électeurs. N'ayant pu
obtenir que son ami, M. de Thémines, évêque de
Blois, prêtât serment et devînt éligible, il vote,
sous l'inspiration de Beauharnais, pour l'abbé Grégoire, qu'on lui dit être de mœurs pures, instruit et
zélé pour la religion. Et Grégoire, à peine élu,
appelle dans le diocèse et nomme vicaire général
l'ignoble capucin Chabot, que les électeurs, terrifiés
par les plus violents d'entre eux, élisent député. Un
autre vicaire général, Rochejean, devient l'un des
présidents du club de Blois ; Dufort le retrouve
deux ans après en prison, inculpé de malversations
à l'évêché. Un troisième, Dupont, avait été le concurrent de Grégoire au siège épiscopal. N'ayant pu
se faire élire évêque, il s'était contenté provisoirement d'un poste de vicaire général ; nous le voyons

bientôt administrateur du département ; toute place
lui est bonne, pourvu qu'il ne soit plus un simple
chanoine. Un autre ecclésiastique, Thibault, curé
de Souppes. se voue décidément à la politique. Il
est successivement constituant, évêque constitutionnel du Cantal, conventionnel, député aux Cinq-
Cents, et plus tard membre du Tribunat. Exclu du
Corps législatif par le premier tirage au sort, il
cherche provisoirement une autre position, et en
1798 il est trésorier général de Loir-et-Cher,
avouant, dit Dufort, que depuis deux ans il est à sa
dix-septième place (II. 375).

Dufort raconte qu'un jour, se trouvant à Blois. il
avait déjeûné avec Salaberry à une auberge appelée
*la Galère.* « Je savais que Chabot dînait à cette
» auberge avec des clubistes. En entrant, je vis un
» superbe domestique vêtu en courrier ; il avait
» l'air de quelque valet de pied de prince. Une
» diligence (1) des plus élégantes était sous une
» remise. Dans sa chambre, on voyait, tout ouvert,
» un nécessaire magnifique. Nous nous enfermâmes
» dans une autre et nous entendîmes leurs orgies.
» Chabot chanta ; il nous parut qu'il avait une jolie
» voix ; on faisait chorus. Ces chansons auraient
» offensé les oreilles les moins chastes. Après dîner,
» à travers les fenêtres et les rideaux fermés, nous

(1) On donnait à cette époque le nom de *diligence* à des
voitures particulières d'une certaine forme.

» les regardâmes sortir sur la levée. Chabot parut ;
» pour moi qui ne l'avais jamais vu qu'en soutane
» grasse, je ne l'aurais pas reconnu : petit, mais
» bien fait, il avait les bottines les plus élégantes,
» une culotte de soie, une veste d'étoffe rouge brodée
» en bordure, un frac brun, une cravate blanche et
» bordée, une demi-coiffure négligée, quoique pou-
» drée, et un bonnet rouge brodé, en forme de
» bonnet de police, sur l'oreille. Il cabriolait sur le
» quai, appelait ses convives par leurs noms, les
» prenait par dessous le bras et leur disait des
» choses fort plaisantes, car ils riaient par écho.
» Cette horde s'achemina gaiement vers la *So-*
» *ciété* (1) » (II. 179 et 180).

Immédiatement après ce passage, qui fait involontairement penser à certaine dépêche recommandant aux amis du gouvernement, pendant l'invasion
de 1870, d'être *gais*, Dufort, sans transition, sans
réflexion, écrit ces lignes : « Lorsque je me rappelle
» que, simple particulier, isolé chez moi à la cam-
» pagne, je n'ai pas eu dans cinq ans de révolution
» un seul jour où je n'aie été tourmenté, soit par
» le récit vrai des plus tristes évènements, soit par
» des inquiétudes fondées ; qu'il en a été ainsi par
» toute la France ; que ce département même a été
» un des moins éprouvés, si l'on veut le comparer
» aux autres, je certifie qu'un homme qui vit dans

(1) Le club de Blois.

» un temps de révolution vit plus de cent ans en
» cinq. Les peines d'esprit amènent une agitation
» continuelle, qui finit par donner une stupeur, un
» ennui de la vie qui ne peuvent s'exprimer. »

Nous venons de faire connaissance avec le costume de l'ex-capucin Chabot ; voici maintenant
celui de Grégoire, son évêque : « un chapeau rond
» et très haut, une cocarde nationale, une énorme
» cravate, une redingote noisette, une veste rouge,
» une culotte noire et des bottines » (II. 145).

A mesure que les évènements se pressent, il
devient, sinon plus facile, du moins plus nécessaire
de se faire oublier. Dufort finit par s'enfermer à
Cheverny. « Nous nous bornions à notre enceinte,
» sans, pendant plus de six mois, avoir voulu sortir
» même une fois dans le village ; nous ne pouvions
» savoir des nouvelles de ce qui se passait pour les
» arrestations que par des tiers, n'écrivant et ne re-
» cevant aucune lettre » (II. 177). Toutes les lettres
en effet étaient décachetées et devenaient un danger
pour celui qui les écrivait et pour celui à qui elles
étaient adressées (II. 145 et 148) ; un vieux domestique, resté fidèle comme tant d'autres qui à cette
époque furent les protecteurs de leurs maîtres (1),

(1) Voir le rôle que jouèrent les domestiques de M. de
Salaberry et du marquis de Romé, prenant courageusement
la défense de leurs maîtres dans les clubs, où seuls ils
étaient écoutés, les suivant dans les prisons, etc. (II. 178-
187-189-195, etc.)

allait à pied chercher à Blois des nouvelles et des
journaux. C'est ainsi que l'on apprenait la fuite,
l'arrestation ou la mort d'un parent, d'un personnage de la cour, du roi. Plus de visites d'amis ou
de voisins. Deux fois des hôtes, qui avaient cherché
refuge à Cheverny, y sont arrêtés et sont menés
en prison ou à l'échafaud.

Puis viennent les réquisitions et les visites domiciliaires. Un décret ordonne que tous les titres féodaux seront brûlés. La municipalité s'empresse de
faire une perquisition à Cheverny. Elle enlève du
chartrier tous les parchemins qu'elle y découvre,
et en fait un auto-da-fé sur la place de Cour un
jour de décade. « Nous prîmes alors le parti de
» nous assembler dans le salon et de couper les
» parchemins qui restaient, pour en faire de la
» colle » (II. 163).

Un autre décret prescrit de désarmer les ci-devant nobles, les ci-devant seigneurs, leurs agents
et domestiques. (26 mars 1793). On réquisitionne
le foin, la paille, l'avoine, les voitures, les chevaux, la toile, le chanvre, le drap, les vêtements,
l'argenterie, les objets d'église, les cendres, les
cochons. Ce dernier coup fut le plus sensible aux
paysans ; tous s'empressèrent de tuer leur cochon
et de le saler, pour n'avoir pas à le livrer. Chacune de ces mesures est le prétexte de vexations,
de déprédations, de visites domiciliaires, qui de-

vaient être aussi pénibles à subir qu'elles ont été plaisantes à raconter.

Dufort se soumet toujours. Il lutte cependant pour défendre son château, et dans sa lutte il est soutenu par toute la province, qui était fière de ce monument et qui trouvait fort mauvais qu'on prétendît le détruire ou le mutiler. Il parvient à sauver une ancienne cloche, des lanternes de plomb, des grilles de fer, que, sans égard pour leur cachet artistique, le vandalisme révolutionnaire prétendait envoyer à la fonderie. Il sauve aussi les statues d'empereurs romains qui décorent le parc, en expliquant que ce sont des philosophes grecs sansculottes. En somme, les armoiries sculptées et les parchemins furent seuls détruits.

Mais la possession d'une demeure seigneuriale était par elle-même un danger. Jadis le Romain proscrit par Marius avait pu s'écrier en mourant : « O ma villa d'Albe, c'est toi qui m'as perdu » ! Les révolutions sont toutes les mêmes, et quelques mois après la Terreur un représentant en mission qui connaissait bien ses contemporains, arrivant en visite à Cheverny, dit avec surprise à Dufort : « Comment ! ceci est à vous et vous vivez encore ! » (II. 253). Si Dufort vivait encore, c'était par hasard ; Hézine, le procureur du district, avait déclaré un jour que « ce château était trop beau et qu'il l'offus-» querait jusqu'à ce qu'il fût à la Nation » (II. 201).

Bientôt une dénonciation, dont Dufort ne connut la teneur que longtemps après sa sortie de prison, le signala au Comité de Salut public comme « ha- » bitant son château où les insignes féodaux exis- » taient encore », et comme « parent d'émigrés » et d'hommes poursuivis par les lois » (II. 239).

L'ordre d'arrestation arrive de Paris et est apporté cacheté à un sans-culotte de Cour. Celui-ci croit d'abord que c'est lui qu'on vient arrêter et il commence par trembler. Puis, rassuré et radieux, il accourt chez le seigneur, se fait ouvrir toutes les armoires, sous prétexte de mettre les scellés, se plaint d'y voir trop peu de linge, et s'écrie : « S'il » est caché, nous saurons bien le retrouver ! » (II. 203). Puis il prie Dufort de rédiger le procès-verbal, qu'il est incapable de rédiger lui-même.

Dufort était averti depuis plusieurs jours, mais il n'avait pas voulu fuir. « Je m'étais préparé une » retraite où j'aurais pu vivre déguisé ; je dédaigne » de m'en servir. La vie d'un proscrit qui se cache » est pire que la mort » (II. 201). Pour quitter Cheverny, comme pour entrer en prison, il devance l'heure qui lui est fixée, tant l'incertitude lui est cruelle. Il part avec sa femme, dans sa berline à quatre chevaux et deux postillons, suivi de loin, comme au temps de ses grandeurs, par les gendarmes respectueux. « Quand nous passâmes dans » les deux bourgs, écrit-il, tous pleuraient ou se

» cachaient ; pas une personne dans les rues ;
» toutes les portes et les fenêtres étaient fermées,
» comme en pleine nuit... Sur le quai de Blois tous
» les passants me regardaient avec une espèce de
» terreur, et les personnes de ma connaissance
» s'enfuyaient. Nous arrivâmes chez nous comme
» si la rue avait été déserte » (II. 204).

Sous ce régime qui avait prétendu inaugurer la
liberté, les arrestations étaient si nombreuses que
les prisons du temps des tyrans étaient devenues
insuffisantes ; on y suppléait par les couvents, d'où
leurs hôtes volontaires avaient été chassés, toujours
au nom de la liberté. Blois avait adopté pour lieu
de détention un ancien couvent de Carmélites ; c'est
là que Dufort fut incarcéré. Plus de 80 personnes
y étaient détenues, « depuis le mendiant et les sujets
» punis par la police correctionnelle » (II. 236),
jusqu'aux aristocrates et aux sans-culottes devenus
suspects aux autorités du jour.

Dufort eut pour logement l'ancienne cuisine des
religieuses. C'était une grande pièce carrelée et
vide. Il s'empressa d'y faire apporter des meubles ;
son lit, « auquel il était habitué », un grand buffet
noir « qui fut fort utile », etc. La porte fermait
mal ; il fit appeler un serrurier et fit poser, à ses
frais, une triple serrure. Il était servi là par ses
gens, qu'il fallait appeler *aides*, et non *domestiques* ;
ceux-ci avaient la permission d'entrer et de sortir

librement ; ils venaient trois fois par jour, aux
heures qu'il avait fixées, lui apporter ses repas.
Les parents des détenus avaient aussi leurs entrées ;
la femme de Dufort venait le voir tous les jours ;
un autre prisonnier, M. de Lagrange, avait auprès
de lui sa sœur, « qui, quoique libre, ne le quittait
» jamais ». On se réunissait pour dîner et pour
passer la journée en commun. La chambre de Dufort
étant la plus commode fut adoptée par tous ; elle
servit de salon, de salle à manger. On passait son
temps à causer, à faire sa partie, à jouer du violon,
à lire les gazettes. « Avec un peu de prestige (Dufort
» veut dire sans doute avec un peu d'imagination),
» on pouvait se figurer être à la suite de la Cour,
» dans les voyages de Compiègne ou de Fontaine-
» bleau » (II. 227).

Le marquis de Rancogne, ami et voisin de campagne de Dufort, avait été dénoncé et arrêté en
même temps que lui sous prétexte que sa mère,
octogénaire en enfance, était « aristocrate et fana-
tique ». Pour se distraire, il fit venir sa musique,
et il admit à l'honneur de faire à côté de lui une
partie de second violon un sans-culotte nommé
Gidouin, qui, lui aussi, était en prison ; la Révolution commençait à dévorer ses enfants. Ensuite,
pour faire de l'exercice, il joua au ballon dans ce
qui avait été la chapelle des religieuses. Puis il se
fit apporter une lunette d'approche ; du haut du

clocher on s'amusait à regarder les gens de la ville
jusque dans leurs chambres. L'un des détenus eut
ainsi, à distance, un petit roman, qui finit d'ailleurs
par une déconvenue, grâce à une indiscrétion de la
lunette. Plus tard, M. de Rancogne fit installer,
dans une des salles du couvent, un microscope
solaire ; « la prison prit l'air d'une Académie de
» musique et de science » (II. 216). Il fit des expé-
riences et des conférences auxquelles assistaient les
autres détenus. Dufort ne dit pas, mais cela parait
probable, que de la ville il venait des amateurs
pour suivre ces séances.

La ville, en tout cas, prenait intérêt à ce qui se
passait dans la prison, et, suivant l'usage traditionnel des petites villes, se croyait le droit de critique
et de contrôle. Nous avons déjà parlé de Rochejean,
l'ancien vicaire général prévenu de malversations.
Pendant ses grandeurs il avait eu, avec Dufort, des
relations dont le souvenir dut le gêner un peu
quand ils se retrouvèrent en prison. C'était lui qui,
comme président du club de Blois, lui avait notifié,
« avec la plus grande satisfaction », son exclusion
du club. Il sut cependant se présenter à lui très
convenablement, lui souhaitant la bienvenue et lui
exprimant son regret de le retrouver en pareil lieu.
Quoique l'on eût plus d'une raison de l'estimer peu,
c'était un compagnon de misère ; il ne manquait ni
d'instruction ni de tact, et il pouvait être de quelque

ressource. Dufort et ses amis l'admirent quelquefois
dans leur salon, en ayant soin seulement, quand on
lisait tout haut devant lui les gazettes, de ne faire
aucune réflexion. Un jour, M^me Dufort dut avertir
son mari que la ville blâmait les prisonniers d'accepter dans leur compagnie un homme tel que
Rochejean. Il fallut, pour ne pas encourir la censure de ceux qui n'étaient pas en prison, renoncer
à des relations qui sans doute présentaient encore
plus d'agrément que de danger, et signifier au
pauvre diable qu'on ne le connaîtrait plus (II. 219).
Dufort le rencontra plus tard au bureau de police
de Paris, où tous deux faisaient viser leurs passe-
ports. Fidèle à sa promesse, Rochejean ne reconnut
pas son ancien camarade des Carmélites.

Il ne faudrait pas se représenter les prisons de
cette époque singulière sur le modèle de nos prisons
actuelles. Le légendaire banquet des Girondins, et,
avec un caractère heureusement moins tragique, la
dernière journée de captivité de Dufort et de ses
compagnons, nous font songer plutôt à la prison
d'Athènes où Socrate but la ciguë, entouré de ses
disciples et dissertant tranquillement avec eux sur
l'immortalité de l'âme. L'existence qu'on menait
aux Carmélites de Blois, où Dufort séjourna quatre
mois, et à Pont-Levoy, où son beau-frère Salaberry
passa, prisonnier sur parole, de très agréables
moments, peut se comparer à celle que l'on trouve-

rait dans une maison de santé, où quelque indispo-
sition vous condamnerait à un séjour d'une durée
indéterminée. Chaque détenu s'y installait de son
mieux et à son goût, y vivait à ses frais, payant sa
nourriture et quelquefois celle des détenus pauvres.
On achetait fort cher les bonnes grâces du concierge ; on faisait société tant bien que mal avec les
personnes que le hasard de la proscription avait
rassemblées là, et parmi lesquelles on était certain
de trouver bonne et agréable compagnie.

Si, à côté de ce tableau, on se représente ce que
pouvait être au dehors la vie d'un malheureux proscrit, se traînant de cachette en cachette, exposant à
la guillotine les amis qui lui offraient un asile, on
ne s'étonnera pas que Dufort ait renoncé à se servir
de la retraite qu'il s'était préparée. Il était loin
d'être le seul dans le même cas. Ainsi il trouva aux
Carmélites un ancien prieur du collège de Blois qui
avait été dénoncé — par erreur, mais ce point importait peu, — pour refus du serment imposé aux
prêtres. Il y allait pour lui de la mort ou de la
déportation. Le malheureux avait commencé par se
cacher. Au bout de quatre mois, las de trembler
toujours et de compromettre ses amis, il s'était
volontairement rendu à la prison, « où on le laissait
plus tranquille », dit Dufort (II. 173). Lorsque
Dufort raconte l'arrestation de son beau-frère Salaberry, il écrit : « Celui-ci, qui s'ennuyait mortelle-

» ment chez lui, ne regarda pas cette détention
» comme une chose bien malheureuse ; c'était un
» emploi agréable de son temps » (II. 173). Plus
loin, il revient sur la même idée, en ajoutant que,
« par caractère, Salaberry avait besoin de distractions ». Puis, l'espérance est tellement nécessaire à
l'homme, tellement naturelle à qui sent sa conscience tranquille, que malgré tant de démentis cruels
on espérait toujours. Chacun cherchait à se persuader que pour lui les choses se passeraient autrement que pour les autres, et qu'il trouverait justice
devant Fouquier-Tainville. Lorsque Salaberry apprit
qu'il était envoyé à Paris, pour être traduit devant
le tribunal révolutionnaire, il se montra radieux,
sûr de faire enfin éclater son innocence. Son domestique Bonvalet, qui l'avait défendu avec le plus
grand courage devant les clubs et les assemblées
populaires de Blois, jugeait mieux le danger. A
Etampes, il grisa les gendarmes, se procura une
voiture, puis vint dire à son maître : « Tout est
prêt ; fuyez. » Salaberry refusa. « Quoi ! Tu veux
» que je mette ces deux braves gendarmes dans
» l'embarras !... Du reste je défie aucun tribunal de
» me condamner » (II. 192). Le lendemain il était
jugé et, sur sa demande indignée, exécuté le jour
même, pendant que sa femme, aussi tranquille
que lui, était allée « faire des emplettes pour prendre
» l'air » ; et le pauvre serviteur, après avoir accom-

pagné son maître jusqu'au pied de l'échafaud, cou-
rait à la recherche du fils, afin de sauver au moins
quelqu'un de la famille. Le nombre même des
arrestations contribuait à entretenir la confiance
des victimes. Dufort, après avoir cité une longue
liste de personnes notables emprisonnées coup sur
coup à Blois, ajoute : « Enfin une belle nuit il en
» vint tant que toute la ville, pour ainsi dire, était
» en prison. Cela ne pouvait être regardé comme
» une mesure sérieuse. Chacun se rassura, et l'on
» passa son temps plus gaiement qu'on ne l'avait
» espéré » (II. 175).

Ce n'est point par inadvertance que Dufort écrit ici
ce mot *gaiement*, qui, au milieu de tant de misères,
résonne comme une note fausse. Ces représentants
de l'ancienne société qui s'effondrait, ces hommes
et ces femmes qui se savaient menacés de mort, qui
voyaient mourir autour d'eux leurs amis et leurs
compagnons, qui, lorsque leur tour arrivait, mouraient avec tant de courage, songeaient encore à se
divertir et à s'amuser. Comme Salaberry, ils avaient
« besoin de distractions ». A toutes les périodes
sanglantes de la Révolution nous trouvons, dans les
mémoires de Dufort, à côté des scènes les plus
lamentables, le récit d'une fête, d'un bal, de réunions de société. Ainsi, en novembre 1798, les
possesseurs de terres, ennuyés et persécutés, viennent presque tous habiter Blois : chaque soir,

« malgré la pénurie de tous », on donne des réunions
de vingt ou trente personnes où l'on fait de très
bonne musique (II. 388). Le 28 février 1799, jour de
la mi-carême, trois chauffeurs sont exécutés à
Blois ; vingt-et-un prêtres de Belgique arrivent aux
Carmélites, attachés dans des charrettes, pour être
conduits à l'île de Ré et déportés ; ce même jour,
Dufort note que « M. et M^{me} G.... donnent un bal où
» se réunit toute la bonne société ; les autorités le
» voient sans inquiétude » (II. 397). Cette bonne
humeur accompagnait les victimes jusque dans les
prisons. A la Conciergerie, la plus terrible de toutes,
parce qu'elle était la plus près du tribunal révolutionnaire et de la guillotine, on jouait au whist, au
trictrac ; « on continuait philosophiquement la vie
» que l'on avait menée dans le monde » (II. 194).
*Philosophiquement* n'est peut-être pas ici le mot
propre : ces scènes nous donnent plutôt l'idée de
l'incurable frivolité qui a justifié l'effondrement de
l'ancien régime. Dans un autre passage, et d'après
le récit que lui fit plus tard M^{me} de Sérilly, l'amie et
la parente de M^{me} de Beaumont, Dufort raconte,
avec une note quelque peu différente, la vie que
l'on menait à la Conciergerie. « Dès qu'on arrivait,
» les têtes étaient dans une exaltation effrayante.
» On jouait, on fumait, on buvait, on mangeait
» outrageusement. Toutes les passions y étaient en
» jeu. Il semblait qu'on n'eût que vingt-quatre heu-

» res à se voir, sans s'embarrasser du lendemain.
» Tous voulaient être gais, mais de cette gaieté
» effrayante, avant-coureur de la mort. Dès qu'arri-
» vait huit heures du soir, temps où l'huissier
» venait présenter les actes d'accusation, chacun,
» attendant son sort et, plongé dans ses réflexions,
» était dans une agitation morne et terrible. Aussitôt
» que les infortunés étaient fixés, ils prenaient leur
» parti avec une espèce de joie d'être quitte des
» inquiétudes et des incertitudes. Quant aux autres,
» ils jouissaient de la pensée de vivre encore vingt-
» quatre heures et d'être sauvés peut-être » (II. 346).

La surexcitation était certainement moins grande
dans les prisons de province ; le danger y était
moins imminent. Aussi, à Blois comme à Pont-
Levoy, n'était-il nullement nécessaire de garder
bien étroitement les détenus ; ils n'avaient aucune
envie de s'évader. Un jour, le domestique de Dufort
vient l'avertir qu'une des portes de la prison n'est
jamais fermée. C'est une porte condamnée ; quelques clous en ont été arrachés ; il suffit de la pousser
pour l'ouvrir. Va-t-on profiter de l'occasion, fuir
cette prison d'où l'on pouvait ne sortir que pour être
conduit à l'échafaud ? Nullement. Dufort s'empresse
de faire prévenir le concierge, et le prie de reclouer
la porte et de veiller mieux désormais à la sécurité
des habitants de la maison. C'était le terroriste
Gidouin, le second violon du marquis de Rancogne,

qui avait descellé la porte pour aller tous les soirs
en ville voir sa belle. Mais il avait grand soin de
rentrer avant le jour, ne se souciant pas plus que
les aristocrates de se trouver aux prises avec les
difficultés et les périls de la liberté. Il était cependant en danger comme eux, peut-être même plus
qu'eux, car il fut avant eux emmené à Paris, et lui
aussi ne dut son salut qu'au 9 thermidor. Une nuit,
les prisonniers avaient été réveillés par un bruit
inaccoutumé ; le lendemain ils virent avec étonnement, paraître au milieu d'eux, trois sans-culottes,
qui depuis longtemps terrorisaient la ville. Ils
croyaient à quelque inspection sévère, quand le
concierge accourut à Dufort en lui disant : « Les
» voilà tous dedans à leur tour ! » Deux ou trois
jours après, les nouveaux venus furent dirigés sur
Paris avec Gidouin. La ville se crut délivrée ; les
sentiments qu'ils inspiraient et que la peur avait
jusque là comprimés éclatèrent dans les manifestations de la foule. Voici comment Dufort raconte la
scène ; ses amis et lui la suivirent, du haut du
grenier de la prison, leur observatoire accoutumé :
« Dès cinq heures du matin, la rue des Carmélites
» était remplie d'une populace considérable ; on
» savait que les enragés partaient pour le Tribunal…
» La foule les invectivait, et l'on applaudit quand
» on vit mettre dans la cave (caisse de la voiture)
» la boîte qui contenait les menottes de fer, pour le

» cas où ils feraient résistance. Ils montèrent huit,
» un gendarme se trouvant vis-à-vis de chaque
» prisonnier. Le peuple les accablait de malédic-
» tions et leur souhaitait la mort, leur reprochant
» leurs cruautés et leurs forfaits... Les mariniers
» les apostrophaient, et l'un d'eux paria que dans
» huit jours il rapporterait à Blois la tête d'Hézine »
(II. 233).

Dufort ne réfléchit pas que peut-être la même
populace aurait poussé les mêmes imprécations si
c'eût été lui et ses amis qui eussent été conduits au
Tribunal révolutionnaire !

L'un de ces quatre *enragés* était un ancien cor-
donnier, nommé Velu, qui avait fait aux clubs de
Blois et de Cour les motions les plus sanguinaires.
Quelques mois avant l'arrestation de Dufort il avait
été délégué à Cheverny pour s'assurer que tous les
titres féodaux avaient été détruits. Il avait, dans
cette circonstance, cherché à déployer les grâces
dont il était capable, et montré la gaucherie d'un
sans-culotte aussi intimidé que fier de faire sentir
son autorité au seigneur, de donner des ordres dans
son château et de s'asseoir en égal à sa table. Pendant les Saturnales romaines, l'esclave devait avoir
plus d'aisance, parce qu'il savait que c'était *pour
rire*. Velu prenait son rôle au sérieux. Il s'efforçait
d'être aimable, ne disait et ne faisait de sottises que
sans le vouloir : il tutoyait la *citoyenne* Dufort et

l'embrassait pour la saluer ; il se retournait vers le
domestique pour le supplier de prendre sa place à
table afin d'avoir la satisfaction de le servir à son
tour ; puis, apercevant une jolie servante, il engageait le jeune fils de Dufort à en faire sa maîtresse,
pour prouver ensuite son républicanisme en l'épou-
sant ! Pendant le dîner, Dufort ayant parlé des
dangers dont il se sentait menacé, Velu s'était écrié :
« Est-ce que je n'en cours pas autant, moi ? Dans
» trois mois j'aurai le cou coupé ; mais il faut pren-
» dre son parti » (II. 164). Quand Velu fut arrêté à
son tour, il put se rendre compte des sentiments
qu'il inspirait à ce peuple au nom duquel il avait
prétendu parler. Après son élargissement, ce fut pis
encore : reconnu à Orléans dans une voiture publique, la foule le fit descendre, le traîna devant l'étal
d'un boucher, le força à se mettre à genoux et lui
versa sur la tête un baquet de sang !

La chute de Robespierre était attendue aux Carmélites avec impatience. Elle y était prévue ; on y
avait su que Tallien avait renvoyé à ses amis les
lettres qu'il avait reçues d'eux ; on en avait conclu
qu'il était sur le point d'engager la lutte suprême
(II. 237). Après le 9 thermidor, les prisonniers de
Blois attendirent encore longtemps leur mise en
liberté. Des représentants en mission avaient été
chargés de parcourir les départements, d'épurer les
autorités et de libérer les prisonniers. Celui qui

avait été envoyé dans le Loir-et-Cher était Brival,
ancien évêque constitutionnel de Tulle. Il avait
plusieurs départements à visiter, voyageait avec
une femme et ne se pressait pas. Il arriva enfin et
convoqua l'assemblée générale du peuple au Temple
de la Raison, c'est-à-dire à la Cathédrale, pour le
23 fructidor, à quatre heures du soir. « Cette jour-
» née, dit Dufort, nous parut la plus longue de
» toutes, et nous nous mîmes à faire un whist avec
» M. du Buc. Les messages se succédaient ; Brival,
» bon jacobin, peu éloquent, peu maniéré, fit passer
» d'abord toutes les autorités, mais surtout les
» sans-culottes ; nous ne devions venir que les
» derniers, comme à la procession. Des murmures
» se faisaient entendre, et l'impatience gagnait tous
» les honnêtes gens de ne pas entendre nos noms.
» La séance tirait à sa fin lorsqu'on nous désigna
» pour être mis en liberté, en demandant au peuple
» s'il nous en jugeait dignes. A l'instant, il se fit
» des applaudissements si généraux, si prolongés,
» que le député en fut étonné. Mes enfants et le fils
» de M. de Rancogne venaient nous annoncer de
» minute en minute ce qui se passait. Les nouvel-
» les de Paris venaient d'arriver. M. du Buc les
» lisait comme s'il eût été seul dans son cabinet ;
» il n'était pas encore question de lui et il montrait,
» comme toujours, la plus grande philosophie.
» Enfin, après trois quarts d'heure, un nommé

» Avérous, chapelier, et deux autres officiers des
» autorités, arrivèrent pour nous faire sortir. Nous
» étions seize. On nous fit descendre chez le con-
» cierge ; Avérous était un peu saoul, et il crut
» devoir faire une phrase à chaque incarcéré. Son
» compliment pour moi fut trop singulier pour ne
» pas le consigner ici : « Citoyen Dufort, le peuple,
» par une acclamation unanime, t'a rendu à la
» liberté ; je suis chargé de te dire de te conduire
» toujours comme tu t'es conduit, en honnête
» homme » (II. 244).

Le premier usage que Dufort fait de sa liberté est
d'aller avec ses enfants se promener au clair de la
lune sur le bord de l'eau. Puis il rentre dans sa
petite maison, et là, le malheureux, qui, plus que
jamais, aurait voulu passer inaperçu, trouve toute
la ville, accourue pour le féliciter. Il apprend que
les habitants de Cour et de Cheverny, dont, à plusieurs reprises pendant sa captivité, il avait été
obligé d'arrêter le zèle et les démarches en sa
faveur, ont décidé de venir en masse au devant de
lui jusqu'à moitié chemin de Blois. Il s'empresse
de leur faire dire qu'il les supplie de rester chez
eux, qu'il séjournera encore plusieurs jours à Blois
et qu'il arrivera à Cheverny la nuit, à l'improviste.
A Blois il essaie de se promener ; les passants
viennent à lui ; des gens qu'il n'a jamais vus lui
prennent les mains, l'embrassent, pleurent, gémis-

sent, déclament. Il prend le parti de renoncer à
sortir. Il s'enferme au logis, moins libre qu'en
prison et guère plus rassuré, car toutes ces manifestations auraient pu lui attirer encore quelque
méchante affaire. Il rentre enfin à Cheverny au
bout de quatre jours. Il y est reçu par un vieil ami
qui était venu y chercher asile, et qui, en le revoyant
sain et sauf après tant d'épreuves, tombe à ses
pieds, frappé d'apoplexie.

Voilà Dufort libre, aimé de tous ceux qui l'entourent, estimé même des autorités révolutionnaires, qui voient en lui un homme paisible, toujours
prêt à donner l'exemple de la soumission aux lois
et à contribuer, dans la mesure de ses forces, à
maintenir l'ordre et à rétablir la paix sociale. Va-t-
il trouver le repos, à défaut du bonheur qu'il ne
faut guère attendre sur la terre ?

Son premier soin est de compter, comme après
une bataille, les morts et ce qu'on peut appeler les
blessés de la Terreur. Auparavant, on ne pouvait
s'écrire ; on n'avait de nouvelles de ses amis que
par les journaux publiant les listes de la guillotine ;
maintenant, « on peut circuler dans les rues et
» même voyager sans être insulté ». Dufort vient à
Paris et cherche les siens. La veuve de Salaberry
est restée neuf mois en prison. Une autre sœur de
M^{me} Dufort, M^{lle} Legendre, a été forcée de se cacher
pendant six mois ; elle avait eu 35,000 livres de

rente ; elle vit dans le dénuement à Chaillot. Amelot
est revenu de l'émigration ; il a perdu la raison et
ne reconnaît même pas son beau-frère. Sa nièce, la
marquise Amelot du Guépéan, restée veuve avec un
enfant, cherche une place de concierge dans quelque
maison de campagne. Un ami de Dufort, le marquis
de Paroy, ancien constituant, lui écrit de Fontainebleau. Sa femme est restée quatorze mois en prison ;
lui-même n'a été sauvé de l'échafaud que parce que
son fils aîné est parvenu à gagner les bonnes grâces
de M. et Mᵐᵉ Tallien en faisant leur portrait. Ce fils
est à Paris, où il s'est fait graveur, pour vivre. Un
autre fils était prêtre ; il a été fusillé à Saint-Domingue par Santonax. Un troisième est au Cap, charre-
tier. Le plus jeune a disparu ; on suppose qu'il a
émigré. Une des filles est sans nouvelles de son
mari, qui est à Saint-Domingue, cherchant à sauver
quelques bribes de sa fortune ; elle est, de toute la
famille, la seule personne qui n'ait pas été empri-
sonnée ! Maintenant elle végète avec son père et sa
mère à Fontainebleau, où beaucoup de « ci-devant
» persécutés se sont réfugiés et forment une réu-
» nion de société » (II. 327). Chaque famille que
Dufort va visiter lui annonce un deuil ou une misère. « J'étais étranger à Paris, comme Paris l'était
» pour moi. Pas une rue, pas une maison où je
» n'eusse jadis connu quelqu'un, et maintenant je
» ne voyais que des hôtels dont les anciens maîtres

» étaient morts ou émigrés » (II. 263 et 343). Le jour, les rues sont troublées par des émeutes ou par des rixes entre les anciens terroristes et leurs adversaires ; le soir, elles ne sont pas sûres. Dans les théâtres on chante le *Réveil du peuple* ; on joue des pièces dirigées contre *les buveurs de sang*, et on se bat dans la salle. Dufort va à l'Opéra assister à la rentrée de Lays, chanteur jadis aimé du public; mais Lays a été terroriste (1) ; sa présence soulève une tempête ; dans toutes les loges les femmes agitent leurs mouchoirs pour lui faire signe de se retirer ; il est forcé de quitter la scène (II. 257). La vie matérielle elle-même est difficile à Paris. Le pain qu'on y mange tient au couteau, comme s'il eût été fait de sarrasin, et Sedaine, chez qui Dufort est venu loger comme autrefois, lui déclare que, malgré son aisance, il serait mort de faim sans les victuailles qu'on avait eu la bonne pensée de lui envoyer de Cheverny (II. 256). On ne peut séjourner à Paris qu'avec un permis qui limite la durée du séjour ; il faut demander ce permis à sa section et le faire viser par le Comité de Sûreté générale, avec l'assistance de deux répondants ; Dufort prend pour cautions, avec son ami Sedaine, les deux sculpteurs

---

(1) Ce fut le même Lays qui, en 1814, chanta à l'Opéra, devant les souverains alliés, l'air de Vive Henri IV, avec des paroles arrangées pour la circonstance :
« Vive Guillaume
» Et ses guerriers vaillants ? » Etc.

Houdon et Pajou. Las de toutes ces tristesses, il
quitte Paris sans avoir le courage d'attendre la fin
des dix jours fixés par son permis. Il emprunte un
cabriolet, loue au poids de l'or deux chevaux, car il
est impossible d'avoir des chevaux de poste, et part
à la pointe du jour. « Trois fois dans la route on me
» demande mon passe-port ; à la dernière, un bon-
» homme, après m'avoir bien regardé, me le rend
» en me disant : « Citoyen, je vous souhaite un bon
» voyage et que le bon Dieu vous accompagne ! »
Et Dufort ajoute : « Langage bien étonnant dans
» un temps où tous les diables étaient déchaînés »
(II. 263).

Quelque temps après son retour à Cheverny, il
reçoit la visite de son neveu. « Le citoyen Amelot,
» dit-il, est arrivé hier dans ma cour. Le fils et le
» petit-fils de deux ministres cordons bleus, qui a
» été lui-même intendant de Bourgogne à 23 ans,
» qui, à 28 ans, fut mis par Necker à la tête de la
» Trésorerie nationale et avait le travail avec le roi,
» a adopté le costume de la grosse bourgeoisie,
» ayant les cheveux sans poudre et coupés à la
» Titus, suivant la mode du jour ; nous l'avons pris
» d'abord pour un gros fermier. Après avoir em-
» brassé oncle et tante, il nous a conté qu'il était
» venu par les voitures publiques jusqu'à Blois, et
» que comme actuellement il a établi dans sa maison
» au faubourg Saint-Honoré, un manège et une

» école d'équitation, où il a attaché les meilleurs
» écuyers, il avait envoyé un de ses palefreniers et
» un de ses quarante chevaux pour l'attendre à
» Blois, d'où il s'était rendu dans sa terre de Chail-
» lou, afin de tâcher de recouvrer 12,000 livres
» d'arriéré qui lui sont dues. Il y a passé six jours
» et rapporte à grand peine 700 livres » (II. 372).
Dufort dut être d'autant plus surpris du costume et
du nouveau genre de vie du *citoyen* Amelot que
lui-même n'avait jamais été ce que l'on appelait
alors à *la hauteur*. « Nous avions toujours vécu
» avec l'aisance de notre rang, dit-il.... Nous ne
» nous étions sali avec personne ; les mots de
» *citoyens*, de *solides mâtins*, les tutoiements nous
» étaient étrangers. Jamais nous n'avions arboré de
» ces accoutrements civiques que tous mettaient
» alors ; nous étions habillés, poudrés, vêtus comme
» dans l'ancien régime, montrant de la bonté à tout
» le monde, mais jamais aucune familiarité »
(II. 212). On croit voir se promener paisiblement
dans les grandes allées du parc de Cheverny, qu'ils
allaient hélas ! bientôt quitter, ces deux bons vieillards portant encore leur costume des anciens jours,
saluant avec grâce les paysans qu'ils avaient vus
naître, et qui se découvraient respectueusement
devant eux.

Pendant les premiers moments de réaction qui
suivirent le 9 thermidor, les Terroristes furent

poursuivis par ceux de leurs anciens complices qui
venaient de les renverser du pouvoir. Des enquêtes
furent ouvertes, des procès furent commencés
contre ceux que l'on appelait les *buveurs de sang*.
Les victimes étaient sollicitées de porter plainte
contre leurs persécuteurs, et répugnaient à ces
délations. Mais bientôt la Révolution, entraînée par
la force des événements, ne tarda pas à reprendre
son cours. Après Vendémiaire et Fructidor, les persécutions recommencèrent. On vit reparaître dans
le département, avec le titre de commissaire du
pouvoir exécutif, Hézine, l'un des quatre *enragés*
contre lesquels la population s'était prononcée avec
tant de colère lorsqu'elle avait cru être délivrée à
jamais de leur tyrannie. Les députés fructidorisés,
puis les interminables convois de prêtres dirigés
sur les îles de Ré et d'Oléron pour être déportés,
font étape aux Carmélites de Blois, où la pitié des
habitants leur offre des matelas. Bientôt les ci-
devant nobles sont de nouveau l'objet de mesures
d'exception ; une loi les assimile aux étrangers,
leur refusant ainsi les droits de citoyens (loi du
9 frimaire an VI) ; on prétend leur interdire de
porter la cocarde nationale (II. 406). Une autre loi
les déclare responsables des troubles et prescrit de
prendre parmi eux des otages (loi du 24 messidor
an VII), et Dufort indigné s'écrie : « Si les émigrés
» ressentent toutes les angoisses du malheur et de

» la misère, ceux qui sont restés dans la république
» éprouvent journellement des souffrances morales
» et physiques bien douloureuses » (II. 401).

Les réquisitions de tout genre, les contributions,
les emprunts forcés, les dons patriotiques, les passages des gardes nationales, la banqueroute des
rentes sur la ville, la saisie de la vaisselle, des
voitures, des chevaux, des grains, des arbres, les
dépenses imposées par sa captivité et par le service
militaire de son second fils avaient épuisé Dufort ;
tous les particuliers étaient d'ailleurs dans la même
situation. Le Directoire, cependant, avait plus que
jamais besoin d'argent ; il en chercha par des taxes
arbitraires. Les notables se refusant à être commissaires pour taxer leurs voisins, on s'adressa à des
gens qui ne refusèrent pas ; à Cour, on prit pour
estimateur des fortunes un tourneur (II. 287). Chaque particulier fut tenu de produire l'état signé et
détaillé de sa fortune, sous peine d'être imposé
arbitrairement ; la délation et l'arbitraire étaient
devenus la règle des finances comme de la
politique. Dufort se décida à faire son bilan, et il
s'aperçut avec stupeur qu'il avait perdu depuis la
Révolution 1,600,000 livres de capital, soit 81,000
livres de revenus. Il ne lui restait que 23,000 livres
de revenus bruts, grevés annuellement de 18,000
livres de dettes. Cette découverte lui causa une telle
émotion qu'il en eut la jaunisse. Il vendit son

château, devenu trop grand et trop onéreux, et il
loua une petite maison à Blois. « Vivant du peu
» qui nous restera, dit-il, nous aurons le bon esprit
» de regarder autour de nous et d'y trouver des
» gens encore plus malheureux » (II. 411). Sa belle-
sœur, M^{me} Amelot, était réduite précisément aux
mêmes chiffres. « Par une délicatesse pareille à la
» nôtre, et aussi mal entendue, elle ne s'était pas
» servie de la facilité qui lui était offerte de rem-
» bourser en assignats. Sot préjugé de vouloir
» rester honnête, tandis que tant de gens s'en
» moquent ! » (II. 373).

Il nous est impossible de ne pas nous arrêter sur
ces derniers mots. Payé lui-même en assignats,
Dufort persiste, dût-il en être ruiné, à s'acquitter
envers ses créanciers en une monnaie ayant une
valeur réelle, comme ils avaient dû y compter
quand ils avaient traité avec lui. Cependant, irrité
et indigné de voir à côté de lui l'improbité favorisée
par les lois et encouragée par le succès, il finit par
laisser échapper un regret de cette délicatesse à
laquelle il obéit encore, mais que sa douleur commence à maudire et à qualifier de *sot préjugé !*
Plus loin nous trouverons un passage encore plus
frappant. Dufort raconte que la ville de Caen vient
d'être mise en état de siège : « Colonnes mobiles,
» arrestations de prêtres, désarmement des sus-
» pects, toutes les gentillesses révolutionnaires

» pèsent sur cette partie de la République. Le pré-
» texte est l'assassinat du nommé Leroy, commis-
» saire du pouvoir exécutif, homme affreux *et dont*
» *on ne pouvait se débarrasser autrement* »
(II. 395). Qu'elles soient ironiques ou non, ces
phrases échappées à un homme éclairé et doux, qui
ne se contente pas de les dire dans une boutade,
mais qui les écrit dans des notes destinées à lui
survivre, permettent de juger à quel désordre moral
peuvent être conduites des âmes plus simples et
moins cultivées, quand elles voient le gouvernement, au lieu de remplir son rôle de protection
sociale, donner l'exemple de la déloyauté légale et
de la violence, et choisir, pour leur confier l'autorité sur les citoyens, des hommes déshonorés.

Sans doute, quand il a relu les dernières lignes
que nous venons de transcrire, Dufort les a lui-
même jugées trop amères, car le lendemain, 28
février 1799, il reprend la plume et commence
ainsi : « Il faudrait avoir une grande dose de philo-
» sophie ou de stoïcisme, s'isoler, ne lire aucun
» journal, n'entendre aucune nouvelle. L'âme est
» froissée, le cœur navré, en lisant journellement
» les exécutions des conscrits, des émigrés, et en
» voyant les déportés qui passent continuellement
» par cette ville et devant ma porte... Sur ces listes
» de morts on couche tous ceux qui déplaisent au
» gouvernement » (II. 395).

Depuis 1796 Dufort n'écrit plus des *Mémoires*,
mais un *Journal*. Il a achevé les récits d'autrefois,
et il note désormais les événements à mesure qu'ils
se déroulent sous ses yeux. A partir de ce moment,
son ton change. Le souvenir est une magie ; quand
Dufort évoquait le passé, il semblait avoir oublié
les tristesses du présent. Il était gai, léger, pour
raconter les anecdotes de la cour de Louis XV ;
plus sérieux, mais encore enjoué et quelque peu
railleur pour rappeler les premières scènes de la
Révolution et même les misères qui l'avaient personnellement atteint, telles que sa prison. Ces
chagrins passés n'étaient plus que songes. Mais son
récit devient triste et découragé quand chaque
soir, « pour épancher son âme, maintenant qu'il a
» perdu tous ses amis », il écrit les douleurs de la
journée qui vient de s'écouler. Il ne note d'ailleurs
que « ce qui le frappe dans le cercle étroit où il vit ».
Ne cherchons pas dans son livre des aperçus sur la
politique générale, sur la guerre extérieure, sur les
victoires de nos armées ; tout cela se passait trop
loin de lui et ne l'atteignait pas. Il parle de la
situation intérieure du pays, quand il en souffre ;
de la guerre civile, quand il est menacé par les
incursions des Chouans ; des lois politiques, quand
elles attaquent sa liberté ou ses biens ; du désordre
qui désole la France, quand il en est le témoin ou
la victime.

Le désordre est en effet à son comble. Partout la désorganisation, le trouble, l'inquiétude, la souffrance, le mécontentement. Les employés de l'Etat, mal payés, font main-basse sur les deniers publics : « La République est volée partout ; c'est un vrai » brigandage » (II. 395). Le commerce est arrêté ; il n'y a plus de numéraire, et les faux se multiplient tellement que personne n'ose plus accepter de lettres de change (II. 394). Les ci-devant nobles sont frappés par des mesures d'exception qui les mettent en dehors de la loi commune. Les propriétaires redoutent la loi agraire qui paraît imminente (II. 365). Les gens sans aveu, que l'espoir du pillage avait jadis rattachés à la Révolution, s'aperçoivent qu'ils ne sont pas plus riches qu'auparavant, et crient contre le nouvel ordre de choses (II. 381). La sécurité est nulle : des bandes de chauffeurs répandent l'effroi dans les campagnes. La guerre civile désole les départements voisins et menace le Loir-et-Cher. A chaque instant on croit voir arriver les Chouans. Les gens paisibles redoutent leur approche ; mais quelquefois on les appelle pour se venger des exactions révolutionnaires. Au Mans, le Gouvernement ayant prétendu user de violence pour exiger le paiement d'un emprunt forcé, la ville se livre aux Chouans qui fusillent le commissaire du pouvoir exécutif (II. 417). Les conscrits, que l'on rassemble par force et que l'on emmène au corps « *liés et*

*accolés* » (II. 380), désertent de toutes parts. Une
colonne de 400 conscrits fait étape au château de
Blois ; 100 disparaissent pendant la nuit, et l'autorité fait des battues dans les bois pour les retrouver
(II. 411 et 413).

Beaucoup de Français cherchent à s'expatrier.
Un ami de Dufort, Olavidès, Espagnol de grande
naissance et de grande fortune, qui depuis quelques
années habitait la France, retourne en Espagne.
« S'il avait voulu emmener une colonie de Français,
» écrit Dufort, rien ne lui eût été plus facile. Il est
» accablé de demandes, de lettres, de visites, et moi
» par contre-coup.... La Révolution, les réquisi-
» tions, la perte de toutes les fortunes, déterminent
» à sortir du pays, surtout depuis qu'on ne court
» plus le risque d'être déclaré émigré » (II. 381).

La situation devient tellement intolérable que
Dufort lui même songe à fuir la France! Lui qui
avait refusé d'émigrer au commencement de la
Révolution, qui était resté à son poste de Français
et de grand propriétaire, malgré les menaces de la
guillotine et de la prison, est poussé à bout par les
lois spoliatrices et les persécutions du Directoire.
Il envie presque le sort des déportés ! « Quoique mes
» soixante-dix ans me mettent à l'abri de la dépor-
» tation, je m'y serais résigné pour ne plus être
» exposé à des vexations et peut-être à quelque
» chose de pire, mais le répit qu'on me laisse me

» permet de mûrir mon projet et de prendre mes
» dispositions.... Le sol n'est plus tenable, les impo-
» sitions écrasent les propriétés, principalement les
» plus fortes, et l'on est menacé continuellement
» d'exactions, comme dans un pays conquis. Il faut
» satisfaire les gouvernants, et obtenir la tran-
» quillité en se retirant ailleurs » (II. 365).

On raconte que plusieurs années avant la Révolution, Sieyès, Treilhard et quelques autres hommes
qui plus tard jouèrent un rôle, s'entretenaient, en
se promenant aux Champs-Elysées, de la chose
publique et des réformes qu'elle appelait. « Le
» prêtre ne devrait pas sortir du temple, dit l'un
» d'eux. Il faut enlever au clergé sa puissance poli-
» tique et ses biens. » — « Oui », répondit Sieyès,
du ton de l'indifférence. — « La noblesse, dit un
» autre, ne rend plus aucun service à l'Etat. Il faut
» abolir ses privilèges que rien ne justifie plus. »
— « Oui », dit Sieyès. — « Dans un siècle de lumiè-
» res, ajouta un troisième, un roi est inutile ; les
» peuples peuvent se gouverner eux-mêmes. Il faut
» supprimer la monarchie. » — Sieyès répondit
encore : « Oui », toujours sur le même ton. — « Que
» prétendez-vous donc, lui dirent ses amis, vous à
» qui ne semble pas suffire la suppression du clergé,
» de la noblesse et de la royauté? » — « La pro-
» priété est dans de mauvaises mains, dit alors
» Sieyès ; il faut changer les propriétaires. Voilà la

» vraie réforme. » — Qu'elle en eût ou non conscience, la République accomplissait l'œuvre indiquée par Sieyès, but latent et résultat final de toute Révolution ; et Dufort ne se trompait pas en sentant que pour la satisfaire il aurait fallu se retirer et abandonner la terre à de nouveaux venus.

Cependant mille symptômes annonçaient aux moins clairvoyants la fin de la crise. A la date du 9 septembre 1799, Dufort décrit ainsi la situation du pays : « On peut prédire à coup sûr un orage lors
» que des nuages légers s'amoncellent sur l'horizon,
» que le tonnerre gronde dans le lointain et que la
» nature entière est dans un triste silence. Telle est,
» à peu près, la situation de toute la France dans ce
» moment. Le mécontentement est général ; l'effroi
» d'un côté, l'espérance de l'autre, se peignent sur
» tous les visages, et l'inquiétude, planant dans
» toutes les imaginations, forme pour l'observateur
» un spectacle étonnant » (II. 413). Il reprend, quelques jours après : « Effroi général pour les otages,
» pour la conscription, les colonnes mobiles, l'em
» prunt forcé. Les otages disent qu'ils ne partiront
» pas ; les conscrits se cachent dans les bois ; les
» imposés annoncent qu'ils se laisseront saisir plu
» tôt que de payer.... J'ignore à combien on m'im
» posera, mais je me trouve tellement au-dessous
» de mes affaires que nous abandonnons tout à ma
» belle-fille pour payer nos créanciers » (II. 415).

Même à ce moment où Dufort répète, avec tout ce qui l'entoure, qu'une solution est inévitable et imminente, où il appelle de ses vœux un pouvoir réparateur, capable de protéger les gens paisibles et de relever la société tombant en ruines, il ne prononce jamais le nom des Bourbons. Lui, homme de l'ancienne cour, lui qui a pleuré la mort de Louis XVI et de Marie-Antoinette, qui a conservé dans son château pendant la Terreur, en se contentant de le couvrir d'un voile, le portrait de Louis XV, il ne songe pas au prince à qui, dans l'exil, quelques amis donnaient dès lors le titre de roi. La famille de Bourbon lui paraissait-elle donc si loin de la pensée des Français, si oubliée déjà, que ses destinées lui semblaient irrévocablement séparées des destinées de la France ?

En revanche, il s'occupe souvent du général Bonaparte. Dérogeant à son habitude de ne parler que de ce qu'il voit lui-même, depuis longtemps il raconte ce qu'on dit de ce personnage. Bonaparte se laisse citer en justice de paix par ses fournisseurs ; il passe cependant pour avoir quinze millions de fortune (II. 384) (1) ; son départ pour l'Egypte est un

(1) Il est intéressant, au point de vue des mœurs des deux époques, de comparer ce passage avec celui que nous avons cité dans une autre étude (p. 55). Quand Dubuisson, en 1737, relate les prévarications imputées par la rumeur publique au ministre Chauvelin, il hésite à y ajouter foi, mais il blâme sévèrement Chauvelin d'avoir donné de lui une idée telle que de pareilles accusations aient pu trouver créance.

exil ; mais le gouvernement, qui veut l'éloigner,
n'ose pas le déporter, etc. Toutefois, de ce côté non
plus, il ne pressent pas l'avenir. Le prestige du
jeune général est un fait ; il n'est ni une espérance,
ni une révélation. Malheureusement pour le lecteur,
Dufort tombe malade quelques jours avant le 18
brumaire et reste dix mois sans écrire. Nous ne
connaissons donc pas l'impression produite sur lui
par le coup d'État au moment où il s'accomplit.
Lorsqu'il reprend la plume, le 1er septembre 1800,
le régime nouveau est déjà consolidé et les résultats
obtenus par le premier consul sont saisissants.
L'ordre est rétabli. A l'angoisse des derniers jours
du Directoire a succédé la confiance. « Bonaparte,
» écrit Dufort, s'étant heureusement mis à la tête
» du gouvernement, a avancé la Révolution de plus
» de 50 ans ; le calice était plein et débordait de
» tous côtés. D'ici à peu de temps nous allons
» savoir si nous sommes destinés à être tricolores
» ou unicolores. Bonaparte a fait en 24 heures à
» Saint-Cloud ce que tous les émigrés, le roi, le
» prince de Condé n'auraient pu faire avec 40,000
» hommes ; il a coupé les 750 têtes de l'hydre, concen-
» tré le pouvoir en lui seul et empêché les assemblées

En 1798, Dufort parle de la fortune invraisemblable que l'on
suppose au général Bonaparte, et lui, l'homme intègre et
désintéressé, il ne songe même pas à exprimer un doute ou
un blâme, tant semblent naturelles, après dix ans de boule-
versement social, les concussions éhontées dont le spectacle
journalier a déprimé le sens moral de la France !

» primaires de nous envoyer un tiers de nouveaux
» scélérats à la place de ceux qui allaient déguerpir.
» Sans savoir et sans deviner s'il a une arrière-
» pensée, nous devons tous lui avoir une grande
» obligation d'avoir ramené dans sa personne le
» précieux pouvoir d'un seul. La France serait très
» malheureuse de le perdre dans ce moment où les
» Jacobins font semblant d'être morts et travaillent
» en taupes. »

.... « Tout est tellement changé qu'il semble que
» les évènements révolutionnaires se sont passés il
» y a plus de 20 ans ; les traces s'en effacent tous
» les jours.... la Vendée est pacifiée.... le préfet a
» l'ordre de calmer toutes les têtes, de quelque parti
» qu'elles soient.... ; la nouvelle organisation prend
» plus de consistance de jour en jour. Le peuple
» n'est plus tourmenté au sujet de la décade (1)....
» On peut voyager sans passe-port dans l'intérieur...
» Le gouvernement ne connaît aucun parti ; un
» royaliste est placé à côté d'un républicain forcené
» et ils sont pour ainsi dire neutralisés l'un par
» l'autre.... Le premier consul, plus roi que ne l'a

(1) Un arrêté consulaire du 7 thermidor an VII venait
d'abroger les lois révolutionnaires qui avaient interdit, sous
peine d'amende et de prison, d'ouvrir les boutiques et de
travailler les Décadis. Cet arrêté contenait un article 3 qui
serait vraiment comique s'il se trouvait dans un vaudeville :
« Les simples citoyens ont le droit de pourvoir à leurs
» besoins et de vaquer à leurs affaires tous les jours, en
» prenant du repos suivant leur volonté.... »

» jamais été Louis XIV, a appelé dans ses conseils
» tous les gens capables, sans s'embarrasser de ce
» qu'ils sont ou ont été. Il n'a exclu que les nobles.
» Tous sont forcés de concourir à la grande œuvre
» de la régénération de l'empire. Toutes les fortunes
» sont tellement amoindries ou annihilées, excepté
» dans la main des banquiers ou des fournisseurs,
» que tous ceux que l'on appelle les citoyens sont
» forcés de travailler ou de mourir de faim » (II. 419,
420, 421, 422).

La question religieuse elle-même s'apaisera, dit-il,
malgré les intrigues des intéressés, aussitôt que
les populations seront laissées libres de suivre leur
instinct. « Il s'est trouvé vingt curés qui ont désigné
» les élus pour aller au Synode qui va être tenu à
» Bourges pour nommer quatre évêques constitu-
» tionnels. Les gens du peuple voient toutes ces
» menées avec une grande indifférence. Ils iront à
» la messe, n'importe par qui elle sera dite »
(II. 425).

Puis Dufort raconte ce qu'il entend dire : « Une
» personne instruite arrivant de Paris, assure
» que Bonaparte perd graduellement dans l'esprit
» public.... Son système d'amalgame de tous les
» partis est la fable des Parisiens.... On parle d'un
» livre sur les finances où on lui prouve ses
» manœuvres, ses exactions et où on lui prédit sa
» chute ! » (II. 425).

Plus tard, il revient à ses impressions personnelles. Ses Mémoires se terminent en juin 1801,
par un paragraphe qui commence ainsi : « Tous les
» yeux sont fixés sur Bonaparte », et qui prouve la
vérité de cette assertion en donnant une série de
détails plus ou moins véridiques sur le premier
Consul et sa famille : les nécessités et les tendances
de son gouvernement, sa mémoire prodigieuse,
sa puissance de travail, son goût pour son intérieur,
son affection pour sa femme et pour sa belle-fille,
M^lle de Beauharnais, qu'il appelle, dit-on, « sa
*petite chouanne* » ; sa passion pour les animaux,
chiens, chats, singes et perroquets, dont il est toujours entouré : « Quand il est dans ses gaietés, tout
» cela vient sur son lit et il joue avec eux », etc., etc.

Dufort mourut peu de mois après avoir tracé ces
dernières lignes, le 28 février 1802.

Sauf pour les dernières années, les Mémoires de
Dufort ne présentent pas le genre particulier d'intérêt que l'on trouve dans un *Journal*, comme celui
de Barbier, ou dans une *Correspondance*, comme
celle de Dubuisson, qui, écrits au jour le jour, donnent sur chaque événement, au moment où il se
produit, sur chaque personnage, au moment où il
entre en scène, l'impression première des contemporains. La plus grande partie a été écrite après
coup, par un homme qui connaissait la fin du récit,
le dénouement du drame. Ainsi, la première fois

qu'il nous présente un personnage qu'il appelle le comte de Stainville, il ne manque pas d'ajouter : « Celui qui depuis devint duc de Choiseul et fut » premier ministre ». Il est impossible que ce qu'il dit à ce moment ne se ressente pas du jugement qu'il a pu porter plus tard sur l'ensemble de la vie du duc de Choiseul. De tous les hommes dont il parle, Bonaparte est le seul pour lequel nous ayons vraiment son impression primitive, parce qu'il n'a jamais su, ni même pressenti, que le jeune général en chef, ou même le puissant premier Consul serait un jour l'arbitre de l'Europe, et traînerait à ses fêtes une Cour de rois.

Cependant nous ne croyons pas que l'expérience ait beaucoup modifié ses jugements. Dufort ne nous paraît pas avoir été un de ces hommes qui réfléchissent profondément sur les événements et les caractères, et qui savent tirer de l'enchaînement des faits particuliers une conclusion générale. Il semble avoir eu plus de spontanéité que de réflexion, plus de bon sens que de portée. Ses Mémoires sont une photographie où chaque scène est exactement reproduite, et non un tableau qui l'idéalise et en dégage la formule ; il raconte plus qu'il ne juge. Nous devons donc présumer que les sentiments qui apparaissent dans le cours de son récit sont bien ceux qui l'animaient au moment où se déroulaient les événements, et non ceux que cinquante ans d'expé-

rience auraient pu lui inspirer. Il se croit encore
au milieu des faits qu'il raconte, et il écrit comme
il avait pensé autrefois. Nous trouvons dans son
livre la manière de voir et de sentir du jeune Introducteur des Ambassadeurs pendant le règne de la
Pompadour, du grand propriétaire terrier sous la
Du Barry et sous Louis XVI ; non celle du vieillard
désillusionné par le malheur, éclairé sur la frivolité
de l'ancien régime par le coup de foudre de la
Révolution, et jugeant, au moment où il va mourir,
le vide de sa vie.

Cette vie est une image assez fidèle de la seconde
moitié du xviiie siècle. Elle commence par des joies ;
elle finit par des larmes. Dans sa jeunesse, Dufort
cherche le plaisir plutôt que le devoir, et il faut lui
rendre cette justice qu'il y met plus de retenue que
la plupart de ses contemporains ; il s'amuse, mais il
ne tombe pas dans le vice. Quand il se marie, il
rompt, le plus tard possible, mais il rompt sans
hésitation et sans retour, une liaison qui lui est
chère ; il veut être un mari fidèle et correct. Il
prétend aussi avoir une femme qui ne soit qu'à lui ;
il évite de la présenter à la Cour, quoique ce soit le
droit de sa charge, et il s'attache à compléter chez
elle, par des lectures qu'il dirige lui-même, une
instruction première qui, suivant l'usage du temps,
avait été assez négligée. Il résiste aux tentations de
l'ambition, ne se souciant pas d'occuper des places

que la faveur du roi aurait pu lui faire obtenir, et pour lesquelles il ne se sent pas fait. Il ne veut pas non plus devoir ce qu'on appelait alors sa *fortune*, à des moyens que sa délicatesse réprouve ; jeune, il refuse d'être présenté à la comtesse de Toulouse par une de ses tantes, religieuse au couvent où cette princesse allait faire ses dévotions. « Avec de » l'ambition, dit-il, on peut se servir de toutes voies » pour réussir, mais ce n'était pas dans mon carac- » tère » (I. 49). S'il avait vécu de notre temps il aurait écrit : « Je n'étais pas un *arriviste* ».

Il serait donc injuste de dire que Dufort ne respecte rien ; seulement, pas plus que la plupart de ses contemporains, il ne prend au sérieux les choses au milieu desquelles il vit. Sous ce rapport, il représente bien l'esprit général de la noblesse et de la Cour. Il est imprégné de cet esprit dissolvant qui a tout attaqué, les mœurs, les institutions, les lois ; qui a su détruire, et qui jusqu'à présent a été impuissant à reconstruire. Sa légèreté rit de ces conventions que l'on appelle trop volontiers des préjugés, et qui sont la condition indispensable de toute vie sociale. Quels principes humains, quelles institutions pourraient résister à la discussion de la logique absolue ? Et quelle société pourrait durer un instant si les conventions sur lesquelles elle repose cessaient d'être respectées ? Tout peut être discuté, contesté, sauf un point : c'est qu'il faut

à toute société une base, une croyance, une foi,
sans laquelle elle tombe en dissolution. Une foi,
c'est l'instinct de l'idéal, et par l'idéal seul peut
naître dans le cœur des hommes le sentiment qui
les arrache à eux-mêmes et les oblige à avoir un
autre but que leur intérêt immédiat, une autre
préoccupation que leurs jouissances égoïstes.

Dufort n'a pour guides et pour appuis dans la vie
qu'un sens droit et des instincts honnêtes. Cette
force lui suffit pendant les jours faciles où il n'a
qu'à se laisser vivre. Mais aussitôt que la tourmente révolutionnaire bouleverse l'ancien ordre de
choses, pose des problèmes jusqu'alors inconnus et
impose aux hommes de nouveaux devoirs, il se
trouve au-dessous des circonstances. Il ne songe
pas à lutter ; il ne vise qu'à se faire oublier. Il est
de ceux dont le but est de pouvoir dire après la
crise : « J'ai vécu ! » Toutefois, rendons-lui cette
justice, même pendant ces années cruelles, il ne
fuit pas et il ne s'abaisse jamais. Nous ne le voyons
pas non plus céder à la tentation amère de maudire
la société pour la punir des égarements des hommes. Il conserve, sans se décourager, la généreuse
préoccupation du bien public ; il ne se dérobe pas
quand il s'agit de guider, de relever en les défen-
dant contre l'ignorance, les paysans qui l'entourent.
Aussi l'impression générale que laissent ses *Mémoires* est-elle plutôt sympathique à celui qui les a écrits.

D'autre part, dans cette suite de détails curieux, de révélations nouvelles, de faits imprévus et piquants, de caractères amusants et singuliers dont l'originalité tranche sur la banalité de nos jours, nous trouvons un tableau aussi saisissant que fidèle de l'une des époques les plus intéressantes de notre histoire.

Nous y voyons aussi un aspect de la Révolution peut-être moins connu que les autres. On nous avait souvent décrit les luttes parlementaires et les fureurs des partis ; le sort des nobles qui, ayant émigré, mouraient de faim à l'étranger ou combattaient dans l'armée de Condé ; les malheurs des victimes que la Révolution avait traitées en ennemies et fauchées sur l'échafaud. Les Mémoires de Dufort nous racontent la vie d'un homme qui, par modération et peut-être par timidité, ne combattit pas la Révolution ; qui se soumit à toutes ses exigences, à toutes ses vexations, et ne résista jamais à l'autorité légale. Il ne put éviter cependant d'être frappé dans ses affections, dans sa liberté, dans ses propriétés, en un mot, dans tous les biens matériels et moraux que l'organisation politique d'un pays a pour but et pour devoir de garantir aux citoyens paisibles. A ce point de vue encore, ce livre nous offre, en même temps qu'une lecture attachante, un utile enseignement.

# CONFÉRENCE SUR TREILHARD [1]

Lorsque pendant le siège de Paris quelques hommes de bien organisèrent l'*Association Corré-zienne*, leur première pensée était d'apporter des secours et des consolations à des compatriotes dénués de ressources ou isolés de leurs familles. Mais, à cette douloureuse époque, si tous ne souffraient pas de la misère, tous avaient le cœur déchiré par les désastres de la France, et, inconsciemment peut-être, les fondateurs de l'Association Corrézienne obéissaient encore à un autre mobile que la bienfaisance ; ils cherchaient pour eux-mêmes, par un sentiment naturel et irrésistible, une diversion à la douleur que leur causaient les malheurs de la grande patrie. En se rapprochant les uns des autres, ils retrouvaient les souvenirs de leur enfance, du pays natal et des heureux jours d'autrefois. Des temps plus calmes ont succédé à l'orage, mais il survit encore quelque chose de cette seconde mission de notre Société. Chaque fois

(1) Lecture faite le 26 février 1882 à l'assemblée annuelle de l'*Association Corrézienne*.

qu'elle nous rassemble, elle nous transporte par le
cœur dans le pays où la plupart d'entre nous ont vu
s'écouler leur enfance, que les autres chérissent
comme s'il était leur pays natal, car c'est à la Corrèze qu'ils doivent leur père et ses exemples, c'est-à-
dire ce qu'ils ont de meilleur en eux. Voilà pourquoi,
Messieurs, vous avez décidé que, dans nos assemblées annuelles, l'un de nous vous entretiendrait de
l'un de ces hommes qui, ayant le même point de
départ que nous tous, ont su, par des services rendus
à la France, conquérir la célébrité. Nous rappeler
nos gloires corréziennes, c'est nous faire aimer plus
encore notre chère Corrèze, et lui rattacher plus
étroitement ceux qui s'en sont éloignés. Cette année,
le choix de notre Président, choix dont j'ai vaine-
ment décliné l'honneur, m'a chargé de vous parler
d'un homme qui, né et élevé à Brive, parcourut à
Paris une brillante carrière et prit une part considérable à la refonte de nos lois.

Vous connaissez, Messieurs, cette maison de la
place de la Mission, que l'on appelle encore la maison Treilhard et dont les tourelles et la physionomie
pittoresque sont restées l'une des curiosités de la
ville de Brive ? C'est là que Jean-Baptiste Treilhard
naquit le 3 janvier 1742. (1) Il appartenait à l'une

(1) Une plaque commémorative a été placée officiellement
par la municipalité sur la maison Treilhard le 22 septembre
1892.

de ces familles bourgeoises dont on a pu dire qu'elles formaient alors l'aristocratie morale et intellectuelle de la France ; où était héréditaire, avec la pratique des vertus privées, le culte du droit, des lettres, de la philosophie, et pour lesquelles la gestion des intérêts municipaux était la récompense d'une vie de travail et d'honneur. Dominique Treilhard, qui fit construire la maison à tourelles, était consul de la ville en 1580. Après lui, ses descendants furent tous, je crois, successivement investis des honneurs consulaires.

Le père du futur rédacteur du Code civil était avocat au présidial de Brive, comme l'avaient été, avant lui, trois générations de Treilhard ; les anciens actes le qualifient *avocat au Parlement et co-seigneur de Jayac*. C'était un homme éclairé, ami du progrès, préoccupé des problèmes sociaux qui s'agitaient à cette époque. Lorsque Turgot entreprit en 1761 les réformes célèbres qui transformèrent le Limousin, Jean Treilhard devint son ami et son auxiliaire à Brive ; il fut l'un des membres les plus zélés de la Société d'agriculture que Turgot avait organisée, et l'on a conservé le souvenir de ses travaux sur la suppression des taxes locales, la production des céréales, les mines de houilles de Saint-Pantaléon, etc.

Le collège de Brive, alors dirigé par les Pères Doctrinaires, était renommé pour sa bonne tenue et ses fortes études ; il méritait sans doute sa réputation, car peu de collèges de petites villes ont produit, dans une période aussi courte, autant d'hommes distingués : le général Sahuguet d'Espagnac, mort gouverneur des Invalides en 1783 ; le jurisconsulte Salviat (1746-1820) ; Cabanis, l'éminent physiologiste, l'ami de Mirabeau (1757-1808) ; l'abbé de Féletz, de l'Académie française, écrivain élégant, critique au goût délicat et pur, que plusieurs d'entre nous ont pu connaître dans sa gracieuse vieillesse et qui nous charmait par son esprit si fin et son exquise bonté (1761-1850) ; La Treille, dont notre collègue M. Edmond Perrier vous a, l'an dernier, rappelé la vie et les travaux (1762-1833) ; le maréchal Brune (1763-1815), dont la famille s'était alliée, un siècle auparavant, à la famille Treilhard ; Martignac (1776-1832), l'homme d'État sympathique et libéral dont on a pu dire, comme de Turgot, que si ses avis avaient prévalu une révolution eût été peut-être épargnée à la France ; et enfin le vice-amiral Grivel (1778-1869), mort nonagénaire il y a quelques années, et qui avait commencé très jeune à servir la France : à quatorze ans, il quitta le collège et partit pour la frontière avec son frère aîné et avec son père, avocat au présidial de Brive, improvisé commandant du 4ᵉ bataillon de la Corrèze. Quinze ans plus tard, après le désastre de Baylen, il est captif sur les

pontons de Cadix. Suivi de quelques autres prisonniers, il s'élance sur une barque d'approvisionne-
ment dont il jette l'équipage à la mer, et, en plein
jour, les fugitifs traversent toute la rade, salués par
les hurrahs émerveillés des bâtiments de commerce
et par la mitraille des vaisseaux de guerre. Ils
touchent enfin la rive opposée, occupée par les
Français, et ils s'agenouillent pour remercier Dieu !
Pardonnez-moi de m'être arrêté un instant à ces
souvenirs ; les hommes dont je viens de saluer les
noms étaient aussi des Corréziens, et ils ont fait
honneur à leur pays comme à leurs maîtres.

Treilhard commença brillamment ses études au
collège de Brive, sous la direction de son père. Il
vint les terminer à Paris ; mais là encore il n'était
pas entièrement séparé du Limousin ; un ami de sa
famille veillait sur lui, l'abbé d'Espagnac, alors
conseiller au Parlement de Paris, qui était resté
Briviste de cœur, et qui recueillait les premiers
matériaux d'une *Histoire de Brive-la-Gaillarde et
de ses environs*, reprise et publiée cinquante ans
plus tard par l'abbé Leymonerie. Encouragé par
l'abbé d'Espagnac et par Turgot, le jeune Treilhard
débuta comme avocat au Parlement de Paris.

Une anecdote très connue raconte que vers 1765
trois jeunes voyageurs, légers d'écus et riches
d'espérances, allaient dans la capitale chercher la
fortune. Ils se rencontrèrent près d'Avallon, conti-

nuèrent ensemble, à pied ou par le coche, leur
route vers Paris, et se confièrent leurs rêves d'avenir. L'un d'eux venait de Montpellier ; il étudiait la
médecine, et il prétendait être un jour membre de
l'Académie des sciences. Un autre, né à Valréas,
près d'Avignon, portait le petit collet ecclésiastique
et se voyait déjà prédicateur de la Cour ; Treilhard
était le troisième ; pour lui, son ambition était de
devenir avocat-général.

Lorsqu'en approchant de Paris ils aperçurent les
tours de Notre-Dame, le bourdon sonnait à toute
volée :

— « Entendez-vous cette cloche, dit Treilhard à
l'abbé Maury ? Elle annonce que vous serez archevêque de Paris !

— » Probablement quand vous serez ministre,
répliqua Maury en riant.

— » Eh moi ! que serai-je ! s'écria Portal ?

— » Vous, vous serez premier médecin du roi ».

L'anecdote n'a été racontée qu'après que les trois
prophéties se furent réalisées ; mais elle est si jolie,
qu'il serait dommage qu'elle ne fût pas vraie. Elle
est d'ailleurs en parfait accord avec l'opinion que
Treilhard avait de son avenir : s'il faut en croire
ses biographes, tout enfant il avait déclaré à ses
parents qu'il serait puissant un jour. Son extérieur
pourtant ne laissait pas pressentir ses hautes destinées. Ses contemporains le présentent comme ayant

la tournure un peu gauche, l'écorce rude, la parole
embarrassée ; mais il avait la volonté, l'amour du
travail, la religion du devoir, une intelligence droite
et vigoureuse ; en peu de temps il conquit l'attention.

Sa première affaire importante lui fut confiée par
la ville de Brive. C'était un procès qui durait depuis
de longues années et qui passionnait les Brivistes.
Le duc de Noailles, invoquant d'anciens actes qui
remontaient au xive siècle, prétendait être seigneur
suzerain de la ville, et, à ce titre, il revendiquait la
propriété des remparts et des fossés, ou plutôt de
l'emplacement sur lequel ils avaient existé jadis ;
il voulait interdire aux Consuls de porter le titre
de barons de la ville de Brive, et il exigeait que,
revêtus de leur robe consulaire, ils vinssent lui
présenter les clefs et lui rendre hommage à genoux.
Il paraît que cela se faisait encore alors, et que les
seigneurs de Turenne et de Malemort, dont les
Noailles étaient les représentants, rendaient eux-
mêmes pour quelques-uns de leurs fiefs hommage
à genoux à l'évêque de Limoges. J'ai tort de dire
que c'était le duc de Noailles qui avait ces prétentions. Grand seigneur, maréchal de France, diplo-
mate, écrivain fin et délicat, le duc passait sa vie à
Versailles, aux armées du roi ou dans les cours
étrangères, et il se souciait sans doute aussi peu de
l'hommage des Consuls de Brive que de la propriété

de quelques toises de terrain sans valeur ; mais il
avait des intendants, des gens d'affaires, qui reven-
diquaient ses droits avec une passion et une âpreté
qu'il n'eût probablement pas témoignées lui-même.
C'étaient eux qui avaient arraché à la faiblesse ou
à l'inattention des Consuls un acte semblant reconnaître ces droits ; c'étaient eux qui, désespérant de
gagner le procès devant le Présidial de Brive,
venaient de le porter devant le Parlement de Paris,
en vertu d'un privilège qui nous semble étrange
aujourd'hui, que l'on appelait droit de *Commit-
timus*, et qui permettait à certains personnages,
notamment aux ducs et pairs, de ne plaider que
devant une juridiction royale ; c'étaient eux que la
colère des Brivistes accusait d'avoir envoyé à Paris
un agent spécial, chargé de suivre le procès et de
visiter les juges, comme nous savons par les mémoires de Beaumarchais que c'était l'usage à cette
époque.

En réponse à leurs factums, Treilhard rédigea en
1769 et 1770 plusieurs mémoires pleins de logique,
de vigueur, et parfois d'éloquence, où nous voyons
avec intérêt se dérouler toute l'ancienne histoire de
Brive, et tout le moyen-âge revivre sur un coin du
territoire ; où nous voyons aussi le xviiie siècle
élever sa protestation indignée contre le souvenir
du droit féodal, encore vivant dans les lois, et déjà
condamné par l'opinion. Brive nous apparaît avec

ses franchises municipales dont l'origine remontait
à l'époque où elle était cité romaine ; avec ses
Consuls, ses Échevins, ses Assemblées populaires,
qui faisaient d'elle comme une petite République
semblable aux Républiques Italiennes. Les Consuls
établissaient des taxes avec le consentement des
habitants, réglaient la monnaie qui pouvait avoir
cours dans la ville, rendaient la justice (1), levaient
des troupes, distribuaient des armes, posaient des
sentinelles. Ces chefs de la cité avaient aussi la
mission d'entretenir les remparts que les habitants
avaient élevés au ix⁰ siècle pour se défendre contre
les incursions des Normands, qui plus tard les
protégèrent contre les Anglais, puis contre leurs
puissants voisins, les seigneurs de Turenne et de
Malemort. L'indépendance dont jouissaient à cette
époque les seigneurs comme les communes avait
pour conséquence naturelle les guerres privées.
Brive lutta longtemps, finit par être vaincue, et
signa en 1361, à l'époque la plus douloureuse de la
guerre de Cent ans. un acte qui fut qualifié de

(1) Le sceau des Consuls, caractère distinctif de la juridiction communale, portait les armes de la ville, symbole
de ses libertés ; d'un côté, trois épis de blé, avec cette
légende : *Sigillum consulatus Brivæ,* et sur le revers, un
buste avec cette légende : *Sanctus Martinus, martyr
Brivæ.*
   Voir, au sujet des divers sceaux de la ville de Brive,
l'étude de M. Philippe de Bosredon, Bulletin de la *Société
scientifique, historique et archéologique de la Corrèze,*
T. IV, p. 217.

*transaction*, et qui était plutôt un véritable traité de paix entre trois puissances belligérantes. Elle céda un tiers de sa haute justice au vicomte de Turenne et un second tiers au baron de Malemort. Mais, pour le dernier tiers qu'elle avait conservé et qui donnait à ses consuls le droit de prendre les titres de barons et co-seigneurs haut-justiciers de la ville de Brive, elle prétendait du moins ne relever que du roi de France, et c'était là le nœud du procès. Treilhard rappelait qu'après comme avant la transaction de 1361, les rois lui avaient accordé directement des exemptions d'impôts pour lui permettre de réparer ses remparts ; que quand le roi traversait la ville, on lui rendait hommage. Ainsi, lorsque Louis XI y arriva le 23 juillet 1462, en revenant d'un pèlerinage à Rocamadour, les quatre consuls et quarante bourgeois à cheval allèrent au-devant de lui jusqu'à Nazareth et commencèrent ainsi leur harangue : — « Sire, les consuls et habi-» tants de votre bonne ville de Brive-la-Gail-» larde, » etc.

Pour le dire en passant Messieurs, vous savez que ce nom de *la Gaillarde*, qui distingue Brive de toutes les autres villes de France, remonte loin dans l'histoire. L'abbé Leymonerie cite des lettres-patentes du roi Jean, en 1351, et plus tard du roi Charles VI, où l'on trouve ces mots : *villa dicta la Gaillarda*. Ne croyez pas que ce fût du patois ;

c'était du latin, du latin tel que l'écrivaient les rois de France, jusqu'au jour où François I<sup>er</sup> ordonna qu'à l'avenir les actes publics seraient rédigés en français.

Mais Treilhard ne s'appuyait pas seulement sur ces souvenirs historiques. Il invoquait les principes nouveaux qui commençaient à régir la France ; il repoussait le droit féodal au nom de l'unité française. Il n'y a plus de féodalité, disait-il ; il n'y a plus de seigneurs se partageant le territoire français ; le roi représente seul le pays, veille seul à sa défense ; à lui seul peuvent appartenir les fortifications d'une place de guerre. Puis il s'écriait : « Vous » réclamez la propriété et la disposition des murs » et des fossés de la ville de Brive ; vos prédéces- » seurs ne les ont jamais réclamées. Nous avons » veillé seuls à leur construction et à leur entretien; » ils sont cimentés de la sueur et du sang de nos » pères ; c'est à l'abri de ces murs que nous avons » défendu notre état et notre liberté contre les sei- » gneurs de Turenne et de Malemort que vous » représentez. Ces remparts nous ont protégés quand » ils ont voulu nous contraindre par la force de » leurs armes à trahir notre souverain.... Pendant » des siècles entiers, ils ne se sont occupés que du » projet de les renverser. Depuis que nos monarques » ont réprimé les efforts de ces vassaux indociles, » aucun acte de bienfaisance de leur part n'a effacé

» les maux qu'ils nous avaient fait souffrir, et ils ne
» sont connus que par des meurtres et des incendies.
» Eh quoi! vos auteurs auront d'abord arrosé nos
» murs de notre sang ; ils auront vu nos ancêtres
» sacrifier leur fortune pour pourvoir à leur
» entretien ; ils ne se sont pas montrés lorsqu'il a
» fallu les réparer ou les défendre contre les ennemis
» de l'Etat ; et aujourd'hui que leur destruction
» laisse un emplacement que vous annoncez vous-
» même de la valeur la plus minime, vous voudriez
» nous arracher cette faible ressource ! Vous nous
» disputeriez le prix de nos travaux et de notre
» sang ! »

Au fond, ces phrases éloquentes où l'on sent déjà
bouillonner les revendications que la Révolution
fera bientôt triompher, ne prouvaient rien sur la
question de droit qui s'agitait dans le procès,
mais elles faisaient grand effet dans le plaidoyer ;
d'ailleurs, c'est bien souvent par des phrases qu'on
mène les hommes, car si elles ne prouvent pas, elles
émeuvent, et l'émotion est aussi un des arbitres des
procès. Cette fois, elles n'entraînèrent pas les juges,
qui donnèrent gain de cause au duc de Noailles.
Quoi qu'il en soit, elles firent honneur à l'avocat et
elles sont citées dans toutes ses biographies ;
Treilhard eut donc raison de les écrire.

L'année suivante (1771), une crise politique vint
tout-à-coup interrompre la carrière de Treilhard.

Le Parlement de Paris était entré en lutte avec la couronne ; il avait refusé d'enregistrer des édits impopulaires ; il avait rendu des arrêts qui avaient déplu aux ministres. Le chancelier Maupeou, ne pouvant vaincre la résistance des magistrats, les arracha à leurs sièges et leur donna des successeurs qu'il espérait trouver plus complaisants. Ces procédés n'étaient pas sans exemple sous l'ancien régime ; cette fois ils soulevèrent l'opinion publique. Le barreau de Paris prit fait et cause pour la magistrature ; il sentit que la première condition pour juger avec impartialité, c'est de juger avec indépendance, et que la justice est atteinte quand les juges ne sont pas respectés par le pouvoir ; il refusa de plaider devant le Parlement Maupeou. Treilhard suivit l'exemple de ses collègues, il avait alors vingt-neuf ans.

Remarquez cet âge, Messieurs. On peut sans regret faire à ses opinions le sacrifice d'une carrière quand on l'a déjà presque entièrement parcourue, quand elle vous a donné tout ce que l'on pouvait espérer d'elle ; lorsque, arrivé à ce moment de la vie où l'ambition ne vous réserve plus de nouvelles surprises, où peut-être les forces vont commencer à décliner, on a, pour compenser le sacrifice, la satisfaction de se retirer avec honneur et de couronner de longues années de travail par une retraite où l'on est certain d'emporter l'estime et le respect, même

de ceux devant lesquels on a refusé de fléchir. Mais
à vingt-neuf ans, à l'âge où l'on n'a donné que des
espérances et où la dure expérience de la vie ne nous
a pas encore appris dans quelles limites le hasard
des circonstances renfermera notre essor, renoncer
à une carrière pour laquelle on se sent fait et au bout
de laquelle on entrevoit le mirage de la gloire, c'est
faire un sacrifice sans bornes, car c'est sacrifier avec
tout ce que l'on a déjà saisi, tout ce que l'on rêvait.

En s'éloignant de la barre au moment où il commençait à se faire connaître, au moment où l'absence
des maîtres lui aurait permis de se placer plus vite
en lumière, Treilhard témoignait une fermeté de
caractère, à laquelle je rends hommage avec d'autant
plus d'insistance que nous ne la retrouverons plus au
même degré quand il aura eu le malheur d'être jeté
dans l'arène politique ; le souvenir de son premier
pas dans la vie atténuera le regret que plus tard je
serai forcé d'exprimer. Les conséquences de sa
retraite furent du reste moins graves qu'elles n'auraient pu l'être ; il retrouva bientôt une position
lucrative dans une grande administration publique
qui ne dépendait pas du chancelier, et après quatre
années d'attente, lorsque Louis XV eût cessé de
régner et que Turgot fut ministre, les magistrats de
l'ancien Parlement furent solennellement réintégrés
sur leurs sièges ; les avocats reprirent alors leur
place à la barre.

Le barreau de Paris était à cette époque justement célèbre par l'élégance et la pureté du langage, par la recherche de la haute éloquence comme par la science du droit. Treilhard y conquit une place éminente à côté de Gerbier, Tronchet, Camus, Bigot de Préameneu, Henrion de Pansey, etc. Infatigable au travail, doué d'une intelligence claire, d'un esprit délié et d'une grande vigueur de dialectique, il était sans égal dans les questions d'affaires. Il comptait dans sa clientèle les plus illustres familles de France, le haut clergé, la Ferme générale, et nous trouvons son nom dans la plupart des causes importantes dont les annales judiciaires ont recueilli le souvenir. En même temps, il était inspecteur général du domaine de la Couronne, et, à ce titre, membre du Conseil d'Etat, où toutes les grandes questions administratives passaient sous ses yeux.

Tous ces travaux ne suffisaient pas à son activité ; il fut encore l'un des collaborateurs de Guyot pour la rédaction d'un *Traité* dans lequel l'auteur du *Répertoire*, assisté des plus célèbres jurirconsultes de l'époque, résumait, comme pour en conserver le souvenir au moment où la Révolution allait les abolir, les *droits, fonctions, franchises, exemptions, prérogatives et privilèges annexés en France à chaque dignité, à chaque office, à chaque état, soit civil, soit militaire, soit ecclésiastique* (1).

(1) Treilhard était investi lui-même d'une de ces dignités ;

L'heure approchait où ce régime de privilèges allait s'écrouler pour faire place à l'égalité de tous les citoyens devant la loi. Lorsque les États généraux furent convoqués en 1789, nul ne semblait mieux préparé que Treilhard à préciser les réformes que réclamait l'opinion publique. Aussi son nom fut-il un de ceux sur lesquels les électeurs du Tiers-État de la ville de Paris portèrent leurs suffrages.

Puis les évènements se succédèrent ; Treilhard se trouva, par l'entraînement inévitable des succès qu'il y obtint à ses premiers pas, jeté dans une carrière nouvelle qui n'était pas de son choix, pour laquelle peut-être certaines qualités de caractère lui faisaient défaut, et qui lui réservait de redoutables épreuves. Vous n'attendez pas de moi le récit détaillé, ni l'appréciation de sa vie politique ; cette étude nous entraînerait sur un terrain qu'une règle très sage nous interdit ; je me bornerai donc à vous rappeler ses actes les plus saillants. A l'Assemblée constituante, membre et souvent rapporteur du comité des affaires ecclésiastiques, il prit une part importante à la discussion des lois sur les congrégations religieuses, sur les biens de l'Eglise, sur la constitution civile du clergé (1). Il présida la

il était bailli de la Trésorerie de la Sainte-Chapelle, petite juridiction que l'usage réservait à l'un des avocats au Parlement de Paris.

(1) « Vos décrets, dit-il dans un de ses rapports, ne portent » point atteinte à notre sainte religion : ils la ramèneront à

Convention pendant une partie du jugement de
Louis XVI ; il fit des efforts visibles pour sauver le
roi ; il obtint qu'il lui fût permis d'avoir des défen-
seurs ; il mit aux voix la question de sursis, malgré
les réclamations tumultueuses de la Montagne, et il
ne vota la mort que sous la réserve de l'appel à la
nation. Quelques instants membre du comité de
Salut public pendant la Terreur, il y fut élu de nouveau après le 9 thermidor. Le 21 janvier 1796, il
prononça, comme président du Conseil des Cinq-
Cents, le serment de haine à la royauté. Pendant
qu'il représentait la France au Congrès de Rastadt,
il fut élu membre du Directoire, par la presque
unanimité des suffrages. Il s'élevait toujours, lorsque des élections nouvelles donnèrent la majorité
à ses adversaires. Il devint alors le point de mire
des attaques les plus passionnées, fut violemment
exclu du Directoire, entraîna dans sa chute ses
collègues La Réveillère-Lépeaux et Merlin de Douai,
et eut à se défendre avec eux contre l'accusation

---

» sa pureté primitive, et les prêtres redeviendront les anciens
» chrétiens de l'Evangile.... » Ailleurs, il explique qu'il
s'agit d'assurer au pays des prêtres plus purs et plus respectés, des couvents où ne resteront plus que les religieux
qui veulent mourir dans leurs cloîtres et où la règle sera
mieux observée... Le but est « que les consciences soient
moins troublées.... », « que tous les citoyens, réunis par le
désir du bonheur commun, n'aient plus qu'un cœur, qu'une
âme et qu'une volonté.... » Si, comme on l'a dit, l'histoire
n'est que le tableau des illusions des hommes, tâchons de
pardonner à ceux dont les illusions ont été généreuses.

absurde et ridicule d'avoir trahi le pays, pillé les
arsenaux et vendu à vil prix des armes à l'étranger.
Il n'eut pas de peine à faire justice de ces calomnies, mais il en ressentit une douleur profonde dont
le souvenir attrista longtemps son âme (1).

Peu de mois après, la majorité qui venait de le
renverser fut emportée à son tour par le 18 Brumaire. Treilhard ne prit aucune part au coup d'État,
mais il se rallia au nouveau régime. Il accepta
l'ordre sans la liberté, comme il avait accepté les
rêves d'or de la Constituante, les colères de la Convention et les impuissances du Directoire. On a dit
de lui, qu'indifférent à la forme des institutions
politiques, il n'attachait d'importance qu'aux conquêtes législatives et sociales de la Révolution.
Modéré par tempérament, inclinant toujours, par
une tendance peut-être inconsciente mais très marquée, à partager le sentiment de la majorité, il
avait accentué sa ligne politique à mesure que
s'étaient déroulés les événements, et il avait suivi
le courant, cherchant souvent à le modérer, rarement à le diriger, finissant toujours par s'y abandonner. Le seul jour où il se trouva vraiment en
opposition avec la majorité, ce fut quand un vote
très contestable l'exclut du Directoire ; ses deux

---

(1) Voir dans la *Vie de J.-B. Treilhard*, par M. Guyot
d'Amfreville, p. 40, la note touchante écrite à cette époque
par Treilhard, pour son fils, encore enfant.

collègues auraient voulu qu'il résistât ; mais il
n'était pas fait pour la lutte ; il les abandonna et
donna sa démission. Il dut sans doute à cette disposition de son caractère, autant qu'à la nature de
son esprit qui le portait aux questions d'affaires
plutôt qu'aux questions politiques, le bonheur de
traverser, sans y laisser la vie, les années sanglantes de la Révolution ; pour tous les partis il était un
homme utile plutôt qu'un homme redouté. Aussi,
malgré les situations élevées auxquelles, pendant
la période révolutionnaire, l'appelèrent toujours les
hautes facultés de son intelligence, il eut peu
d'influence sur la marche des événements, et si sa
carrière s'était terminée au moment où il tomba du
Directoire, son souvenir eût été vite effacé. Il aurait
eu le sort de tant d'autres dont les noms remplis-
sent aussi les colonnes de l'ancien *Moniteur*, et
qui, n'ayant été ni de ceux qui tuent ni de ceux qui
se font tuer, sont retombés dans l'oubli aussitôt
que le calme fut rétabli et que le fleuve social
eut repris son cours ; leur notoriété a été aussi
éphémère que le hasard qui les avait portés au
pouvoir.

La suite des événements réservait un autre sort
à Treilhard et à Merlin de Douai, son collègue et
son ami, comme lui jurisconsulte éminent, et comme
lui plus propre aux travaux silencieux du cabinet
qu'aux hautes responsabilités du pouvoir. Ils furent

appelés, l'un au Conseil d'État, l'autre à la Cour de
cassation. Là, dégagés de la politique pour laquelle
ils n'étaient pas faits, rendus au culte de leur jeunesse, à l'étude du droit et de la législation, ils
commencèrent une carrière nouvelle où l'expérience, la sagacité, la portée des vues étaient plus
utiles que le caractère, et où ils trouvèrent, sinon
la gloire, du moins une haute et légitime renommée.

Le Conseil d'État était, en l'an X, le véritable
siège du gouvernement. Le premier Consul se
plaisait à le présider, et il y avait réuni, pour
travailler avec lui à l'œuvre de reconstitution sociale qu'il voulait accomplir, toutes les illustrations
civiles et militaires de la Révolution ; Treilhard
y retrouva, président de la section de la guerre, un
autre Briviste, le général Brune. La tâche la plus
importante du Conseil d'État était de refondre,
dans des Codes adaptés à l'état nouveau de la
Société, les lois civiles, commerciales, criminelles,
éparses dans les monuments innombrables et souvent contradictoires de l'ancienne législation, le
Droit romain, les Coutumes, les Ordonnances.
Treilhard prit une part considérable à ces travaux ;
il était l'un des orateurs principaux de ces discus-
sions restées célèbres, et dont malheureusement les
procès-verbaux de Locré et les Mémoires des contemporains ne peuvent nous donner qu'une idée
très incomplète. Cormenin nous en fait un tableau

animé et vivant ; il dépeint Treilhard, « le plus
» nerveux dialecticien du Conseil », qui ne cédait
jamais quand il défendait les conquêtes de la Révolution. Napoléon l'estimait pour sa ténacité même
et acceptait volontiers de lui la contradiction ; il
aimait à « s'escrimer contre ce logicien opiniâtre,
» cet athlète intrépide qui ne lâchait pas son adver-
» saire impérial, et il disait familièrement qu'une
» victoire remportée sur Treilhard lui coûtait plus
» de peine que le gain d'une bataille ».

C'est une étude intéressante que de rapprocher
des premiers travaux de Treilhard à l'Assemblée
constituante, les exposés des motifs qu'il rédigea
au Conseil d'État sur les titres les plus importants
du Code civil, sur le Code de procédure, le Code
de commerce, le Code d'instruction criminelle et le
Code pénal. En 1789, habitué comme la plupart de
ses collègues à agiter des idées plus qu'à compter
avec les faits, il est plein d'illusions ; il promet la
concorde universelle ; il semble convaincu que pour
ramener l'âge d'or, il suffira de faire disparaître
quelques abus et d'édicter quelques lois inspirées
par des théories philosophiques. Au Conseil d'État,
mûri par l'expérience des affaires publiques, il tient
un tout autre langage ; il ne prétend plus modeler
la Société sur un idéal entrevu dans un rêve ; il
observe les faits, et il essaie d'adapter les lois aux
idées et aux mœurs du pays qu'elles doivent régir.

S'il veut l'égalité des partages dans les successions,
c'est parce qu'il la considère comme la conséquence
naturelle des institutions démocratiques ; s'il propose de maintenir le divorce, c'est en le présentant,
non comme une institution destinée à rester la
condition permanente et normale de la Société,
mais comme un remède temporaire, rendu momen-
tanément nécessaire par dix années de révolutions
pendant lesquelles le relâchement des mœurs et le
trouble des esprits avaient multiplié les unions mal
assorties. Il se tient en garde contre « la manie des
» réformes, si dangereuse quand elle s'empare
» d'une âme honnête, mais tourmentée d'une soif
» immodérée de perfectibilité » (1). Il explique que
si la Constituante a échoué dans plusieurs de ses
tentatives, c'est parce qu'elle n'a pas suffisamment
su « se tenir en garde contre l'enthousiasme du
» bien, et parce qu'elle a considéré les hommes,
» non tels qu'ils sont, mais tels qu'il serait à désirer
» qu'ils fussent » (2).

Voilà le langage d'un véritable législateur. C'est
parce que Treilhard a apporté à la rédaction de nos
Codes ces vues élevées et sages qu'il a contribué
à en faire des monuments durables, et qu'il a droit
à la reconnaissance de la France.

Président de la Cour d'appel de Paris, président

(1) Exposé des motifs du Code de procédure civile, p. 3.
(2) Exposé des motifs du Code pénal, pp. 2 et 5.

de la section de législation au Conseil d'État, élevé
à la dignité de ministre d'État en 1809, et créé
comte de l'Empire en 1810, Treilhard était arrivé
au faîte des honneurs, lorsqu'une maladie dont il
ressentait depuis plusieurs années les atteintes
l'emporta le 1er décembre 1810. On put dire qu'il
mourut debout ; la veille de sa mort, malgré de
cruelles souffrances, il siégeait encore au Conseil.
L'empereur, qui appréciait hautement ses lumières
et l'indépendance de sa parole, déclara que sa mort
était un malheur public, comme l'avaient été celles
de Portalis et de Tronchet. Après des funérailles
solennelles, le corps de notre compatriote fut
inhumé au Panthéon.

Quelques années auparavant, Treilhard avait été
envoyé en mission dans la Corrèze pour présider le
Collège électoral chargé de choisir les deux séna-
teurs du département. Il avait été reçu à Tulle avec
les pompeux honneurs dus aux grands dignitaires
de l'Empire. Je regrette que le défaut de temps ne
me permette pas de vous raconter quelques incidents curieux de ce voyage, la difficulté qu'éprouva
le préfet à trouver à Tulle, « malgré que cette ville
ait beaucoup acquis du côté de la civilisation », un
logement convenable pour un si haut personnage ;
la foule accourue de loin pour le contempler ; le
discours adressé par le maire de Tulle « à l'homme
d'État si distingué par l'éminence des places aux-

quelles il a été successivement élevé », etc. Dans
l'allocution courte et simple que prononça Treilhard,
on voit percer deux sentiments : le souvenir toujours amer des calomnies dont il avait été l'objet
après sa chute du Directoire et contre lesquelles il
protestait devant ses compatriotes ; l'émotion qu'il
ressentait en revenant, avec tout le prestige de ses
hautes fonctions, dans le pays qu'il avait quitté
jadis, humble étudiant, et où continuaient à vivre,
modestes et honorés, plusieurs membres de sa
famille.

Dans ce jurisconsulte éminent, dans ce législateur
sagace, l'homme privé était encore supérieur à
l'homme public. J'ai eu entre les mains des archives
précieuses que les petits-enfants de Treilhard m'ont
communiquées avec la plus grande obligeance ;
elles montrent combien son existence était restée
simple et elles révèlent l'homme de bien.

Il écrit à son fils : « Tu rempliras ta mission avec
» honneur, parce que tu réunis à une grande jus-
» tesse d'esprit la droiture du cœur et l'honnêteté
» de l'âme »... (8 novembre 1806) ; « Il faut se laisser
» aller aux événements et compter sur sa bonne
» fortune ; quand on a un peu vécu on a éprouvé
» que ce qu'on a le plus désiré a été nuisible, et
» que ce qu'on redoutait a été le principe du bien-
» être ; cette pensée m'a soutenu dans bien des
» occasions »... (7 février 1807) ; « Je me laisse

» aller aux événements et je me plais à croire que
» ce qui arrivera sera pour le mieux..... Le grand
» point est de se montrer supérieur, ou du moins .
» de niveau à sa place, quelque part qu'on se
» trouve »... (27 février 1807) ; « Il faut se laisser
» aller un peu aux événements ;... dans tous les cas
» et dans toutes les positions remplir son devoir »...
(22 décembre 1808) ; « L'essentiel est que tu méri-
» tes »... (10 février 1809).

Tels sont les conseils qu'il répète constamment à
son fils, les principes qui, certainement, ont dirigé
sa propre conduite. Ce sont ceux d'un homme honnête et droit, qui se contente de faire son devoir
dans la situation où la fortune le place, mais qui ne
cherche pas à diriger sa vie et à dominer les événements. Dans la vie politique, où l'on assume la
tâche de gouverner son pays et de guider ses concitoyens, un tel caractère peut être taxé de faiblesse ;
dans la vie privée, j'aime mieux n'y voir qu'une
sage philosophie.

Tous les biographes de Treilhard lui reconnaissent ces vertus intimes, qui sont le bien le plus
précieux de l'homme, car si c'est par nos actes
publics que nous attirons l'attention des indifférents,
c'est par les vertus privées que nous nous attachons
ceux qui nous entourent ; c'est par elles que nous
sommes aimés ; c'est par elles que nous sommes
heureux.

Ces vertus, Messieurs, je crois que Treilhard les devait à son pays d'origine. Les qualités morales tiennent surtout aux exemples dont notre enfance a été entourée ; c'est dans cette petite ville de Brive, dans cette famille aux mœurs simples et pures et à l'esprit cultivé, que Treilhard a puisé l'amour du travail, le sentiment du devoir, l'honnêteté de la vie, la droiture et la probité.

En terminant, Messieurs, permettez-moi d'exprimer un vœu auquel certainement vous vous associerez tous. Il existe un portrait de Treilhard, qui le représente à la fin de sa carrière, en grand costume de président de section au Conseil d'État. Des yeux à la fois perçants et doux ; des sourcils noirs et bien arqués qui font contraste avec ses cheveux blancs, éclairent un sourire fin, une physionomie pleine d'intelligence et de bonté. Je voudrais que nous eûssions une copie de ce portrait à l'Hôtel-de-Ville de Brive, à côté de celui des autres Brivistes qui, comme Treilhard, ont honoré leur ville natale et servi leur pays (1).

---

(1) L'administration municipale de la ville de Brive a bien voulu donner suite à ce vœu. Elle a chargé un compatriote, M. Francis Lavialle de Lameillère, membre de l'Association Corrézienne, de faire une copie du portrait mis gracieusement à la disposition de la ville par la famille Treilhard ; cette copie a été placée à l'Hôtel-de-Ville, à côté des portraits des de l'Estang, Dubois, Vielbans, Grivel, Rivet, etc.

# LE GRAND ORIENT DE FRANCE

DEVANT

## LE CONSEIL D'ÉTAT [1]

### EN 1863

———

En rangeant d'anciens papiers du temps où j'appartenais au Conseil d'Etat, je viens de retrouver les notes que j'avais prises pour l'affaire la plus importante, je crois, dont j'ai été chargé pendant ma carrière, le projet le décret qui aurait reconnu comme établissement d'utilité publique le Grand Orient de France. A côté de mes notes, j'avais conservé une lettre de M. Cornudet, l'un des hommes qui, dans le cours de ma vie, m'ont inspiré le plus

(1) Ces notes avaient été écrites en 1896 sans aucune pensée de publication prochaine. La *Revue des Deux Mondes* a pensé qu'elles présentaient une certaine actualité, et elle les a accueillies dans son numéro du 15 mars 1901, sans en modifier la forme de souvenir intime, en se bornant à retrancher quelques passages étrangers à la question du « Grand Orient ». Ces passages ont ici été rétablis ; peut-être ne paraîtront-ils pas hors de propos dans un recueil personnel à l'auteur.

de respect et de sympathie. Il n'avait pu assister à
la séance ; il n'avait pas entendu mon rapport et il
m'avait prié de lui communiquer mes notes. En
me les renvoyant, il m'écrivit : « Merci, cher collègue, gardez précieusement ce rapport fort bien fait
et très curieux. Un jour ce document aura peut-être
la valeur d'un document historique. Tout à vous,
Léon Cornudet. — Vous devriez le donner aux sténographes du Conseil pour qu'ils le reproduisent
exactement. »

Je ne puis me rappeler si j'ai suivi ce dernier
avis. En tout cas, le procès-verbal des sténographes
a été brûlé lors de l'incendie du Palais d'Orsay par
la Commune, en 1871. Mais il me paraît probable
que je n'ai pas pris alors la peine de mettre au net
mon brouillon informe. A cette époque, je n'avais ni
le goût, ni le temps de me recopier moi-même. Je
n'étais pas encore arrivé à l'âge où l'on tient à
garder la trace de son travail. Tant qu'on a devant
soi l'avenir, qu'importe ce qui est passé !

Aujourd'hui l'avenir n'existe plus pour moi ; c'est
le passé qui m'intéresse et qui m'attire. J'aime à
me reporter à ce que j'ai fait, à le revoir, à le juger,
et même, maintenant que je ne puis plus agir, à
l'écrire, dussé-je être le seul qui le lise jamais. Je
me figure revivre ce temps si éloigné, le bon temps,
puisque c'était celui où j'avais la force et la jeunesse. Comme je comprends aujourd'hui que les

vieillards, surtout ceux qui ont été des hommes
d'action, aient la tentation d'écrire leurs mémoires!
Raconter sa vie, c'est se donner l'illusion d'agir
encore.

Peut-être d'ailleurs viendra-t-il un jour où il ne
sera pas hors de propos de rappeler la question dont
le Conseil d'État a été saisi en 1863 et les incidents
auxquels elle a donné lieu au sein de cette assemblée.

En 1861, la Franc-Maçonnerie avait traversé une
crise. Le prince Murat, qui en avait été élu Grand
Maître sept ans auparavant, arrivait au terme de
son mandat. Il venait de voter au Sénat pour le
maintien du pouvoir temporel du Pape, et ce vote
avait irrité contre lui un certain nombre de Francs-
Maçons. Les mécontents cherchèrent à lui opposer
un concurrent. Afin de rester dans les traditions de
la Franc-Maçonnerie, qui, pour prouver qu'elle
n'était pas un danger politique et pour donner au
pouvoir l'illusion d'une garantie, choisissait volontiers comme porte-drapeau un membre de la famille
régnante, ils s'adressèrent au Prince Napoléon, qui,
lui, avait voté contre le pouvoir temporel. Le Prince
commença par refuser ; puis il consentit à se laisser
porter contre son cousin. L'élection devait avoir lieu
pendant la session annuelle de l'Assemblée législative maçonnique, rue Cadet. Dès la première séance,
des incidents fâcheux, des violences même, dit-on,
éclatèrent entre les partisans des deux princes

rivaux. Le Préfet de Police, averti, ajourna d'autorité l'élection. Plus tard l'Empereur intervint à son
tour, et, afin de faire cesser l'antagonisme entre ses
deux parents, il s'attribua, par un décret du 11 janvier 1862 (1), le droit de nommer le Grand Maître,
qui, jusque-là, avait été électif. Il désigna le maréchal Magnan. Celui-ci, dit-on, n'était même pas
Franc-Maçon! Le bruit courut alors qu'on avait dû
lui conférer en un seul jour les trente-trois grades,
les trente-trois degrés d'initiation nécessaires pour
lui permettre de figurer parmi les trente-trois membres du Conseil et pour devenir le chef de l'Ordre
maçonnique. Le Maréchal trouva la Maçonnerie
dans une situation financière embarrassée. Elle avait
acheté, rue Cadet, au prix de 1,500,000 francs, un
immeuble destiné à lui servir de lieu de réunion.
Sur ce prix, elle devait encore 500 ou 600,000 francs.

(1) Napoléon, etc., Sur la proposition de notre ministre,
secrétaire d'État au département de l'intérieur ; Vu les art.
291 et 294 du Code pénal, la loi du 10 avril 1834 et le décret
du 25 mars 1852; Considérant les vœux manifestés par l'Ordre Maçonnique de France de conserver une représentation
centrale, avons décrété :

ART. 1er. — Le Grand Maître de l'Ordre maçonnique de
France, jusqu'ici élu pour trois ans, en vertu des statuts de
l'Ordre, est nommé directement par nous, pour cette même
période.

ART. 2. — S. Exc. M. le maréchal Magnan est nommé
Grand Maître du Grand Orient de France.

ART. 3. — Notre Ministre de l'Intérieur (M. de Persigny)
est chargé, etc. (Décret du 11 janvier 1862 ; Duvergier, 1862,
p. 10).

Les créanciers, parmi lesquels figurait le prince Murat, réclamaient leur remboursement. Pour les payer, il fallait emprunter. Le Maréchal s'adressa au Crédit Foncier. Là il se heurta à une objection légale. Le Grand Orient n'était pas investi de la personnalité civile. Pour acheter son immeuble, il avait constitué, dans une forme analogue à celle qui venait d'être imaginée par les congrégations religieuses, une société civile à laquelle avait été attribuée la propriété nominale. Mais cette société, simple prête-nom fictif, ne présentait pas les conditions légales indispensables pour satisfaire aux exigences des statuts du Crédit Foncier.

Il fallut aviser. Afin de donner à l'Association maçonnique la qualité légale qui lui manquait, le Maréchal demanda qu'elle fût reconnue comme établissement d'utilité publique.

A tout autre moment, personne n'eût songé à accueillir une telle demande. Mais à cette époque la question romaine agitait les esprits. Les catholiques, longtemps favorables à l'Empire, commençaient à passer dans l'opposition. La Société de Saint-Vincent-de-Paul, avec ses conférences répandues dans tout le pays, était une puissance. Le gouvernement craignit qu'elle ne cherchât à exercer une influence politique dans les élections qui allaient avoir lieu au mois de mai 1863, et il voulut annuler cette influence, ou s'en emparer. Il offrit à la Société

de Saint-Vincent-de-Paul de la reconnaître comme
établissement d'utilité publique. Cette faveur aurait
assuré à la Société de grands avantages : le droit
de devenir propriétaire sans avoir besoin de recourir
à un prête-nom, de placer ses fonds en son nom,
d'ester en justice ; le droit de revendiquer devant
les tribunaux la délivrance des legs nombreux qui
lui étaient adressés, et dont, à défaut de personnalité
légale, elle était obligée d'attendre le paiement de la
bonne volonté souvent peu empressée des héritiers.
Mais d'autre part, la reconnaissance impliquait le
contrôle de l'administration. Elle aurait placé la
Société sous la tutelle des pouvoirs publics, l'aurait
obligée à rendre des comptes, à demander des auto-
risations, etc. Elle aurait, en un mot, fait disparaître
l'indépendance dont la Société avait joui jusqu'alors.
La Société de Saint-Vincent-de-Paul, redoutant
l'avenir et ne se souciant pas d'aliéner sa liberté
d'action, refusa la faveur qui lui était offerte.

Par une coïncidence singulière, ce fut à ce même
moment que le maréchal Magnan sollicita pour la
Franc-Maçonnerie, que d'ailleurs il n'avait pas consultée, précisément cette attache officielle que décli-
nait la Société Catholique.

M. de Persigny, ministre de l'Intérieur, saisit
avec empressement l'occasion de faire ressortir le
contraste entre le bon esprit que témoignait la
Maçonnerie et l'esprit d'opposition ou de défiance

que manifestait la Société de Saint-Vincent-de-
Paul. En accédant au désir du Maréchal, il trouvait
le moyen de faire échec à la Société Catholique, et
en même temps de confisquer, — du moins il s'en
flattait, — la Franc-Maçonnerie.

Mais ce n'était pas tout que d'envoyer au Conseil
d'État un projet de décret portant reconnaissance
du Grand Orient comme établissement d'utilité
publique : il fallait encore obtenir que ce décret fût
favorablement accueilli par le Conseil. Le Conseil
d'État du second Empire était sans doute très gou-
vernemental, mais il était aussi fort indépendant.
Parmi ses membres, plusieurs étaient animés de
sentiments profondément religieux, et l'on devait
s'attendre à ce qu'ils fussent peu favorables au
projet.

Le catholique M. Cornudet, le protestant M. Léon
de Bussières étaient les hommes les plus respectés
du Conseil : leur caractère, l'élévation de leur pensée et de leurs sentiments, leur talent de parole leur
donnaient à juste titre une grande autorité sur leurs
collègues. L'un et l'autre étaient dévoués à l'Empire
qu'ils considéraient comme le défenseur de l'ordre
social, mais ils avaient prouvé qu'ils n'hésitaient
pas à combattre les mesures que leur conscience
condamnait. On pouvait donc prévoir une contradiction sérieuse. Aussi eût-il été naturel, à cause de
l'importance exceptionnelle de l'affaire, d'en confier

le rapport à un conseiller d'État. Cependant le dossier me fut envoyé. J'étais, à la section de l'intérieur, le rapporteur ordinaire des décrets qui reconnaissaient comme établissements d'utilité publique les sociétés savantes. Peut-être mes chefs pensèrent-ils, en chargeant de cette affaire un simple maître des requêtes, en voiler la gravité, et lui donner l'apparence d'une simple affaire administrative, semblable à toutes celles que l'on avait l'habitude de me voir traiter.

Je ne m'étais jamais occupé de politique, ni de questions religieuses, ni de franc-maçonnerie. Je n'avais d'avance aucune prévention contre le projet, aucun parti-pris. Je trouvai la question intéressante, je commençai à l'étudier au point de vue très terre-à-terre de notre jurisprudence habituelle. Elle se présentait sous une forme qui s'écartait sensiblement de nos traditions et qui, dès l'abord, attira mon attention.

Le projet de décret que nous envoyait le ministère reconnaissait comme établissement d'utilité publique, non pas l'association maçonnique dans son ensemble, mais seulement le *Grand Orient* de France, en exceptant formellement de la mesure les *Loges* et les *Ateliers* de son obédience. Pourquoi cette précaution inusitée ?

Au lieu d'approuver, suivant l'usage, des statuts formant un ensemble complet et destinés à régir ouvertement et définitivement l'œuvre reconnue, le décret choisissait dans la constitution maçonnique quatre articles ; il les détachait des autres et il les isolait pour les approuver. Quant aux autres, il ne les approuvait pas, il ne les abrogeait pas, il semblait en ignorer l'existence !

Ainsi l'autorité accordait son patronage à une société dont elle semblait refuser de connaître l'organisation véritable, la composition et le but.

D'autre part, le Maréchal présentait sa demande tout seul, sans y joindre ces délibérations du conseil d'administration ou de l'assemblée générale que nous avions l'habitude de trouver dans tous nos dossiers et que notre jurisprudence jugeait indispensables. Seules, en effet, ces délibérations pouvaient nous assurer que l'œuvre en instance désirait véritablement obtenir la faveur sollicitée en son nom, et qu'elle était disposée à se soumettre aux conditions auxquelles cette faveur était légalement subordonnée.

Enfin, le dossier ne renfermait aucun renseignement sur la situation financière de la société, aucun élément de statistique, aucun de ces documents nécessaires pour faire connaître l'œuvre, et que nous exigions toujours.

M. Alfred Blanche, conseiller d'État, avec qui j'avais eu toujours les relations les plus sympathiques, vint me parler de l'affaire pour me la recom-

mander et me l'expliquer. Il était l'un des trente-
trois membres du conseil du Grand Orient, l'un des
séides du Maréchal, l'un de ceux qui l'avaient
engagé à demander la reconnaissance pour sortir
d'embarras. Je lui soumis ces difficultés, qui jusque-
là ne portaient que sur des points de pure forme,
mais qui eussent suffi pour arrêter toute autre
affaire. Il en comprit le danger et il chercha avec
moi à les résoudre. Il était d'autant mieux en
mesure d'y réussir qu'il était profondément versé
dans la législation et dans la jurisprudence administratives. Quelques jours après, l'on m'envoya
des statuts plus corrects, du moins en apparence,
et diverses pièces qui constituaient une instruction
un peu moins sommaire.

Toutefois, pendant que M. Alfred Blanche s'efforçait de compléter ainsi le dossier, l'étude à
laquelle je me livrais me faisait apercevoir de plus
en plus la gravité du projet. L'affaire m'apparut,
non plus comme une question de simple administration, mais comme une question politique au
premier chef. J'exprimai nettement le regret qu'on
n'en eût pas chargé un membre plus autorisé qu'un
maître de requêtes de seconde classe, et je finis par
dire à M. Blanche que, décidément, la mesure proposée me paraissait de nature à créer au gouvernement beaucoup d'ennemis, et que je conclurais
contre le projet. M. Blanche fut très ému, se ren-

dant compte que ma conclusion défavorable éveillerait l'attention du Conseil d'État et qu'elle pouvait tout compromettre. J'avertis aussi de ma décision mon président, M. Boinvilliers, qui ne me cacha pas son mécontentement. Il eut soin de prévenir M. Thuillier, alors directeur général des affaires départementales et communales, et à ce titre conseiller d'État en service extraordinaire. M. Thuillier était un ancien avocat d'Amiens, qui, en 1848, avait quitté le barreau pour une préfecture. Désabusé plus tard de la République et devenu l'un des plus ardents serviteurs de l'Empire, il avait conservé l'esprit intolérant et violent de son ancien parti. Il venait rarement au Conseil d'État. Malgré le talent réel qu'il y aurait apporté et dont plus tard il fit preuve, il n'y aurait peut-être pas eu toute l'autorité à laquelle il aurait pu s'attendre. Le Conseil d'État, quelle que soit son origine, est vite amené, par son rôle d'arbitre entre l'intérêt public et l'intérêt privé, à une sereine impartialité. Il n'hésite pas à donner tort à l'administration quand il estime qu'elle se trompe. Il redoute l'esprit de parti, et il se défie des politiciens. Sous le second Empire, ce n'étaient pas les plus ardents bonapartistes qui y étaient écoutés avec le plus de faveur. Le Conseil réservait sa confiance pour les hommes qui, moins engagés dans les querelles politiques, estimaient que le meilleur moyen de servir un gou-

vernement c'est de le faire aimer, de donner une
satisfaction équitable aux divers intérêts que l'administration a pour mission de concilier. M. Thuillier,
d'ailleurs, aurait sans doute considéré comme peu
utilement employé le temps qu'il aurait passé à
nos séances. Habitué à expédier rapidement les
affaires d'intérêt privé ou de simple administration
qui ne présentaient pas un intérêt politique, il
jugeait d'ordre inférieur notre rôle. Nous étions
chargés, semblait-il croire, de mettre en harmonie
avec la lettre de la loi et avec les scrupules de la
jurisprudence la forme des décisions que l'autorité
administrative jugeait utile de prendre. C'était une
besogne de metteurs en page, de correcteurs d'épreuves, qui ne méritait pas l'attention d'un personnage
capable de s'élever à l'appréciation de la portée
politique d'une mesure. Quelques semaines plus
tard, il fut nommé président de notre section ; le
jour où il vint prendre possession de son fauteuil,
lorsqu'il apprit que nous avions deux séances par
semaines, il s'écria, d'un ton de surprise et de
commisération : « Hé ! mon Dieu ! qu'en pouvez-
vous faire ? » Il ne connaissait aucun de nous, du
moins aucun des rapporteurs, et quand on lui dit
que le maître des requêtes chargé du rapport avait
l'intention de combattre le projet, cette opposition
lui parut une inconvenance aussi déplacée qu'imprévue, et il l'attribua à un esprit d'hostilité systé-

matique contre le régime impérial. Je fus pour lui
ce que l'on appelait alors « un échappé des anciens
partis ».

Ce fut dans cette disposition d'esprit qu'il vint à
la section de l'Intérieur le jour où je devais faire
mon rapport.

Avant de me donner la parole, et comme pour
prémunir la section contre ce que j'allais dire,
M. Boinvilliers expliqua que l'affaire était très
simple : il s'agissait de mettre le Grand Orient,
dont le maréchal Magnan venait d'être nommé
Grand Maître, en situation légale de contracter un
emprunt. Tout le monde était d'accord. Il n'y avait
pour le gouvernement que des avantages à consacrer par une mesure administrative l'harmonie qui
existait entre la franc-maçonnerie et l'État, et l'on
ne s'expliquait pas que le rapporteur, qui avait
d'adord accepté le projet, eût tout à coup changé
d'opinion. M. Boinvilliers laissait entendre que ce
revirement ne pouvait être dû qu'à des influences
extérieures. Je n'ai pas besoin de dire qu'en cela il
se trompait.

Ce fut après ce préliminaire inusité que je dus
prendre la parole. J'étais toujours très ému quand
il me fallait parler. Naturellement je le fus plus
qu'à l'ordinaire ce jour-là. Je dis cependant à peu
près tout ce que j'avais l'intention de dire, grâce
aux notes qui m'empêchaient de perdre le fil. Mais,

étant fort troublé, je m'exprimai avec un accent de timidité qui, me dit-on ensuite, acheva d'exaspérer contre moi M. Thuillier, parce qu'il accentuait davantage mes objections.

Je n'essayerai pas de résumer ici mon rapport à la section, puisque je vais reproduire plus loin celui que je fis à l'Assemblée générale. J'en rappellerai seulement quelques passages qui ne se retrouvent pas dans ce dernier rapport. Je donnai lecture du projet de décret, du rapport très succinct du Ministère, ainsi que d'une note écrite par le Maréchal lui-même pour expliquer ses motifs. Le Maréchal y disait, entre autres choses, qu'il se proposait de nettoyer les étables d'*Ogias (sic)*. Pendant la discussion je dus passer cette note à quelques conseillers qui me la demandèrent pour la relire ; quand elle me revint, le mot *Ogias*, écrit à la fin d'une ligne, avait disparu, emporté par un coup d'ongle secourable. Il ne restait que l'appréciation portée par le nouveau Grand Maître sur la situation qu'il était chargé de débrouiller.

« La Franc-Maçonnerie, disais-je, n'est pas sans doute une *société secrète*, mais c'est une *société à secrets*. Or l'État ne peut *reconnaître* que ce qu'il *connaît* ». Laissant de côté les doctrines secrètes de l'Association maçonnique, j'ajoutai que les doctrines ouvertement professées par elle étaient inquiétantes. « Elle proclame son respect pour tous

les cultes, mais derrière ce mot elle laisse apparaître l'indifférence et même le dédain pour toutes les
religions positives. Elle prescrit le travail et elle
interdit l'oisiveté volontaire. Mais elle garde le
silence sur la propriété. L'admet-elle ? Ne prétend-
elle pas condamner celle qui n'est pas le fruit direct
du travail ? Cette conséquence n'est pas formellement écrite dans ses statuts, mais il est facile de
l'en faire découler, et il semble que déjà quelques
*Loges*, non désavouées par le Grand Orient, con-
damnent ouvertement l'hérédité, voire même la
propriété. Dans un pays où les mœurs, les lois, la
Constitution regardent la religion, la propriété,
l'hérédité, la libre disposition des biens, comme les
bases de l'organisation sociale, le gouvernement
peut-il accorder son patronage officiel à une Association qui semble répudier ces bases ? »

Ma conclusion fut que, tout en respectant dans la
Franc-Maçonnerie la liberté de la pensée et même
la liberté du culte, car cette Association a son culte
et ses rites qu'elle célèbre dans le mystère, il valait
mieux ne pas lui attribuer le caractère d'établissement d'utilité publique reconnu par l'État ; que cette
mesure serait de celles dont se réjouissent les ennemis du gouvernement et dont s'attristent ses amis ;
que si, pour être agréable au Maréchal et pour
aplanir les difficultés qu'il rencontrait dans sa tâche
nouvelle, on tenait à donner au Grand Orient le

moyen légal de contracter un emprunt hypothé-
caire, il faudrait au moins faire rentrer la Franc-
Maçonnerie dans le droit commun des autres sociétés ; l'obliger à se faire connaître complètement et
sans réserves, à fonctionner publiquement et ouvertement. Accepterait-elle, par exemple, la législation
qui régit les sociétés de secours mutuels, la présence d'un délégué de l'autorité à ses réunions, la
nomination des présidents de ses *Loges* par l'administration, ou tout au moins par le Grand Maître,
représentant de l'Empereur ?

M. Thuillier prit aussitôt la parole, et sans donner,
autant que je puis me le rappeler, aucun argument
sérieux pour me répondre, il se contenta de déclarer, d'un ton autoritaire, que le gouvernement savait
ce qu'il faisait ; que la mesure proposée était
demandée par un personnage considérable auquel
il fallait donner satisfaction et dont la présence
suffisait pour assurer au gouvernement toute l'action
nécessaire sur la Franc-Maçonnerie ; qu'il n'y avait
pas lieu de s'arrêter à des objections soulevées par
l'esprit d'opposition, etc., etc. Son discours fut si
violent contre le rapporteur que mes collègues en
furent très émus. Je voyais quelques-uns d'entre
eux, notamment Bertier, qui, en sa qualité d'ancien
politicien de Savoie, était mieux au courant que
moi des dessous de la politique et de la Franc-
Maçonnerie, se lever et venir derrière le fauteuil

du président pour suivre de plus près la discussion.
Ce mouvement témoignait bien son émotion, car,
dans notre salle relativement petite, mes collègues
pouvaient entendre aussi bien de leur place et
n'avaient pas besoin de se rapprocher de quelques
mètres.

M. Boinvilliers, qui parla ensuite, se préoccupa
un peu plus de donner des raisons pour appuyer le
projet de décret. Il avait, mieux que M. Thuillier
étranger aux habitudes du Conseil, le sentiment de
ce qu'il fallait dire pour persuader ses collègues. Il
affirma que la Franc-Maçonnerie n'était nullement
une institution révolutionnaire ; qu'elle ne s'occu-
pait plus depuis longtemps de politique ni de religion ; que ses statuts le lui interdisaient formellement ; qu'en fait elle n'était qu'une association de
bienfaisance et de camaraderie. Puis, revenant à ce
que j'avais dit des doctrines de la Franc-Maçonnerie au sujet du travail, source unique de la propriété
digne de respect, il fit, sur le travail et sa grandeur, une superbe apostrophe, qui sonnait bien et
qui d'ailleurs était parfaitement juste. Seulement
elle ne répondait en rien à mon objection, car je
n'avais nullement contesté l'obligation du travail,
comme loi morale de l'humanité ; j'avais parlé de
la propriété et de l'hérédité.

Je ne me rappelle pas que d'autres membres de
la section aient pris la parole. Je me souviens

seulement qu'au moment du vote il y avait, outre
M. Thuillier, conseiller d'État en service extraordinaire, quatre membres présents. L'un d'eux était
M. Flandin, l'un des membres les plus bienveil-
lants et les plus sympathiques du Conseil, qui, je
crois, avait été franc-maçon sous la Restauration,
comme M. Boinvilliers et comme beaucoup d'autres
avocats de la même époque. M. Bréhier, excellent
homme, qui devait sa situation de conseiller d'État
à son titre d'ancien précepteur du prince Louis-
Napoléon, avait entendu mon rapport ; mais il
s'était éclipsé pendant le discours de M. Thuillier.
Il me dit le lendemain, en aspirant gaiement sa
prise de tabac : « Quand j'ai vu que Thuillier le
prenait sur ce ton-là, j'ai filé ! »

En définitive je fus, ainsi que je m'y attendais,
seul à voter contre le projet.

D'après les habitudes du Conseil d'État, quand le
rapporteur est battu en section, il n'en garde pas
moins le dossier et il présente le rapport à l'Assemblée générale. On s'en remet à sa loyauté pour
exposer les motifs qui ont décidé le vote. D'ailleurs,
les membres de la majorité sont là pour défendre
au besoin leur avis. Dans les affaires administratives ordinaires qui ne soulèvent pas de questions
de principes, mais seulement des appréciations de
fait, il est rare que le rapporteur fasse même allusion à son opinion personnelle. Toutefois il conserve

toujours le droit de la faire connaître, et même celui de chercher à la faire prévaloir malgré l'avis différent de la section.

Le bruit de cette affaire se répandit dans le Conseil d'État. La question était assez intéressante par elle-même pour éveiller l'attention ; puis l'âpreté de M. Thuillier, sa violence contre le rapporteur, étaient tout à fait en dehors des traditions courtoises et amicales du Conseil. Enfin plusieurs conseillers d'État, membres de la section de l'Intérieur, qui s'étaient trouvés absents le jour de la discussion, et notamment M. de Bussières, protestèrent que, s'ils eussent été présents, le rapporteur eût été soutenu ; ils demandèrent que le projet ne fût pas discuté en leur absence par l'Assemblée générale. Aussi l'affaire, quoique de suite inscrite à l'ordre du jour, resta-t-elle plusieurs semaines sans être appelée.

Pendant cet intervalle M. Baroche me fit demander. Il m'expliqua qu'il fallait que le décret fût adopté. Il m'en donna les raisons ; raisons politiques, et raisons personnelles au maréchal, qui ne voulait pas échouer dans le premier acte de sa présidence. Je me permis de lui répondre que, sans méconnaître la gravité des considérations qu'il m'exposait, je persisterais à combattre le projet. J'ajoutai que je ne me faisais aucune illusion sur le résultat de ma résistance ; mais je tenais à dégager ma responsabilité en indiquant mon avis, et, tout en présentant aussi consciencieusement que possible les motifs de la section, je ferais connaître en quelques mots mon opinion personnelle. Pour être plus sûr de ce que je dirais, j'écrirais mon rapport.

Le jour arriva enfin où la parole me fut donnée pour exposer l'affaire. Ainsi que je l'avais annoncé à M. Baroche, mes notes étaient assez complètes pour que je fusse assuré de dire tout ce que je tenais à dire, et de ne pas m'égarer en disant autre chose ou en le disant autrement que je ne l'avais médité.

Ce sont ces notes que, depuis, j'ai communiquées à M. Cornudet et à M. Flandin, qui n'assistaient pas à la séance de l'Assemblée générale. Je ne comprends pas, en les revoyant, comment ces Messieurs ont pu parvenir à les déchiffrer, tant elles sont informes pour tout autre que pour celui qui les avait griffonnées et couvertes de ratures. Ce sont elles que je vais transcrire, non sans avoir eu moi-même quelque peine à les relire après plus de trente années écoulées :

« Messieurs, M. le maréchal Magnan, nommé par décret impérial du 11 janvier 1862 Grand Maître de l'Ordre maçonnique en France, a adressé à M. le Ministre de l'Intérieur, avec l'adhésion du Conseil de l'Ordre maçonnique, une demande par laquelle il sollicite pour le Grand Orient de France la reconnaissance comme établissement d'utilité publique.

» Dans cette demande et dans une note présentée par lui à l'appui, le maréchal expose qu'il s'est attaché à régulariser la situation financière de l'Association maçonnique, embarrassée par suite de l'acquisition d'un immeuble destiné aux séances du Grand Orient. La propriété est évaluée 1,500,000 fr. Sur ce prix, l'Association doit encore 500,000 francs dont les créanciers exigent le remboursement. C'est afin de pouvoir emprunter cette somme au Crédit Foncier et hypothéquer l'immeuble que le maréchal désire voir l'Association investie de la personnalité civile.

» Il invoque en faveur de l'Association son existence séculaire, son caractère philanthropique, les œuvres de bienfaisance que ses *Loges* entretiennent et dont il énumère les principales, œuvres destinées à secourir, soit les membres de l'Association, soit même des étrangers. La demande évalue à 200,000 francs le chiffre des secours ainsi distribués annuellement à divers titres par l'ensemble de l'Association.

» Le maréchal ajoute que, depuis qu'il a pris la direction de l'Association, la politique est rigoureusement exclue des assemblées ; que l'Association est animée d'un excellent esprit, qu'aucune réunion n'a lieu sans qu'il soit porté des toasts à l'Empereur, à l'Impératrice et au Prince Impérial.

» A cette demande sont joints :

» La Constitution maçonnique ; la liste des grands

dignitaires de l'Ordre, parmi lesquels figurent des membres des trois grands corps de l'État ; le budget du Grand Orient pour 1862, qui se monte environ à 160,000 fr. ; le tableau de la situation financière qui présente un actif de 1,525,000 fr., un passif de 734,000 francs, et qui se solde par un actif net de 790,000 francs.

» Pour faire droit à cette demande, M. le Ministre de l'Intérieur a saisi le Conseil d'État d'un projet de décret portant reconnaissance du *Grand Orient* de France, tel qu'il est défini par quatre articles de la *Constitution maçonnique*. Le décret ajoutait expressément que cette mesure était limitée à l'autorité centrale maçonnique, et ne s'étendait pas aux *Loges* et aux *Ateliers* de son obédience.

» Depuis que le projet est entre les mains du rapporteur, le maréchal a adressé au Conseil d'État des *Statuts* qui sont conçus à peu près dans la forme habituellement approuvée par le Conseil, et ils déterminent l'objet et l'organisation générale de l'Association maçonnique.

» Ces *Statuts* définissent la pensée générale de l'Association, l'amélioration et le soulagement de l'humanité, tant au point de vue moral qu'au point de vue matériel.

» Ils déterminent ses moyens d'action, des conférences de morale et de philosophie et des œuvres de bienfaisance.

» Ils interdisent toute discussion religieuse ou politique, et ils posent en principe le respect des lois du pays.

» Ils ajoutent que le Grand Maître est nommé par l'Empereur ; qu'il a le pouvoir exécutif et dirigeant ; qu'il administre avec le concours du *Conseil de l'Ordre*, dont les membres sont élus par l'*Assemblée générale* annuelle.

» Ils portent, et ceci est une disposition nouvelle, que la création de chaque *atelier* est toujours portée à la connaissance du gouvernement.

» Ces *Statuts* sont destinés à devenir la règle officielle de l'Association maçonnique, à déterminer ses obligations vis-à-vis du gouvernement. Ils ne suffisent pas cependant pour donner une idée complète de son organisation. En effet, en dehors de ces *Statuts*, subsistent encore les règles intérieures de la Franc-Maçonnerie, et notamment un acte qui a été produit au dossier sous le nom de *Constitution maçonnique*, et dont je crois nécessaire d'analyser les principales dispositions.

» Cette *Constitution* a été votée par l'*Assemblée législative maçonnique* annuelle, dans ses séances des 10 et 11 juin 1862, sous la présidence du Grand Maître actuel de l'Ordre. Les statuts officiels ne la contredisent en rien ; elle reste encore à côté d'eux la charte de l'Association maçonnique.

» Je dois rappeler au Conseil que cette *Constitu-*

*tion* n'est pas applicable à tous les Francs-Maçons de France. Il y a des *Rites* dissidents, qui ne reconnaissent pas la suprématie du Grand Orient, ni celle du Grand Maître nommé par l'Empereur ; qui ont leur hiérarchie spéciale, leur conseil suprême et leur Grand Maître particulier. La *Constitution* que je vais analyser régit seulement les Francs-Maçons du *rite français*. C'est seulement au *rite français* que s'applique le décret de reconnaissance.

» D'après la *Constitution maçonnique*, l'Ordre des Francs-Maçons a pour objet la bienfaisance, l'étude de la morale universelle et la pratique de toutes les vertus.

» Il a pour bases l'existence de Dieu, l'immortalité de l'âme et l'amour de l'humanité (article 1ᵉʳ) (1).

» Il a pour devise : Liberté, Égalité, Fraternité.

» Il impose à ses membres, comme premier devoir, la soumission aux lois du pays, le respect de toutes les opinions politiques et religieuses, l'obligation au travail, considéré comme une

(1) Dans l'Assemblée annuelle de 1865, la Constitution fut modifiée : le premier article y est ainsi rédigé : « La Franc-Maçonnerie, institution essentiellement philanthropique, philosophique et progressive, a pour objet la recherche de la vérité, l'étude de la morale universelle, des sciences et des arts, et l'œuvre de la bienfaisance.

» Elle a pour principe l'existence de Dieu, l'immortalité de l'âme et la solidarité humaine.

» Elle regarde la liberté de conscience comme un droit propre à chaque homme et elle n'exclut personne pour ses croyances ».

des lois impérieuses de l'humanité, et l'assistance mutuelle.

» Voilà les doctrines professées par la Franc-Maçonnerie ; voici maintenant son organisation :

» Nul ne peut prendre part aux travaux maçonniques qu'après avoir été initié. L'initié prête un serment (art. 14), dont la Constitution n'indique pas les termes ; il résulte seulement de divers articles que ce serment impose, entre autres engagements, celui de ne pas révéler le secret de l'initiation.

» La Maçonnerie comprend des *Ateliers* de degrés différents, c'est-à-dire n'ayant pas tous le droit de conférer les mêmes degrés d'initiation.

» Les divers *ateliers* n'exercent pas de suprématie les uns sur les autres ; cependant ils sont reliés les uns aux autres, en ce sens que tous sont soumis au *Grand Orient*, et qu'un *atelier* supérieur doit nécessairement s'appuyer sur un *atelier* du premier degré.

» Les *Ateliers* ont des réunions périodiques. Ils peuvent correspondre les uns avec les autres, mais ils ne peuvent délibérer collectivement, ni en corps, ni par délégation. Néanmoins le pouvoir central peut autoriser ces réunions et les *Convents* maçonniques.

» L'*Ordre maçonnique français* correspond avec les puissances maçonniques étrangères ; il est représenté vis-à-vis d'elles par le *Grand Maître* et par des délégués ayant spécialement cette mission.

» Il ne constitue pas d'*Ateliers* dans les pays étrangers où il existe une puissanee maçonnique suprême, et il ne reconnaît pas en France d'*Ateliers* constitués par une autorité maçonnique étrangère. Il paraît cependant y avoir des exceptions à ce dernier principe.

» La *Constitution* définit avec plus de détails que les *Statuts* les attributions et les pouvoirs des diverses autorités maçonniques.

» Le *Grand Maître* (1) a le droit de présider toutes les réunions. Il suspend provisoirement les Ateliers et les Maçons qui s'écartent des lois du pays ou qui méconnaissent les règles de l'Ordre. Il nomme des délégués pour visiter tous les *Ateliers* de la correspondance.

» Le *Conseil de l'Ordre* se compose de trente trois membres élus pour trois ans par l'*Assemblée générale* ; son président est nommé pour trois ans par le

(1) La Constitution maçonnique de 1862 contenait, au sujet du Grand Maître, une disposition assez singulière : « Art. 30. Dans le cas où l'Empereur ne jugerait plus à propos de nommer un Grand Maître de l'Ordre, le Grand Maître serait élu pour sept ans et serait toujours rééligible. Il serait nommé par l'Assemblée générale du Grand Orient, convoquée ou avertie à cet effet. »

Lorsque le maréchal Magnan arriva en 1865 à l'expiration des pouvoirs que l'Empereur lui avait conférés pour trois ans, l'Empereur *ne jugea plus à propos* d'user du droit qu'il avait revendiqué en 1862 ; le maréchal Magnan fut élu par l'Assemblée, pour sept ans. Il mourut l'année suivante, et le général Mellinet fut, à son tour, élu Grand Maître, pour sept ans, par l'Assemblée maçonnique.

*Grand Maître.* C'est le Conseil de l'Ordre qui autorise la création des Ateliers et qui sanctionne leurs
règlements particuliers. Il statue définitivement sur
les suspensions provisoires prononcées par le Grand
Maître.

» L'*Assemblée générale* se réunit chaque année
le lundi de la Pentecôte ; elle arrête les comptes et
les budgets ; elle doit être consultée sur toutes les
questions qui intéressent la Maçonnerie.

» La *Constitution* règle aussi le chiffre et la
nature des contributions que les *Loges* sont tenues
de payer au *Grand Orient*. Chaque *Loge* doit au
*Grand Orient* une cotisation permanente, 100 francs,
plus une contribution temporaire qui varie de 75 à
200 francs, suivant le nombre des membres de la
*Loge*, et qui sera perçue jusqu'à ce que les dettes
du *Grand-Orient* soient éteintes.

» Telles sont les dispositions principales de la
*Constitution* maçonnique. Elles sont complétées par
des règlements intérieurs qui ne sont pas produits au
dossier, et qui sont désignés par la *Constitution*
sous les noms de *Statuts généraux* et *statuts particuliers*. Les premiers sont applicables à l'Association entière ; les seconds sont spéciaux à tel ou tel
*atelier*. Ils règlent les rites, les formes des initiations et des épreuves, l'organisation des *Ateliers*,
les conditions d'admission aux *Ateliers* supérieurs,
le nombre des *Ateliers* de perfection, la composition

du *Grand Collège des Rites,* qui est formé au sein du pouvoir central et qui initie aux derniers degrés de la Franc-Maçonnerie, le taux des cotisations, le nombre et le mode de renouvellement des dignitaires de chaque *Atelier.*

» J'aurais voulu, Messieurs, pouvoir vous donner quelques détails sur la situation actuelle de la Franc-Maçonnerie en France, sur son importance, le nombre de ses Loges et de ses membres, ses tendances, l'influence qu'elle peut avoir dans le pays. Je regrette de ne posséder sur ces divers points aucun renseignement officiel dont je puisse garantir au Conseil l'exactitude et l'authenticité.

» Je ne crois pas cependant devoir passer sous silence un fait qui doit être parvenu à la connaissance de la plupart des membres du Conseil, car il en a été question dans plusieurs journaux. Un certain nombre de Francs-Maçons, un certain nombre de *Loges* ou d'*Ateliers* ont protesté, aussitôt qu'ils en ont eu connaissance, contre la demande adressée au gouvernement par le Grand Maître. Ils font remarquer que l'Assemblée maçonnique n'a pas été appelée à en délibérer, comme l'exigerait la Constitution de l'Ordre ; ils protestent contre une mesure qui, suivant eux, aurait pour conséquence de mettre la Franc-Maçonnerie sous la main de l'administration et de détruire son indépendance, principe essentiel de son organisation séculaire. Ces réclamations sont devenues assez vives et assez générales pour que le Grand Maître ait cru devoir adresser à la Franc-Maçonnerie, par la voie de la presse, une note destinée à la rassurer.

» J'ai pour devoir, Messieurs, de vous rendre compte de la discussion qui a eu lieu dans le sein de la section de l'Intérieur. Dans cette discussion, le rapporteur a rendu hommage à l'esprit philanthropique qui anime la Franc-Maçonnerie ; il a rendu justice aux œuvres de bienfaisance que ses Loges entretiennent et dont plusieurs peut-être, prises individuellement, offriraient toutes les conditions nécessaires pour être reconnues. Toutefois, il a présenté plusieurs objections contre la reconnaissance de l'*Association maçonnique* elle-même, prise dans son ensemble. Quoique ces objections n'aient pas été accueillies par la section, je demande au Conseil la permission de les lui indiquer sommairement ; je lui ferai connaître ensuite les réponses qui ont été faites et les motifs qui ont déterminé la section à donner un avis favorable au projet de décret.

» En premier lieu, on peut se demander si l'organisation même de la Franc-Maçonnerie n'est pas incompatible avec la reconnaissance comme établissement d'utilité publique.

» La reconnaissance d'une association, sans lui donner précisément le caractère d'une institution publique, emporte cependant de la part du gouvernement l'approbation et par conséquent, dans une certaine mesure, la responsabilité de ce que fait cette association. Aussi la première condition que l'on soit en droit d'exiger d'une œuvre qui sollicite l'existence légale, c'est de n'avoir à aucun de ses degrés rien de caché, c'est d'agir ouvertement et publiquement.

» La Franc-Maçonnerie, au contraire, a toujours eu et a encore aujourd'hui pour trait caractéristique le secret. C'est un souvenir de son existence primitive, du temps où elle était proscrite, où elle luttait contre les idées reçues et contre les pouvoirs établis. Dans ces temps d'ignorance et de trouble, elle était le refuge d'individualités qui se sentaient trop faibles si elles restaient isolées et qui cherchaient dans les liens d'une assistance mutuelle une protection contre l'impuissance, ou même contre l'oppression des pouvoirs publics. A cette époque il y avait danger à en faire partie ; le secret était donc la condition nécessaire de son existence. Mais ce secret ne s'explique plus aujourd'hui, si les vérités maçonniques qui sont graduellement et mystérieusement révélées aux initiés sont simplement ces principes de tolérance religieuse, d'égalité sociale, de liberté politique, de fraternité entre les hommes, qui peuvent être professées ouvertement, puisqu'elles sont devenues les bases élémentaires et incontestées de la civilisation actuelle. Le secret n'a plus de raison d'être si le

seul mode d'action par lequel l'Association se réserve
de mettre en pratique ses idées philanthropiques,
est l'assistance mutuelle, la charité.

» Cependant, Messieurs, la Franc-Maçonnerie
conserve encore les mêmes formes qu'autrefois.

» Elle a gardé ces rites, ces emblèmes, ces épreuves, ces initiations successives et graduelles, ces
signes mystérieux de reconnaissance, ces assemblées
fermées dont l'entrée serait interdite même au
représentant de l'autorité s'il n'était pas lui-même
initié, ce serment de ne jamais révéler le but et le
secret de la Franc-Maçonnerie, comme si ce but et
ce secret continuaient à constituer une menace
contre l'État et contre l'ordre social. Tous ces souvenirs, inutiles pour la mission philanthropique à
laquelle l'association annonce l'intention de se vouer
exclusivement désormais, ne suffisent pas sans
doute pour faire présumer qu'elle ait encore aujour-
d'hui des tendances et des doctrines contraires aux
institutions établies ; mais ils lui rendent possible
le retour, dans un moment donné, à son ancien
esprit : son organisation serait, au besoin, un cadre
tout prêt pour une société secrète.

» Une circonstance récente a prouvé combien il
est difficile à une association ainsi organisée de se
tenir entièrement à l'écart des passions politiques,
et le gouvernement a été conduit à décider, dans
l'intérêt de la Franc-Maçonnerie elle-même, comme

dans celui de la paix publique, que le Grand Maître
ne serait plus électif, mais qu'il serait nommé directement par l'Empereur.

» Si la mesure que l'on propose aujourd'hui était
le complément de celle qui a été prise l'an passé ;
si elle devait avoir pour résultat, comme paraissent
le craindre un certain nombre de francs-maçons, de
fortifier l'autorité du gouvernement sur l'association,
toute objection, du moins à ce point de vue, devrait
disparaître.

» Mais quelles garanties nouvelles la reconnaissance du Grand Orient donnerait-elle au gouvernement sur la Franc-Maçonnerie ? Les *rites* dissidents
continueraient à subsister à côté du *rite* reconnu,
avec tout le prestige de leur indépendance. Le *rite*
reconnu deviendrait une institution régulière du
pays, prendrait une importance officielle qui pourrait
le rendre plus gênant si jamais il devenait hostile.
Mais, en quoi serait-il plus soumis à l'action, au
contrôle du gouvernement, puisqu'il garderait
cette organisation voilée, hiérarchisée, à cloisons
étanches, qui a précisément pour but de le soustraire
à tout contrôle réel, à toute action autre que celle
de ses chefs secrets ?

» Cependant, cette mesure qui n'ajouterait rien
de réel à l'autorité du gouvernement sur l'association, se présenterait aux yeux de tous avec l'apparence et sous la forme d'un patronage officiel. A ce

nouveau point de vue, il est permis de se demander si elle produirait sur l'opinion publique une impression favorable. Le public ne sera-t-il pas enclin à juger la Franc-Maçonnerie, non pas d'après ce qu'elle dit être aujourd'hui, mais d'après ce qu'elle passe pour avoir été longtemps en France, pour être encore dans certains pays étrangers? On continuera à voir en elle une association toujours portée, par ses traditions comme par la force même de son organisation, à s'occuper surtout de questions politiques, de questions religieuses ; à y porter, en dépit de ses chefs officiels impuissants à la maintenir, des tendances inquiétantes, des formes mystérieuses qui justifient toutes les appréhensions? N'est-il pas à craindre, surtout dans les circonstances présentes, qu'il ne résulte de ces préoccupations des inconvénients hors de proportion avec l'intérêt que l'on nous dit vouloir satisfaire, avec le désir de conférer au Grand Orient, gêné par un embarras financier momentané, la capacité civile nécessaire pour contracter un emprunt auprès du Crédit Foncier, et pour donner à cet emprunt la garantie d'une hypothèque?

» Ainsi, Messieurs, caractère mystérieux de l'association, absence de garanties nouvelles apportées au gouvernement par la mesure proposée, danger de froisser inutilement et inopportunément certaines susceptibilités du pays, telles étaient les considéra-

tions principales qui ont fait penser au rapporteur
que, tout en continuant à accorder à la Franc-
Maçonnerie la plus entière liberté, il serait plus
sage, plus conforme à l'intérêt du gouvernement
impérial de ne pas intervenir dans ses affaires ; de
ne pas prendre à son égard, vis-à-vis du public, la
responsabilité d'une investiture officielle ; de la
laisser durer tranquillement si elle a encore une
raison d'être, de la laisser s'éteindre seule, si elle ne
répond plus à aucun besoin de notre époque ; de la
laisser se transformer d'elle-même, si elle le préfère,
en une société qui aura exclusivement pour objet la
bienfaisance et qui s'organisera peu à peu dans une
forme analogue à celle de toutes les sociétés que
vous avez l'habitude de reconnaître quand elles ont
fait leurs preuves.

» La section, Messieurs, ne s'est pas arrêtée à ces
objections, dont aucune ne lui a paru reposer sur un
fondement solide.

» La pensée qui m'a semblé dominer dans son
esprit, c'est que la présence à la tête de la Franc-
Maçonnerie d'un Grand Maître nommé par l'Empereur répondait de l'Association entière et constituait
la plus complète des garanties.

» La Franc-Maçonnerie ne peut plus être considérée comme un danger. Elle n'est plus ce qu'elle
était autrefois ; son ancien rôle politique et philosophique est fini, n'a plus de raison d'être, puisque ce

qu'il y avait de légitime dans les idées qu'elle cherchait à propager est aujourd'hui unanimement
accepté par le sentiment public et réalisé par nos
institutions politiques.

» Elle l'a senti elle-même, et c'est d'elle-même
qu'elle tend à se renfermer de plus en plus dans la
bienfaisance, la bienfaisance éclairée et soutenue
par des conférences de morale et de philosophie où
sont professées des doctrines irréprochables, où
domine le respect de toutes les opinions politiques
et religieuses, et où d'ailleurs toute discussion sur
ces matières est rigoureusement interdite.

» Le patronage du gouvernement encouragera
cette transformation, aidera la Franc-Maçonnerie à
effacer les derniers vestiges de son passé, à ne
subsister désormais que comme œuvre d'assistance.

» Quant aux formes plus ou moins mystérieuses
qu'elle conserve encore, le décret de reconnaissance
et les statuts officiellement approuvés ne les consacrent pas. Peut-être l'Association y renoncera-t-elle
d'elle-même quand elle s'apercevra que ces formes
sont désormais inutiles et qu'elles peuvent éloigner
d'elle plus d'esprits qu'elle ne lui en attirent. Elles
n'ont d'ailleurs rien de redoutable puisqu'à la tête
de l'Association se trouve un chef nommé par l'Empereur, qui sera toujours choisi parmi les personnages les plus considérables de l'État, qui puisera
dans sa situation personnelle et dans l'autorité dont

il émanera une haute influence sur l'Association entière, qui connaîtra nécessairement son dernier mot et sera initié à toute la série de ses secrets.

» Enfin l'Association est loin d'être animée d'un esprit hostile. Elle a loyalement accepté le chef que l'Empereur lui a choisi, et depuis, dans toutes les circonstances, dans toutes ses réunions, elle manifeste hautement son dévouement pour les institutions impériales. La demande même dont nous sommes saisis est un témoignage de ses bonnes dispositions.

» Ne nous occupons donc pas d'un passé qui n'existe plus, de dangers imaginaires; tenons compte à la Franc-Maçonnerie du bon esprit qui l'anime, du bien qu'elle fait, des œuvres nombreuses et intéressantes que ses *Loges* entretiennent sur divers points de la France. Ne lui refusons pas cette faveur qu'elle sollicite et dont elle a besoin pour régulariser une situation financière d'ailleurs satisfaisante ; accordons-lui ce que nous accordons sans difficulté à des sociétés qui ne se recommandent ni par sa durée séculaire, ni par son importance, ni par le nombre de ses adeptes en France et sur toute la surface du globe, et qui, enfin, ne présentent pas au gouvernement la garantie d'un chef nommé par lui.

» Par ces divers motifs, la section de l'Intérieur, à l'unanimité moins le rapporteur (à ce moment

M. de Bussières interrompit : « A l'unanimité des
membres présents. ») Je repris : à l'unanimité des
membres présents, moins le rapporteur, a adopté en
principe le projet de décret qui lui était soumis.
Toutefois elle en a modifié la formule, d'accord avec
M. le directeur général de l'administration départe-
mentale et communale qui assistait à la séance.

» Le projet primitif, en reconnaissant le *Grand
Orient de France* tel qu'il était défini dans quatre
articles de la Constitution maçonnique, entendait
limiter la reconnaissance à l'autorité maçonnique
centrale et exceptait expressément les *Loges* et les
*Ateliers* de son obédience. Depuis, l'Association
avait produit des *Statuts* qui, sous le nom de *Grand
Orient de France*, définissent l'Association maçonnique tout entière ; le projet de décret approuve ces
*Statuts* et reconnaît comme établissement d'utilité
publique le *Grand Orient de France* tel que ces
*Statuts* le définissent. Le deuxième alinéa du projet
primitif, qui exceptait les *Loges* et les *Ateliers*, a
été supprimé et remplacé par une disposition portant qu'à l'avenir aucun *Atelier* ne pourra être créé
sans que le gouvernement en soit averti.

» Enfin la section a apporté à la formule ordinaire
des décrets de cette nature une modification ayant
pour but de préciser que la reconnaissance n'est
accordée à l'Association maçonnique qu'à titre de
société de bienfaisance. »

Quand j'eus terminé mon rapport, M. Baroche annonça, à ma grande surprise, que la délibération serait remise à une autre séance. Je pensai d'abord qu'il ajournait la discussion par égard pour plusieurs membres du Conseil, tels que MM. Cornudet et Flandin, qui, absents à cause des vacances de Pâques, avaient exprimé le désir que l'on attendît leur retour. Mais alors pourquoi m'avait-il donné la parole? Il eût été plus naturel et plus conforme aux habitudes du Conseil d'ajourner aussi le rapport, afin que, conformément à l'usage, le rapport fût suivi immédiatement de la discussion. Je me demandai plus tard s'il n'y avait pas eu, en dehors de ce motif apparent, quelque autre raison que j'ignorais, qui aurait surgi pendant la séance même. Je m'étais aperçu, en effet, qu'à un certain moment, une émotion inaccoutumée, dont mon rapport n'était certainement pas la cause, agitait autour du président quelques membres du Conseil. Toujours est-il que le projet de décret figura pendant plusieurs semaines à l'ordre du jour, puis tout-à-coup en disparut sans explication officielle; j'appris ainsi qu'il était retiré.

Quel fut le véritable motif de ce revirement dans les vues du gouvernement? Aujourd'hui encore je ne le connais pas avec certitude, et j'en suis réduit à des conjectures. Le gouvernement s'aperçut-il que l'impression générale du Conseil lui était défa-

vorable ? Faut-il croire, comme l'affirme avec assez
de vraisemblance le Dictionnaire de Larousse, au
mot « Grand Orient », que les Francs-Maçons accen-
tuérent encore leur opposition à un projet que le
Grand Maître improvisé avait pris sur lui de présenter sans consulter ni les *Loges*, ni même
l'*Assemblée maçonnique ?* Cette opposition serait
devenue assez sérieuse pour que le Maréchal eût été
forcé de demander lui-même l'ajournement de la
discussion jusqu'au jour très prochain de l'Assemblée annuelle, qui devait se réunir le lundi de la
Pentecôte . Puis , l'Assemblée s'étant prononcée
contre le projet, le Maréchal avait dû retirer sa
demande (1). Il serait possible aussi que le retrait

---

(1) Après avoir rendu compte de l'article publié par la
*Revue des Deux Mondes*, la *France Chrétienne* du 25 avril
1901 affirme que ce fut bien l'opposition de la Franc-Maçonnerie qui décida le gouvernement à retirer le projet portant
.reconnaissance du Grand Orient comme établissement d'utilité publique. A l'appui de cette affirmation, ce journal a
publié un rapport présenté à l'Assemblée maçonnique de
juin 1863, au nom d'une commission qui avait été chargée
d'examiner la proposition.
« Cette mesure, dit le rapporteur, serait la destruction
» de la Franc-Maçonnerie comme telle...... Au lieu de cet
» ensemble admirable dont je vous ai donné le tableau : —
» Pouvoir élu garantissant l'ordre et la liberté et gérant les
» les affaires communes ; — subordonné à une assemblée
» déléguée, ayant droit de législation ; — subordonnée elle-
» même aux Maçons constitués en Loges, seuls véritables
» souverains ; — Eux-mêmes investis de cette souveraineté
» de par la conscience, qui n'est autre chose que le respect
» de la personne humaine dans l'individu ; — Vous aurez par
» la nouvelle constitution un pouvoir extérieur à vous,
» nommé par une puissance hors de vous, placé par consé-

s'expliquât simplement par les incidents de la politique générale. Pendant les retards successifs de la
discussion, les élections législatives de 1863 avaient
eu lieu, et elles avaient sensiblement modifié la
composition du Corps législatif. A côté des *cinq*
députés qui, depuis 1857, tenaient seuls le drapeau
de l'opposition avec une nuance républicaine trop
accentuée pour être très écoutée par le pays, les
électeurs venaient d'envoyer un certain nombre de
libéraux dont la voix pouvait avoir plus d'écho sur
l'opinion publique. Cette situation nouvelle, dont il
était impossible de ne pas tenir compte, amena une

» quent au-dessus du Conseil de l'Ordre qui, logiquement, ne
» sera plus que consultatif ; au-dessus de l'Assemblée qui
» perdra son droit législatif ; au-dessus des Loges qui n'ont
» plus que des vœux à émettre, et subordonnant le respect
» de la personne humaine, la conscience, à la raison d'État...
» ..... De plus, ce qui était accessoire, l'assistance, devient
» principal ; ce qui était principal, l'éducation morale et
» intellectuelle, devient accessoire....
» .... De plus, qui dit utilité publique dit utilité positive,
» exigeant par contre la surveillance assidue de l'État.....
» Nous sommes une société d'assistance obligée, une société
» comme tant d'autres, sans caractère original, une institu-
» tion locale purement française ; dès lors, adieu à notre
» cosmopolitisme. Nous devenons une banale société de
» secours mutuels à laquelle on veut bien laisser comme
» joujou l'étude des questions philosophiques.....
» .... Telles sont les considérations qui font demander par
» tous vos bureaux le rejet pur et simple de la proposition
» qui vous est soumise, la reconnaissance de la Maçonnerie
» comme établissement d'utilité publique. »
   A la suite de ce rapport, l'Assemblée maçonnique aurait,
comme l'avaient déjà fait avant sa réunion un grand nombre
de Loges, voté le rejet de la proposition, et le Grand Maître
aurait été invité à retirer la demande qu'il avait présentée
au gouvernement et dont le Conseil d'État était saisi.

déviation dans l'orientation de la politique impériale. M. de Persigny cessa d'être ministre de l'Intérieur. M. Baroche devint garde des Sceaux et fut
remplacé comme Président du Conseil d'État par
M. Rouher. Les nouveaux ministres n'étaient pas
engagés dans l'affaire de la Maçonnerie, et sans
doute ils renoncèrent sans regret à une mesure qui
était très contestée, même par les amis du gouvernement ; qui avait été une machine de guerre
contre les catholiques plutôt qu'une faveur offerte
aux francs-maçons, et qui risquait de mécontenter à
la fois les francs-maçons et les catholiques.

Quant à moi personnellement, ma carrière n'eut
pas.à souffrir de mon attitude dans cette circonstance. Le gouvernement impérial ne savait nullement mauvais gré de leur indépendance aux membres
du Conseil d'État. J'eus pourtant un moment d'inquiétude lorsque je vis M. Thuillier nommé président de la section de l'Intérieur, en remplacement de
M. Boinvilliers. Mes collègues vinrent m'apporter
leurs condoléances, convaincus que j'allais demander
à changer de section. Je m'en gardai bien. Mon
travail de la section de l'Intérieur me plaisait, et je
ne voulus pas l'abandonner. Mon nouveau président
ne me fit pas repentir d'être resté à mon poste.
Je n'eus même pas besoin de chercher à me concilier ses bonnes grâces par un excès de complaisance.
Je présume que déjà quelque ami l'avait averti qu'il

s'était mépris en m'attaquant comme il l'avait fait quand il ne connaissait ni mon caractère, ni les habitudes du Conseil. Il me prouva plus tard qu'il m'avait mieux apprécié. L'année suivante il fut atteint d'une maladie grave qui l'obligea à prendre un congé, et bientôt après à se démettre de ses fonctions. Le dernier jour où il nous présida, il fit tristement ses adieux à la section avant de quitter son fauteuil. Puis, en partant, il vint me trouver à ma place et il me dit : « Quant à vous, Monsieur Marbeau, vous avez tout à fait pris la tête de vos collègues, et c'est vous qui êtes mon candidat pour passer à la première classe de votre grade ».

# LE LIVRE DE LA POUSTA [1]

Il y a un recul dans la distance comme dans le temps, et c'est presque faire encore de l'histoire qu'étudier les mœurs d'une race étrangère à la nôtre, dont la civilisation s'est formée sous un autre climat par des institutions profondément différentes. Je n'ai donc pas cru m'éloigner du programme de la Société des Études historiques en appelant un instant votre attention sur un petit volume plein de saveur et de grâce, où l'un des membres les plus distingués de l'aristocratie hongroise, M. Sigismond de Justh, peint la vie des paysans de la *Pousta*, dans l'*Alfoeld* [2].

Ce livre plaira à notre époque devenue avide d'impressions neuves, comme si nous étions désormais impuissants à créer. Traduit par un de nos compatriotes, il a un mérite qui, chez nous, manque presque toujours aux œuvres importées de l'étranger. En général, les traducteurs ne sont pas des Français ; ils connaissent notre langue, mais ce n'est pas leur idiome maternel ; leur travail a la

---

[1] *Revue de la Société des Etudes historiques,* 1893.
[2] Le livre de la *Pousta,* par M. Sigismond de Justh, traduit du Hongrois par M. Guillaume Vautier.

gaucherie d'un thème et non la libre allure d'une
version ; il défigure ce qu'il prétend faire connaître ; il gâte ce qu'il voudrait faire aimer. Le traduc-
teur du *Livre de la Pousta*, M. Guillaume Vautier,
est Français ; sa plume est fort élégante ; son style
a la vigueur et la grâce que pourrait avoir une
œuvre originale née dans l'imagination même de
celui qui l'a conçue. M. de Justh, qui est un cosmo-
polite, aurait pu, sans nul doute, écrire lui-même
son livre dans notre langue ; il n'aurait pu réussir
plus complètement que l'a fait son interprète, et
d'ailleurs, ses récits où respire l'âme magyare
auraient trop perdu à ne pas être écrits d'abord en
hongrois.

Le *Livre de la Pousta* se compose d'une série de
petits tableaux peints d'après nature, de scènes
courtes et caractéristiques que l'auteur a observées
autour de lui dans l'*Alfoeld*.

L'*Alfoeld*, le *pays bas* de la Hongrie, est l'immense région qui s'étend entre le Danube, la Tisza
et les Carpathes. Là, à côté de terres fertiles, s'éten-
dent de vastes espaces où le sol, à peine émergé
au-dessus des eaux, est encore imprégné de sel ;
des pâturages vagues et sans fin sont parsemés de
marais, d'étangs indécis dont l'étendue varie avec
le caprice des pluies, et dont l'eau saumâtre est
saturée de carbonate de soude. C'est la *Pousta* (le
désert), plaine solitaire et silencieuse, où aucune

ondulation, aucun arbre n'arrête le regard et ne
brise la violence du vent. De loin en loin apparaît
un pâtre, se détachant immobile sur l'horizon clair,
ou parfois semblant marcher, ainsi que ses bêtes,
en l'air, comme sur des échasses. Le mirage, né des
jeux d'un ardent soleil avec l'atmosphère tremblante
et la terre verdâtre, y peuple le vide d'images fantastiques et les âmes de visions et de légendes
merveilleuses.

Comme dans les steppes de la Russie, comme
dans les savanes du nouveau monde, le caractère
singulier du pays a imposé aux habitants une manière de vivre particulière et a marqué son empreinte sur leurs mœurs, leurs habitudes, leurs
sentiments. Rien, dans les descriptions et les récits
de M. de Justh, ne ressemble à ce que nous rencon-
trons sur notre route quand nous parcourons la
France. Là-bas, l'homme est différent, comme la
nature. Il n'est pas jusqu'à l'amour de la patrie qui
n'y ait son cachet spécial. Dans nos contrées à
horizons limités et définis, l'homme enlevé à sa
chaumière paternelle est dépaysé ; il ne retrouve
nulle part l'aspect, les lignes, les couleurs du petit
coin de terre où il a essayé ses premiers pas et
dont, quand il en parle, il dit : « Chez moi ! » Pour
lui, la patrie, c'est le clocher de son village. Le
pâtre de l'*Alfoeld*, sur quelque point que le transporte sa course errante, se croit encore chez lui. Il

reconnaît le pâturage à perte de vue, l'espace uniforme et sans fin, et dans le lointain il aperçoit
quelque *tanya* (chaumière) semblable à celle où il
est né. Pour lui, le pays natal c'est la *Pousta* tout
entière ; ce n'est plus un village ou un clocher qu'il
aime, c'est une vraie patrie ; aussi est-ce dans son
cœur qu'est éclos ce dicton plein de poésie et de
grâce : « Hors de la Hongrie, la vie n'est plus la
vie ».

Là règne encore la confiance mutuelle et familière des classes : la protection d'une part, de l'autre
le respect. Dans le joli récit intitulé *Au retour*, qui
ouvre le volume, M. de Justh, après une absence,
retrouve « ses champs brodés de fleurs et ses paysans ». « Chacun d'eux, s'écrie-t-il, résume l'espèce
entière à laquelle il appartient, et l'espèce, c'est
moi ! En eux, mes souvenirs ; en eux, mes sentiments, mes aspirations, mes souffrances... Oui,
voici toute ma race. Un vieux pâtre, seul, dont
l'ombre tranquille se repose sur l'infini de l'horizon.
Il s'appuie sur un long bâton et regarde au loin.
Dès qu'il m'aperçoit, il ôte son chapeau, vient lentement à moi, me prend la tête à deux mains et
m'embrasse sur les deux joues. Il ne dit pas un
mot, ni moi non plus. Cet homme me donne ce que
je cherchais en vain là-bas... C'est le même air que
nous respirons depuis notre naissance ; son sang est
mon sang, sa chair est ma chair. Ce qu'il dit trouve

un écho au fond de mon âme. Parle-t-il de son
passé, il me rappelle ma jeunesse. Et quand il se
tait, la voix éternelle de la nature parle pour lui... »

Le pâtre, maître paisible et lent de la *Pousta*
solitaire, revient souvent dans les récits de M. de
Justh. Le voici par une belle soirée d'été (*La
Pousta*). « Rien ne trouble le calme de la *Pousta*...
Des bœufs, traînant lentement leurs ombres longues, s'avancent vers l'auge : le pâtre, grand, majes-
tueux, superbe, les suit. A chaque pas il s'arrête,
d'un mouvement rajuste sa *bunda*, redresse sa
calotte de peau, s'appuie sur son bâton, et, sa pipe
de terre cuite entre les dents, regarde devant lui
les yeux vides, immobile, semblable à quelque
statue grandiose... Le monde qui l'entoure lui
appartient... Chacune des étoiles du firmament est
à lui ; à lui le soleil qui donne la vie, à lui les fleurs
de la *Pousta* sans fin ; il règne sur les aigles et les
milans, parce qu'ici lui seul est l'homme. Lui seul
ici sait rire, pleurer...

» La femme du pâtre est assise sur le seuil de la
maison... Elle allaite son enfant... Elle ne se dé-
range pas à mon approche, n'essaie pas de voiler
son sein nu, et me regarde en face avec tranquillité.

» Je lui parle de son mari ; je lui demande si
elle n'est pas inquiète de lui qu'elle voit si peu. —
Pourquoi ? répond-elle en souriant. — Ainsi vous

êtes seuls pendant tout l'hiver. Que feriez-vous s'il vous arrivait quelque malheur ? — Dieu nous viendrait en aide ».

La solitude, qui met l'homme en présence de la nature, lui rend plus apparente la présence de Dieu. Réduit à combattre seul contre des forces irrésistibles, il cherche un appui, et il le trouve dans la Providence, qui a créé ces forces et qui a imposé des limites à leur puissance, un terme à leur durée.

Le pâtre est heureux et satisfait de son sort. Même au milieu du désert, « il ne se sent pas seul, puisque sa femme et ses enfants sont avec lui » (*Le Pâtre*). Sa *tanya* est à une heure de l'habitation la plus voisine. Il ne peut aller à l'église qui est trop loin, mais « sa femme prie quelquefois, et lui, il regarde les étoiles ». La maison a déjà été emportée deux fois par les eaux ; Dieu l'a aidé et il a pu la reconstruire. Le vent furieux menace de la renverser encore. Le pâtre, toujours calme, lutte contre la tempête, confiant que Dieu ne l'abandonnera pas, et certain que l'orage ne détruira pas tout, car, dit-il, « *rien* n'a jamais existé ».

A quels périls pourtant ne l'expose pas la solitude ?

Un soir, M. de Justh apprend qu'une famille habitant une *tanya* isolée a été empoisonnée par des champignons vénéneux. Il y court. « Nous entrons. Au milieu de la chambre, autour d'une grande table, trois ou quatre paysans jouent aux cartes. Le long des murs, des morts, des agonisants. Etendues sous la fenêtre, deux petites filles s'enlacent convulsivement. Elles sont mortes, me dit un des veilleurs, tout en attisant le feu de sa pipe. Le père est mort ; le grand-père se meurt. Qu'est-il donc arrivé ? demandai-je aux veilleurs. La réponse m'est donnée par une femme d'une trentaine d'années, couchée dans le lit. Elle se dresse sur son séant, appuie sa tête sur son poignet jauni, se penche en avant et me sourit. Malgré ses souffrances surhumaines, elle n'oublie pas les honneurs qu'elle croit devoir à un hôte de marque. Elle tourne vers moi ses yeux glacés, et, avec les formes d'un serviteur qui parle à son maître, me dit : C'est mon fils, Monsieur, qui avant-hier a trouvé des champignons... — Le médecin ? — Le médecin est loin... son temps cher... Puis, qui serait allé le chercher ? — L'un des veilleurs ouvre enfin la bouche : Nous aussi, nous n'avons été informés que ce matin. C'est le hasard qui nous a amenés ici ; nous allions aux champs...

» La pauvre mère souffre atrocement. Elle ne le montre pas cependant et elle continue : aujourd'hui le médecin est venu vers midi ; mais c'était trop tard !... Si au moins le prêtre pouvait venir !

» Soudain elle se redresse, joint les mains, et,

d'une voix éteinte, mais en prononçant clairement chaque mot, fait sa prière. Elle arrive jusqu'à l'*amen*, tombe en arrière, pousse un soupir et meurt.

» Que de simplicité dans la mort! s'écrie M. de Justh. L'homme ingénu, tout en sentiments, est-il donc toujours plus grand que nous dans les moments décisifs de la vie? »

L'enterrement a lieu le lendemain. Les habitants des *tanyas* du voisinage se sont rassemblés autour de la maison mortuaire. « Le révérend commence l'oraison funèbre... La foule écoute attentivement. Chacun semble préoccupé du sort auquel l'expose sa solitude dans la *Pousta*, loin de toute habitation, en été comme en hiver, dans le malheur comme dans la joie, seul avec les étoiles, avec les herbes, avec la terre, avec lui-même. Et tous ces solitaires sont venus ici pour entendre la parole de Dieu et prendre congé de ceux qui ne sont plus seuls! »

A côté de ces scènes poignantes, d'autres sont riantes et gaies. *Midi* nous décrit les bords du lac Gyaparos par un chaud jour d'été. Le tableau est aussi saisissant et aussi intense que la célèbre pièce de vers de Leconte de Lisle. Mais, au lieu d'une nature endormie et lourde regardée par l'adorateur découragé du *Néant divin*, M. de Justh nous peint l'énergie d'une vie puissante, excitée par l'ardeur frémissante du soleil. Tous ces baigneurs sont heureux de vivre, heureux de se sentir nus et enveloppés de chaleur et de lumière.

Une autre fois (*Foins coupés*), c'est une *csarda* (cabaret), où s'éveille la chanson, « l'âme du peuple », nous dit M. de Justh ; où se danse le *csardas* (danse de cabaret), cette danse nationale de la Hongrie, dont les figures sont toujours improvisées. « Chaque jeune homme tourne autour de sa *Paire,* la jeune fille qu'il mènera bientôt devant le curé, ou celle qui l'aide à « sucer le miel du bonheur défendu ». Le *csardas* est impétueux ; le tsimbalom chante, le violon gémit dans le grondement de la contrebasse... D'abord la mélodie se répand avec lenteur ; la danse affecte une marche posée. Puis les accords s'accélèrent et les talons se rejoignent plus fréquemment. Mais les danseurs restent graves, même dans leur joie débordante. Car ils savent qu'elle est toujours amère, la chanson qui célèbre l'amour et le bonheur, longue et mélancolique chanson dont le refrain est toujours le même : le cœur brisé de chagrin, mis dans la terre noire !

« Là-bas un gars danse seul. Il se tient devant les tsiganes, le bras levé, mêlant parfois ses cris aux accents de la musique. Sa belle humeur l'entraîne. Il fait sonner les éperons de ses bottes, brandit en l'air ses larges manches, rabaisse sur ses yeux son chapeau orné de *cheveux de l'orpheline* (plante sauvage de la *Pousta*), et, lentement, plein

d'une exubérance contenue, danse devant l'orchestre
le pas de recrutement des hussards, marquant le
rythme à coups de talon!... Soudain, il tire de sa
poche un billet de cinq florins, et le colle au front
d'un tsigane ». Ce paysan est bien le frère des
riches Hongrois qui se ruinent pour les tziganes,
comme ailleurs on se ruine pour une danseuse.

L'*Offrande du village* nous montre un type bien
étrange. M. de Justh, pendant un de ces longs voyages auxquels le condamne sa santé délicate, avait
perdu à Palerme son fidèle domestique. Ses paysans,
en apprenant cette nouvelle, lui font écrire par le
plus âgé d'entre eux, le *senior*, pour le supplier
d'accepter comme serviteur l'un d'eux, qui sera
chargé par les autres de l'accompagner dans ces
pays lointains qu'ils supposent pleins de périls,
comme tout ce qui est inconnu. Istvan Ivanyi, que
le village désigne pour cette mission, est un demi-
sauvage, énergique, violent et fier. Il est obéissant
et dévoué, parce qu'il doit l'être : c'est le devoir de
sa charge et le devoir du paysan envers son seigneur. Mais il prétend garder son indépendance : il
se sent courageux et fort ; il a sa dignité de magyar.
« Il attachait sur moi, dit M. de Justh, ses yeux
gris bleu, d'un air sombre, résolu, comme quelqu'un
que le péril attend, mais qui sait que son devoir est
de le braver... Il fallait voir ce lourd garçon, avec
une sollicitude touchante dans sa gaucherie, mar-

cher sur la pointe des pieds, ouvrir soigneusement
ma valise, déposer une à une mes paperasses comme
s'il eût touché les ailes d'une libellule. Quand je
fus couché, il alla prendre sa grande fourrure de
mouton, l'étendit par terre dans la petite entrée qui
précédait ma chambre, et se coucha en travers de
la porte qu'on ne pouvait ainsi franchir qu'en passant sur son corps. On le sentait pénétré de sa *mission* qui consistait à veiller sur moi et sur ma santé
débile. Peut-être sentait-il aussi que là-bas, loin du
pays natal, c'est en sa personne que tout mon peuple aimé se concentrerait à mes yeux ». Un soir
pourtant M. de de Justh reconnaît, au fond d'un
cabaret, son Istvan complètement ivre. Istvan se
lève en l'apercevant ; les yeux brillants, ensanglan-
tés, il le regarde avec insolence, comme pour le
défier ! « Les jambes fléchissantes, mais la tête
haute, il chante, jure, provoquant l'homme, Dieu et
même moi, son *seigneur !* » Le surlendemain,
Istvan reparut. Il entra dans la chambre pour
reprendre son service comme si rien ne se fût passé.
Son maître ne lui fit aucune observation ; mais,
longtemps après, il lui demanda ce qui serait arrivé
s'il l'avait grondé. « Alors, dit Istvan en me regardant encore plus courageusement que jamais, j'aurais tué quelqu'un, moi ou un autre ». « Je ne
demandai pas, dit M. de Justh, quel aurait été cet
autre. Depuis, Istvan est toujours avec moi. Jour

et nuit il veille sur mes pas... Et je sais que je n'ai
jamais eu et n'aurai jamais de serviteur aussi fidèle
qu'Istvan Ivanyi ».

Plusieurs scènes (*Damné*, *La conversion de
Zsuzsi Zaua*, *Ce que femme peut*) nous parlent de
la curieuse secte des *Nazaréens*, les *croyants en
Christ*. Ils prétendent suivre à la lettre les doctrines de l'Écriture et sont aussi absorbés par la
préoccupation du ciel qu'aurait pu l'être un saint
des temps primitifs. Ils professent une tempérance
absolue, ont sans cesse devant l'esprit la pensée de
leurs péchés et les confessent publiquement. M. de
Justh nous montre un paysan que sa femme avait
converti, et qui, n'ayant pu s'abstenir de fumer, se
figure qu'il est irrévocablement damné et juge
désormais inutile de faire de nouveaux efforts pour
mériter le ciel à tout jamais perdu. Il fume, boit,
bat sa femme quand elle se plaint trop fort de le
voir retombé dans le péché ; il se résigne en pleurant
à aller en enfer. Une autre fois c'est une vieille
courtisane qui, saisie tout à coup par la grâce, renonce à son rouge, à ses faux cheveux, à ses
amants, et ne songe plus qu'à prier. Ou bien c'est
une ancienne servante qui, pour paraître sans sacri-
lège à la réunion des fidèles de sa secte, doit con-
fesser et expier ses péchés. Elle commence par les
avouer à son mari, qui, dans sa colère, la bat et la
chasse. De là, elle va chez ses anciens maîtres, leur

restitue de force une poule et de vieux bas qu'elle
s'accuse de leur avoir jadis volés. Puis, s'inclinant
devant son ancienne maîtresse, elle lui raconte avec
sérénité qu'elle lui a, pendant plusieurs semaines,
ravi l'affection de son mari ! Cette belle confession
terminée, certaine désormais de son salut puisqu'elle a avoué sa faute, elle s'asseoit tranquille et
inconsciente sous le porche de la maison qu'elle
vient de désoler.

Quel est aujourd'hui le nombre, quelle est l'importance sociale des Nazaréens en Hongrie ? L'auteur ne nous donne à cet égard aucune indication
précise. A en juger par la place qu'il leur donne
dans son livre, leur place doit être grande dans la
société, et l'on peut se demander quelle influence
les pratiques nazaréennes exerceront sur les mœurs
du peuple si elles continuent à se développer (1).

L'écueil des peintures exotiques est que souvent
nous sommes déconcertés par le caractère singulier
des personnages qu'on nous montre. Comme ils ne
nous ressemblent pas, ils risquent de ne pas nous
paraître vraisemblables. Pour qu'ils le soient à nos
yeux, il faut que nous sentions qu'en exagérant ou
en atténuant tel ou tel de nos instincts, nous pourrions devenir pareils à eux. Alors ils nous intéressent par la différence même qui les sépare de nous

(1) Il paraît que la secte des Nazaréens subsiste toujours
dans les mêmes régions, sans progrès, sans décadence.

et que le hasard des circonstances nous a seul empêchés de franchir. Il en est ainsi des êtres sauvages, rudes et forts que nous présente M. de Justh : ils sont étranges et imprévus ; ils diffèrent de tous ceux que nous connaissons ; cependant nous sentons qu'ils sont vrais ; qu'ils sont, sinon de notre race, du moins de notre espèce. Tels ces portraits d'Holbein ou de Rembrandt auxquels ne ressemble aucun homme d'aujourd'hui, que cependant nous croyons voir respirer et penser, tant leur physionomie offre de vie et de vérité.

Si, après avoir étudié les personnages que nous dépeint l'auteur, nous regardons l'auteur lui-même, nous reconnaissons dans ce membre civilisé et gracieux de la haute noblesse magyare un descendant de ces Huns audacieux et implacables que nul danger ne troublait, qui envisageaient la mort, non pas avec indifférence, mais avec allégresse. Voyez la ferme tranquillité de M. de Justh quand il reproduit ces dialogues où ses interlocuteurs lui répètent, comme chose toute naturelle, qu'il est poitrinaire et qu'il ne lui est pas permis d'aspirer aux joies de la vie et de la famille ! Cette tranquillité n'est pas la résignation, sentiment dans lequel il entre toujours de l'abandon de soi-même ; c'est plutôt ce que La Rochefoucault appelait la *constance*, la vertu qui voit, qui juge, et que l'approche de la mort ne peut émouvoir. Le livre de M. de Justh

respire la bonne humeur, l'égalité d'âme. L'auteur
n'a pas besoin, pour nous faire comprendre l'énergique philosophie de sa race, de nous dépeindre
l'adorable sourd-muet, *le Sage de la Pousta*, qui
exprime avec tant de sérénité sa joie de vivre, sa
satisfaction de la part que Dieu lui a faite sur la
terre, son bonheur de posséder cette *Pousta* où il
gagne péniblement son pain, mais qui est à lui tout
entière puisqu'il lui est permis d'y vivre ! M. de
Justh est aussi grand que son pauvre faucheur ; il
croit, à tort sans doute, nous voulons le penser,
mais il croit, et il l'écrit sans phrases, qu'il est
condamné à mourir jeune (1). Quand il quitte ses

(1) Sigismond de Justh ne se trompait pas quand il se
croyait destiné à mourir jeune. Un de ses compatriotes lui
avait, paraît-il, reproché d'être « en coquetterie avec la
mort ». Il répondit que ce n'était pas « une coquetterie,
mais une passion sérieuse », et peu de semaines après il
s'éteignit : il avait à peine trente et un ans. Il fut surpris
par la mort, le 9 octobre 1894, dans un hôtel de Cannes, où
un malaise l'avait forcé de s'arrêter, loin de sa mère dont il
était adoré, sans un ami pour lui fermer les yeux ! Il n'avait
auprès de lui, pour lui rappeler la patrie, la famille, tout ce
qu'il chérissait, que le fidèle Istvan, *L'Offrande du village*,
le Hongrois que ses paysans avaient chargé de veiller sur
lui pendant ses « lointains et dangereux voyages », et qui avait
pour mission de ne point le quitter. Istvan revint à Szabad
Szent Tornya (*) avec un cercueil. Les paysans décidèrent
que pendant six mois ils garderaient le deuil et s'abstien-
draient de musique et de danse. Le *Sage de la Pousta* était

(*) *Szent Tornya,* commune magyare au cœur de l'Alfoeld, colonisée par
les ancêtres de S. de Justh sur leurs terres nobiliaires. Le village prit le
surnom de *Szabad* (libre), parce que les habitants. déjà avant l'abolition
du servage en Hongrie, avaient été affranchis par leur seigneur. Aujour-
d'hui, ils sont les fermiers collectifs du domaine de Szent Tornya.

grandes plaines au climat dangereux pour aller au
loin chercher des zones plus clémentes, il dit adieu
à cette terre qu'il aime, pensant que peut-être il
mourra sur quelque plage lointaine, rêvant, comme
le Grec de Virgile, à la douce Argos ; mais il part,

parmi ceux qui accompagnèrent le jeune seigneur à sa
demeure dernière.

Sigismond de Justh n'écrivait pas pour écrire, mais pour
atteindre un but, le relèvement de la Hongrie.

A ses yeux, la littérature et l'art ne valaient que par la
haute mission patriotique qu'il leur attribuait. Il voyait une
noblesse frivole, tourmentée par le besoin d'argent ; il cherchait en vain une classe moyenne autochtone ; il n'apercevait
de force et d'espoir que dans les paysans, le fond de la race.
C'était pour élever le cœur des paysans qu'il écrivait, et
tous en effet lisent ses ouvrages. Il composait pour eux de
petites pièces, où ses domestiques et les habitants des
*Tanyas* voisines avaient des rôles, et qu'il faisait représenter dans une salle de théâtre qu'il avait construite pour eux
au milieu de son parc patrimonial, et qui maintenant y a été
remplacée par son tombeau.

Il se proposait de peindre successivement les diverses
classes de la société Hongroise, mettant en relief leurs défauts, et leur montrant l'idéal qu'il les engageait à poursuivre. Il avait commencé par les paysans, dans son *Livre de la
Pousta* et dans un autre ouvrage qui eut un grand succès en
Hongrie, et qu'il faisait traduire en notre langue. Il m'écrivait
le 7 janvier 1894, avec le pressentiment constant de la mort qui
le guettait : « Cela sera (peut-être ?) pour l'année prochaine ».
Il n'y eut plus d'année prochaine pour lui, et la traduction
n'a pas été achevée ! Il avait étudié la noblesse dans deux
autres œuvres, dont une seulement, celle qu'il avait tristement intitulée *Fuimus*, et qui, dit-on, est une sorte d'auto-
biographie, a été publiée après sa mort.

Ses amis ont pieusement recueilli ses lettres et les ont
déposées à la Bibliothèque de Budapest, espérant préserver
ainsi son nom de l'oubli dans cette Hongrie qu'il a tant
aimée, et qui peut-être ne soupçonne pas tout ce qu'elle a
perdu par sa mort.

ferme et brave, prêt à tout ce que Dieu exigera de lui. Ce n'est pas seulement parce qu'il en dépeint les grands horizons colorés et les races vigoureuses, c'est plus encore parce qu'il y retrace son propre caractère, que son livre est un hommage à la grande et belle Hongrie.

# A PROPOS

# DES CONTES DE PERRAULT [1]

Il y avait une fois un homme doué par les fées
bienveillantes des dons les plus divers et les plus
heureux : la facilité, le goût, la grâce, une intelligence ouverte, un esprit original et novateur. Il
écrivit de nombreux ouvrages en vers et en prose ;
il parla, il remua des idées, il suggéra des innova-
tions. Partout où il passa, il laissa sa trace, et il a
passé par bien des chemins. C'est à lui peut-être
que l'Académie française doit la constance de sa
popularité, car c'est lui qui fit adopter pour les
élections le scrutin secret, pour les réceptions la
publicité des séances. C'est lui qui, dans un siècle
épris des Grecs et des Romains, osa soutenir que
les modernes pouvaient être admirés après les
anciens, et pressentit que Corneille et Racine
prendraient place à côté de Sophocle et d'Euripide ;

(1) Revue de la *Société des Études Historiques*, 1893.

que Bossuet serait comparé à Démosthènes et à Cicéron ; que, peut-être, un jour Molière et le bon-homme Lafontaine feraient oublier Plaute et Térence, Esope et Phèdre. Sa réputation d'homme de goût et d'initiative était si bien établie que nul ne douta qu'il n'eût inspiré le plan de la colonnade du Louvre à son frère Claude Perrault, ce médecin, qui devint architecte parce que Colbert, le sachant bon latiniste, lui avait commandé une traduction de Vitruve. Les épigrammes et les sarcasmes, inévitable partage de quiconque ne pense pas comme tout le monde et dit tout haut ce qu'il pense, ajoutèrent à sa célébrité, et son nom est souvent répété dans les écrits, les mémoires, les correspondances du grand siècle. Peut-être cependant Charles Perrault nous serait-il aussi inconnu que le plus obscur de ses trente-neuf immortels collègues s'il n'avait pas un jour eu la fantaisie de recueillir quelques-uns de ces contes de fées que, depuis le commencement du monde, les mères-grands et les nourrices racontent à leurs petits-enfants pour les endormir. Il considérait cette œuvre comme une *bagatelle* ; il affecta de l'attribuer à son fils, alors âgé de onze ans, et quand, pour la publier, il dut, conformément à l'usage du temps, la placer sous le patronage de quelque grand seigneur, ce fut avec mille précautions oratoires qu'il en fit hommage à Mademoiselle de Montpensier. Il s'excusait de l'offrir à « une princesse à qui la nature et l'éducation ont rendu familier ce qu'il y a de plus élevé » ; il expliquait timidement que « rien ne marque tant la vaste étendue d'un esprit que de pouvoir s'élever en même temps aux plus grandes choses et s'abaisser aux plus petites ».... Cette *petite chose*, cette *bagatelle* a survécu à tous ses autres ouvrages, et elle suffit pour lui assurer le souvenir reconnaissant de la postérité. Elle est un chef-d'œuvre parce qu'elle reproduit avec une grâce naïve et une exquise simplicité les créations spontanées et, par conséquent, vraies de l'imagination populaire.

Ce que l'homme a rêvé, n'est-ce pas en effet ce qu'il y a de plus vrai au monde ? Une légende ne représente-t-elle pas plus fidèlement que l'histoire le temps qui l'a imaginée, les hommes qui s'en sont bercés ? Qu'est-ce qui nous donne d'Henri IV et de son règne l'idée la plus exacte ? Des légendes : « La poule au pot » et « Il faut que tout le monde vive » ; des chansons « Vive Henri IV » et « Charmante Gabrielle ». Qu'y a t-il de plus certain dans le récit de la longue guerre soutenue pendant cent ans par la France contre l'Anglais, maître de nos provinces ? Au début, un roi vaincu s'écriant : « Ouvrez ! C'est la fortune de la France ». Au jour de la délivrance, les visions de Jeanne d'Arc et l'astrologue de la *Dame de Beauté*. La légende de sainte Geneviève arrêtant Attila dans sa marche sur Paris est au

moins aussi vraie que l'histoire de Pharamond, et
elle nous aide mieux à nous figurer les Gallo-
Romains et les Barbares du v⁰ siècle. Quel est l'historien qui, prétendant nous faire connaître un pays,
négligerait ses légendes ?

Si les légendes imaginées par un peuple pour
poétiser ses origines et son histoire révèlent ses
rêves et son idéal, les contes qu'il invente pour
amuser ses veilles font apparaître ses habitudes, ses
mobiles, sa morale. L'homme a besoin du surnaturel à cause du mystère impénétrable dont l'univers
est enveloppé ; le surnaturel est l'explication qu'il se
donne à lui-même des phénomènes dont il ne dis-
cerne pas la cause. Or, la légende, c'est le surnaturel
auquel il croit ; le conte, le merveilleux, c'est le
surnaturel factice, celui que l'homme, en le créant,
sait n'être que le produit de son imagination. Comme
il veut pourtant y croire un peu, il tient à y trouver,
mêlés aux détails fantastiques qui l'émeuvent, des
détails vrais, puisés dans la vie réelle, conformes à
ses mœurs et à son état social. Ce procédé est toujours employé, instinctivement, par les peuples
enfants quand ils imaginent les contes ou quand ils
les transforment afin de les rapprocher de leur vie
nouvelle, avec réflexion par les artistes et les lettrés
qui, bien longtemps après, les recueillent pour les
représenter ou les écrire. C'est ainsi que dans les

panoramas les peintres ont soin de placer en avant
de la toile, bien en lumière, quelques objets réels
qui semblent ensuite se continuer sur le tableau et
qui créent l'illusion. Les contes sont des témoins
aussi fidèles que les correspondances et les mémoires, aussi sûrs que les écrits des moralistes et les
pièces de théâtre ; ils évoquent, non plus l'esprit des
lettrés, mais l'âme du peuple ; ils peuvent donc
devenir l'objet d'une étude instructive pour qui se
plaît à rechercher ce que pensaient les hommes
d'une certaine époque, comment ils concevaient la
nature, comment ils comprenaient la vie.

Voyons par exemple la *Belle au bois dormant.*
Quand elle s'endort pour son sommeil de cent ans,
la bonne fée sa marraine endort avec elle toute sa
maison. C'était une princesse, fille d'un roi et d'une
reine, et il fallait bien que, quand elle se réveille-
rait, elle retrouvât autour d'elle tous ses serviteurs.
Ceux-ci n'avaient pas été maudits comme elle par
une fée malfaisante ; mais ils lui appartenaient ;
leur rôle sur la terre était de partager son sort. Ce
détail ne jette-t-il pas un trait de vive lumière sur
les idées de l'époque ? L'expression même que nous
venons d'employer et que l'on retrouve dans les
écrits du temps, n'est-elle pas une image frappante ?
« Ils appartenaient à la princesse » ! De même que
l'homme, ce roi de la création, se figure que la terre

et tous les êtres qui l'habitent ont été créés pour le servir, Louis XIV ne doutait pas que Molière et Perrault, Colbert et Vauban n'eussent été mis au monde tout exprès pour concourir à sa gloire ou pour accroître sa puissance. Lafontaine disait des *Grands* :

..... « Ils se mettent en tête
Que tout est né pour eux, quadrupèdes et gens,
Et serpents ! »

Il faut que cette idée réponde à l'un des sentiments les plus naturels et les plus durables de notre cœur ; car, même dans un âge qui se prétend démocratique, nous en avons conservé quelque chose. Encore aujourd'hui l'étiquette veut qu'un roi, ou, à défaut du roi, un simple prince soit partout chez lui ; c'est lui qui fait les honneurs, lui qui donne des ordres chez ses hôtes. Moins fier que le charbonnier de la légende devant François Ier, le bourgeois gentilhomme du xixe siècle qui a l'honneur grand de recevoir un prince, veut prouver qu'il sait son monde et affecte de n'être pas maître en sa maison. De temps en temps, ce préjugé suranné donne lieu à des incidents qui prêtent à rire à une époque où les rois cessent parfois de régner, et où les chefs d'État ne sont pas tous nés sur les marches d'un trône.

Toutefois, cette réminiscence arriérée de la vieille étiquette des cours n'est qu'un genre et ne répond plus à la réalité de nos mœurs ; si l'auteur de la

*Belle au bois dormant* eût été notre contemporain, il aurait donné à certains détails de son récit une forme différente. Il n'aurait pas résisté, par exemple, à la tentation de nous égayer un peu aux dépens de la majesté royale. Aujourd'hui, dans les contes, comme dans les opérettes, un roi est inévitablement « solennel, mais pas fort ». Perrault nous dit seulement : « Le roi, son père, était bonhomme ». Au fond, c'est la même chose ; mais quelle différence dans l'intention ! L'opérette livre à notre raillerie, Perrault à notre sympathie ce roi « bonhomme ». Il ne nous dit pas qu'il était « solennel » ; mais, sans qu'il insiste, nous sentons que le « bonhomme » avait une grande perruque. Il ne nous dit pas non plus qu'il n'était « pas fort ». Ce détail alors eût paru moins amusant qu'irrévérencieux. Il importait peu que le roi fût fort ; il était roi ; cela suffisait pour qu'un prestige indiscuté lui fût assuré. Ce qui importait, c'est qu'il eût une cour, et le père de la *Belle au bois dormant* en avait une. La longue énumération du personnel frappé de sommeil en même temps que la princesse nous dispenserait de rechercher dans l'*Almanach royal* du temps, comment se composait la maison des filles de France : gouvernantes, filles d'honneur, femmes de chambre, officiers, maîtres d'hôtel, cuisiniers, marmitons, galopins, gardes, suisses, pages, valets de pied, palefreniers, tous y sont, tous, jusqu'à la petite

chienne de la princesse, qui est à son poste, sur le
lit de sa maîtresse. Ce dernier trait, il faut en con-
venir, n'est pas particulier à la Cour de Louis XIV.
De tous temps princesses, marquises ou humbles
villageoises, ont aimé à sentir leur petite *Pouffe* sur
le pied de leur lit. Le chien, ce fidèle ami de
l'homme, se retrouve à côté de lui dans les contes
comme dans la poésie et dans l'histoire, parce qu'il
y est dans la vie. Les malheureux enfants d'Édouard
avaient auprès d'eux leur petit chien quand arrivèrent les sicaires de Richard III, et dans l'*Odyssée*,
chaque fois que Télémaque sort de son palais, la
lance au poing, le bon Homère n'oublie pas de nous
dire : « Il n'est pas seul, ses chiens l'accompagnent ».

Le roi du *Chat botté* est un peu différent de celui
de la *Belle au bois dormant*. C'est vraiment un
bonhomme de roi, pas du tout solennel. Il aime les
cadeaux, comme tous les rois qui, d'ailleurs, sous
ce rapport, ressemblent assez au reste des hommes ;
mais il se contente de peu : un lapin de garenne,
une couple de perdrix lui font plaisir. Saluons en
passant ce souvenir des vieilles usances dont nous
retrouvons encore de nos jours quelques traces dans
les campagnes. Quand un paysan veut faire sa cour
au grand propriétaire, remercier son avocat ou son
médecin, se concilier les bonnes grâces de son juge,
précaution qu'il persiste à croire nécessaire comme

au temps des *épices*, il porte une volaille, des œufs,
une pièce de gibier, objets qui lui coûtent peu et
que l'on ne trouve pas à la ville. Le juge est forcé
par son impartialité de refuser le cadeau ; mais le
propriétaire ou l'avocat « le reçoit avec plaisir, et
fait donner pour boire », comme le roi du *Chat botté.*

Ce roi admet ses sujets en sa présence royale sans
formalités ; il boit volontiers quelques coups de bon
vin quand il en trouve l'occasion ; et, après boire, il
accorde gaiement la main de sa fille à un marquis dont
il n'exige pas des preuves de noblesse bien rigoureu-
ses et qui ne lui est connu que pour lui avoir été présenté par un chat. Ah ! Ce n'est plus Louis XIV !
Mais c'est encore un roi bien vrai ; c'est le roi de la
légende, le roi qui jadis, il y a bien longtemps, était
accessible à tous et rendait la justice sous un chêne.
Ce n'est plus le roi que le peuple voyait ; c'est celui
qu'il rêvait.

Celui-là aussi, du reste, connaît ses prérogatives,
et autour de lui on ne les ignore pas. Il passe devant
le château de l'ogre, et, en sa qualité de roi, il y
entre sans façon, comme chez lui. Et quand les amis
invités par le propriétaire arrivent à leur tour, ce
sont eux qui, sachant que le roi est là, ne se permettent pas de franchir la porte.

Qu'ils soient solennels ou simples, tous les rois
de Perrault sont bons et sympathiques. En ce

temps-là, quelques souffrances qu'endurât le peuple, ce n'était pas le roi qu'il accusait de ses malheurs et qu'il chargeait de ses malédictions ; le dicton populaire était : « Ah ! Si le roi le savait ! »

La misère était grande pourtant. Le bûcheron, père du *Petit Poucet*, est si pauvre qu'à deux reprises il conduit ses enfants dans la forêt pour les y perdre, préférant, puisqu'ils sont destinés à mourir de faim, que du moins ils ne meurent pas sous ses yeux ! Et la mère consent deux fois à ce sacrifice ! Sans doute, à l'époque où ce conte douloureux a été imaginé, cet horrible dénuement ne paraissait pas invraisemblable et Perrault pouvait encore se rappeler que, pendant la Fronde, des mères avaient tué leurs enfants pour ne plus les voir souffrir !

Le pauvre ménage est sauvé pour quelques jours, parce qu'on lui rembourse dix écus, dus depuis longtemps et qu'il croyait perdus. Quel est le débiteur qui laissait ces malheureux dans une telle détresse ? Quelque pauvre diable, aussi misérable que le bûcheron ? Un voisin incendié, un marchand ruiné ? Non ! C'est le seigneur du village ! Ce trait, placé là comme tout naturel, n'est il pas saisissant ? Ne fait-il pas revivre dans notre esprit le souvenir de mille faits que nous avons lus çà et là dans l'histoire et qui sont tellement loin de nos mœurs que nous les oublions ou que nous les entrevoyons dans notre mémoire comme dans les brouillards

d'un rêve? Y avait-il une justice alors contre le
seigneur, et quand un pauvre paysan avait à se
plaindre, sa plainte arrivait-elle jusqu'au roi? « Ah !
si le roi le savait ! »

Il y a des ogres dans les contes de Perrault. Si
nous avions aujourd'hui la fantaisie de faire paraître
un ogre dans un conte, comment le représenterions-
nous? Ce serait une sorte de sauvage hagard, un
bohémien hors la loi errant dans les campagnes
isolées, un bandit caché dans un repaire et n'en
sortant que la nuit pour chercher ses victimes. Chez
Perrault, qui sans doute en cela suit la tradition
populaire, l'ogre est tout autre chose. Dans le *Chat
botté*, il habite un magnifique château entouré de
terres immenses; dans le *Petit Poucet*, il est si
riche que ses sept filles dorment avec des couronnes
d'or sur la tête ; dans la *Belle au bois dormant*, il
est si puissant que le roi épouse sa fille « à cause
de ses grands biens ». Pour Perrault, l'ogre n'est
pas le paria en révolte contre la société ; c'est le
seigneur ! C'est presque le prince du sang !

Des grands : l'Ogre ou Barbe-Bleue ; des humbles :
un meunier, un bûcheron, une petite fille de village
qui va seule à travers la forêt retrouver sa mère-
grand ; voilà les héros habituels des contes populaires. Les premiers, qui possèdent la richesse et la
force, qui répandent une terreur mystérieuse, qui

tuent les enfants et les femmes, personnifient ce
que le peuple redoute et maudit ; les autres, pauvres
êtres simples et doux, nés pour souffrir et patiemment résignés à leur sort, personnifient ce qui lui
ressemble. Mais pourquoi des rois et des reines, des
princes fils de rois, des princesses couvertes d'or et
de pierreries, vêtues de robes couleur du temps ou
couleur du soleil ; des enfants si beaux que la petite
fille s'appelle *Aurore*, et que son frère, plus beau encore, s'appelle *Le Jour* ? A quel besoin de l'imagination populaire répondent ces personnages que le peuple n'a jamais rencontrés sur sa route ? Ceux-là personnifient l'idéal !.. Oui, à côté de ce que lui montre
la vie, de ce qu'il craint ou de ce qu'il plaint, de ce
qu'il hait ou de ce qu'il aime, le peuple veut placer
ce qu'il rêve, ce qui le console de la douloureuse
réalité. C'est que la beauté, le rang, la puissance
ont sur tous les hommes, sur les petits encore
plus que sur les grands, un prestige que rien ne
détruira jamais et qui est peut-être la plus sûre
sauvegarde de la société. Quand le peuple rêve,
il rêve ces dons ; il se figure qu'ils assurent,
avec l'admiration et le respect, le bonheur, ce
bien secret que nous poursuivons tous, sans
jamais l'atteindre, et sans jamais en désespérer.
Une légende roumaine dit : « Si c'est le bonheur
que tu cherches, tu peux parcourir toute la terre ;
les pâles rayons de la lune ne te le montreront

nulle part » ! C'est une erreur ; le bonheur, jamais
nous ne le saisissons, mais nous le voyons toujours.
Quand nous pensons à nous, nous le voyons dans
nos rêves ; quand nous jetons notre regard sur les
autres, nous croyons le découvrir dans leur destinée.
Nous le croyons surtout quand ils ont reçu en partage ces biens terrestres si enviés par ceux qui les
ignorent qu'ils appellent ceux qui les possèdent
« les heureux de la terre » ! Un conte, c'est un songe
qu'on se plaît à faire tout éveillé. On tient à y rencontrer des êtres heureux, qu'on aime précisément
à cause du bonheur qu'on leur attribue. Ce bonheur,
on le partage avec eux, on le vit en eux, et pendant
que dure le récit, on oublie sa propre misère.

Les contes populaires sont la revanche des petits
sur les grands. La famille du *Petit Poucet* est sauvée
par cet enfant chétif, « le souffre-douleur de la
maison, à qui ses parents donnaient toujours le
tort ». Le maître du *Chat botté* va être sauvé par
son chat. C'est un meunier, un fils du peuple ;
mais, vis-à-vis du chat, il est le maître ; il est le
patron ; cela suffit pour que, dans le conte, il n'ait
pas le beau rôle.

Il ne possède au monde que son chat, et, pour
l'utiliser, il ne lui vient pas à l'esprit une autre
idée que celle de le manger et de se faire un man-
chon de sa peau. C'est un égoïste ; c'est de plus un
maladroit, qui ne se tirerait jamais d'affaire sans

l'aide de son serviteur. Comme le sauvage imprévoyant et grossier qui coupe l'arbre pour cueillir un fruit, c'est un brutal qui ignore le premier art de la civilisation, l'art de se servir des choses sans les détruire. Au contraire, le subalterne dédaigné, bon tout au plus à faire une fausse gibelotte, l'être habitué par la rigueur de sa destînée à ne compter que sur soi, le chat, madré, rusé, fera de son maître un seigneur et deviendra lui-même un gentilhomme. Je me trompe ; tout-à-l'heure j'expliquerai pourquoi je retire ce dernier mot : le chat deviendra un personnage.

Pour y réussir, il ne lui faut qu'un sac et des bottes ! Il les demande à son maître. Celui-ci est tout étonné. Entendons-nous ; il est étonné de la demande, parce qu'il n'en comprend pas le but ; mais il n'est pas étonné d'entendre parler son chat. Dans ce temps-là, les chats parlaient ; les hommes le croyaient du moins ; les enfants ne sont pas éloignés de le croire encore. Comme les hommes d'autrefois, les enfants ignorent ces lois de la création dont la science s'énorgueillit de soulever peu à peu les voiles ; ils vivent près des bêtes, ils les voient jouer, souffrir, aimer comme eux ; ils admettent sans peine qu'elles puissent emprunter leur langage. D'ailleurs, n'apprennent-ils pas dans la Bible elle-même que le serpent a parlé à la femme, et, sans remonter si loin dans le cours des âges, que l'ânesse

a parlé au prophète? Personne donc ne doute que
le chat ait parlé. Il y a des choses que Perrrault se
croit obligé d'expliquer ; ce sont les choses naturelles, parce qu'elles auraient pu tourner autrement ;
mais quant au merveilleux, son rôle est précisément de se produire au moment où les circonstances
l'exigent, pour apporter la solution appelée par les
vœux du lecteur.

Avec son sac et ses bottes, le chat se met en campagne. Par quelques petits présents il se fait bien
venir du roi et de la belle princesse, fille du roi ;
puis il leur présente son maître. Comment le pré-
sentera-t-il? En costume de meunier? Oh! non!
Il l'envoie se baigner à la rivière. Au bain, le pauvre
et le riche, le gentilhomme et le paysan ne diffèrent
pas sensiblement l'un de l'autre, et, pourvu que le
meunier soit jeune et bien fait, il peut prévenir en
sa faveur. C'est dans le même appareil que jadis
Ulysse aborda la belle Nausicaa, qui, elle aussi,
était fille d'un roi, et qui prit Ulysse pour un dieu.
Les contes de Perrault reportent à chaque instant
notre souvenir vers Homère. Ces épopées sublimes,
qui depuis trois mille ans enchantent les hommes,
ne seraient-elles que de beaux contes de fées racontés
par un poète?

Le chat avait eu soin de dire au roi que son
maître était un marquis très riche. Ce chat était un
profond philosophe ; il connaissait le cœur des

16

hommes et celui des rois. Il savait qu'en ce monde,
paraître quelque chose est encore le plus sûr moyen
d'être traité comme quelqu'un. Le roi aurait-il
interrompu sa chasse pour repêcher un meunier ?
Lui aurait-il fait donner des habits, s'il avait su que
le pauvre diable n'en avait pas ?

Le dernier trait du conte est adorable. « Le chat,
dit Perrault, devint grand seigneur et ne courut
plus les souris que pour se divertir ». Il faut bien
que le chat partage les goûts de ceux dont il est
devenu l'égal ou du moins le commensal. Or, le
plaisir favori des rois et des grands était alors la
chasse ; le chat se divertira donc à chasser. Mais
comme au fond il est resté chat, il ne chassera pas
le cerf ; ce sont les souris qu'il voudra courir ! Tout
grand seigneur qu'il est, il n'est encore qu'un parvenu ; il fallait, disait-on alors, au moins quatre
générations pour faire un gentilhomme ; là encore,
le conte est dans la vérité historique.

Un trait commun à tous les contes recueillis par
Perrault témoigne de leur très haute antiquité :
Jamais il n'y est question de Dieu, pas plus du reste
qu'il n'y est question du diable. Cependant, par sa
nature, le conte de fées ne semble pas devoir exclure
nécessairement la divinité. On comprendrait très
bien, au contraire, Dieu et les fées intervenant
ensemble dans le récit, et certaines légendes en

présentent de curieux exemples. Dans les contes de
Perrault, aucun personnage, pas même ces petits
enfants si sages ou si malheureux, ne fait sa prière.
Une seule fois, quand Barbe-Bleue va tuer sa
femme, celle-ci, cherchant à gagner du temps, demande un quart d'heure pour « recommander son
âme à Dieu ». Mais ce détail, ajouté certainement
après coup à la tradition primitive, est un anachro-
nisme, une allusion banale et indifférente aux habitudes pieuses des temps nouveaux. La prière n'est
là qu'un incident accessoire et sans importance ;
elle n'est pas un élément nécessaire et voulu du
récit. Dieu ne joue aucun rôle dans la suite des
évènements ; ce n'est pas à lui que la victime demande secours ; ce n'est pas lui qui la sauve en faisant arriver à temps ses deux frères, le mousquetaire
et le dragon. Quand le conteur a besoin, pour faire
réussir une entreprise difficile, de recourir à un
pouvoir que n'arrêtent pas les limites de la vraisemblance matérielle ou morale, il fait intervenir
une fée, ou tout simplement un roi, c'est-à-dire
un être dont la puissance magique ou dont le
caprice n'a pas de bornes ; ce personnage fait ce
que le lecteur attend et désire, sans que Dieu s'en
mêle. Le miracle, dans le sens religieux, est ici
remplacé par la féerie ; le surnaturel par le merveilleux.

Perrault écrivait cependant pour les enfants, et,

dans une de ses préfaces, il affirme que ses contes
« renferment une morale louable et instructive, que
les enfants y puisent le désir de ressembler à ceux
qu'ils voient devenir heureux, en même temps que
la crainte des malheurs où les méchants sont tombés par leur méchanceté ». Si tel était son but, il ne
semble pas l'avoir toujours atteint. Les procédés du
*Chat botté*, par exemple, sont habiles, mais ils sont
peu délicats. Ceci, d'ailleurs, est encore une preuve
de l'authenticité des traditions recueillies par Perrault. Les contes, comme les fables, nés de l'imagination populaire et non de l'invention des lettrés,
reflètent plus fidèlement que les genres plus élevés
la pensée et les sentiments du peuple, ou plutôt la
pensée et les sentiments de quiconque n'a reçu
d'autre éducation que celle de la vie. L'enseignement de la vie, quand il est réduit à lui-même,
quand il n'est pas épuré par la religion ou éclairé
par le culte des lettres, c'est le *Struggle for life*
avec toute sa brutalité. Dans la vie, la vertu n'est
pas toujours récompensée ni le vice puni ; l'habileté
et la ruse réussissent souvent mieux que la fran-
chise et la droiture. Les fables et les contes nous le
répètent, parce que la vie le leur a appris. La morale qu'ils nous enseignent peut être pratique, mais
elle n'est pas élevée ; elle glorifie le succès plus que
la vertu ; elle nous recommande surtout d'être
avisés ; les défauts contre lesquels elle cherche à

nous prémunir sont ceux qui nous nuisent, plutôt
que ceux qui nuisent à autrui.

De plus, échos fidèles de l'instinct qui anime le
paysan vis-à-vis du seigneur (nous dirions aujour-
d'hui vis-à-vis du bourgeois), quand le grand est
dépouillé ou mystifié par le petit, les contes ou les
fables applaudissent. Voyez comment le marquis de
Carabas hérite de l'ogre. Cet ogre n'est nullement
un méchant homme. Il a des amis ; il reçoit très
poliment le chat et ne lui fait aucun mal. Mais il
est « le plus riche que l'on ait jamais vu ! » Dès
lors, il est condamné ; le conte en fait un ogre afin
que nous puissions sans scrupules voir le chat le
manger et le meunier s'emparer de ses biens.

Aussi Perrault, qui désirait que dans ses contes
la morale fût démontrée par l'événement, a-t-il dû
plus d'une fois corriger le récit traditionnel. Il a
fait probablement sur bien des points des changements que nous n'apercevons pas ; mais quelquefois
la trace de l'interpolation est visible. Parfois même
il a placé, à côté l'un de l'autre, le récit primitif et
le sien. La comparaison est alors intéressante ; elle
montre comment l'homme de lettres a remplacé la
naïveté par la finesse, la brutalité par la malice et
la bonhomie.

C'est ainsi que le *Petit Poucet* prend à l'ogre ses
bottes de sept lieues. Ceci est légitime, puisque
l'ogre s'en servait pour courir après les petits en-

fants. Mais il va ensuite trouver la femme de l'ogre,
et il se fait donner par elle tout son or et tout son
argent, en lui racontant que son mari a été arrêté
par des voleurs et l'a envoyé chercher une rançon.
Alors, « chargé de toutes les richesses de l'ogre, il
s'en revient au logis de son père, où il est reçu avec
bien de la joie ». Voilà ce qu'a imaginé le conteur
populaire ! Perrault rapporte l'ancienne tradition,
mais il n'hésite pas à déclarer qu'un procédé qui
serait un véritable vol est invraisemblable de la part
d'un personnage aussi honnête que son petit héros.
A ce dénouement il en substitue un autre. Laissant
de côté les paysans, leurs sentiments et le monde
imaginaire où la fiction a entraîné le lecteur, il se
transporte tout à coup dans une sphère bien différente : il fait allusion à la guerre alors engagée sur
la frontière, à l'inquiétude du roi « fort en peine
d'une armée qui venait de livrer bataille à deux
cents lieues de là », au désir des dames de la cour
d'avoir des nouvelles de leurs amants, et même,
ajoute-t-il, de leurs maris. Puis il termine par ce
trait auquel le conteur primitif n'aurait jamais
songé : « Le Petit Poucet, ayant fait quelque temps
le métier de courrier et y ayant amassé beaucoup
de bien, acheta des offices de création nouvelle pour
son père et pour ses frères, et par là il les établit
tous et fit parfaitement sa cour en même temps » (1).

(1) De même, la femme de Barbe bleue, délivrée par ses

Chose bizarre ! Ce dénouement plus fin, plus amusant et certainement plus moral que le dénouement
populaire, satisfait moins l'esprit ! Il semble même
moins vraisemblable ! Il sonne faux ; il détonne
avec ce qui précède ; il n'est plus dans la convention
du conte. Le lecteur se sent dérouté, et, comme
l'enfant à qui l'on change un détail d'un récit déjà
connu de lui, il est tenté de s'écrier : « Oh ! non,
ce n'est pas cela ! »

C'est que les contes populaires ne sont dans la
vérité du genre que quand ils reflètent les sentiments populaires ; ce n'est pas une allusion politique
qu'on s'attend à y trouver. Celle-ci d'ailleurs est
loin d'être sans intérêt pour nous qui étudions les
contes de fées au point de vue historique plutôt
encore qu'au point de vue littéraire. Elle n'est pas
la seule que Perrault se soit amusé à glisser dans
ses récits : ailleurs, il nous peint la princesse aimée
de *Riquet à la houppe* « si sensée et si spirituelle
que le roi se conduisait par ses avis, et allait même
quelquefois tenir le conseil dans son appartement ».
Perrault eut-il imaginé ce détail avant le règne de
M^me de Maintenon ?

Dans d'autres circonstances, ce n'est pas pour
corriger la moralité du récit que Perrault inter-

---

deux frères, le mousquetaire et le dragon, leur achète à
tous deux des charges de capitaine.

vient ; c'est pour raisonner avec ses jeunes lecteurs,
pour leur expliquer finement le sens vrai caché
derrière la fable.

De même que les anciens avaient divinisé les
forces de la nature, les premiers auteurs de ces
contes ont, en quelque sorte, divinisé, en les attri-
buant aux fées, les phénomènes de l'ordre moral.
Voyez le joli conte intitulé : *Les Fées*, où Perrault
nous montre deux sœurs, l'une douce et gracieuse,
l'autre revêche et brutale, qui reçoivent d'une fée
le don de laisser échapper, à chaque parole qu'elles
prononcent, la première des fleurs et des perles, la
seconde des vipères et des crapauds. Est-ce dans les
contes de fées seulement que l'on rencontre des
êtres si heureusement doués qu'ils semblent, quand
ils nous adressent la parole, nous offrir une perle
ou une fleur ? Ils ont le charme et la grâce, ces
dons que Dieu accorde à ses élus dès le berceau,
comme le faisaient les fées, et que, s'il nous les a
refusés, tous nos efforts seraient impuissants à
conquérir : dons vraiment magiques, puisque pour
les nommer, la langue française a dû emprunter
deux mots à l'ordre surnaturel. On ne peut définir
le *charme* et la *grâce*, pas plus que l'on ne pourrait
analyser la différence insaisissable qui sépare un
tableau de Raphaël de sa copie ; mais on sent du
moins qu'ils dérivent de ce qu'il y a de plus intime
en nous, de notre âme. Ce qui inspire la sympathie

ou la répulsion, c'est ce qui transparaît de l'âme
dans le regard, dans l'accent, dans le timbre de la
voix. On plaît parce qu'on est bon, parce qu'on est
indulgent, parce qu'on aime ; on plaît simplement
parce qu'on a le désir de plaire ; ce désir n'est-il
pas déjà par lui-même une qualité morale et une
grâce ?

*Riquet à la houppe* met en scène la magie d'un
autre sentiment. Le héros de ce conte est si spirituel qu'il doit se connaître en esprit ; sa princesse
est si belle qu'elle a le droit d'être difficile sur la
beauté. Mais tous deux ont reçu d'une bonne fée le
don, lui, de trouver spirituelle la femme qu'il
aimera, elle, de trouver beau l'objet de son amour.
Ce don des fées, cette fleur magique qui enivre
Titania, la nature souriante ne l'a-t-elle pas généreusement accordé à tous les hommes et à toutes
les femmes ? Le grand enchanteur n'est-il pas,
comme le dit Perrault, l'amour, ce magicien si
invraisemblable dans ses œuvres que jamais les
hommes n'ont consenti à attribuer ses effets à des
causes naturelles, et que dans tous les pays, ils ont
cru à des philtres, à des opérations magiques ? Dans
l'objet aimé, c'est encore soi qu'on aime ; quand on
lui prête toutes les grâces, c'est son propre rêve
que l'on retrouve en lui. L'homme fait à l'image de
son idéal toutes ses idoles, la femme qu'il aime

comme le Dieu qu'il adore. Mais son Dieu ne le
trompe jamais, parce que, ne le voyant que par
l'imagination, il le trouve toujours tel qu'il l'ima-
gine, tandis que la femme aimée, il la voit et la
touche ; plus elle se donne à lui, plus il la juge. Un
jour vient où le mirage s'évanouit, où la réalité
apparaît, terne et banale, où la déception commence, d'autant plus cruelle que l'illusion a été plus
profonde. Si les mariages d'inclination sont plus
souvent malheureux que les autres, ce n'est pas
qu'ils soient généralement plus déraisonnables ;
mais l'illusion y avait pris une place plus grande ;
on tombe de plus haut.

Remarquons encore dans *Riquet à la houppe* une
autre image de la vie réelle. La vérité dans un
conte ! Riquet aime la princesse à l'instant même
où il la voit ; elle est belle, et la beauté appelle
l'amour. La princesse est émerveillée de l'esprit de
Riquet ; mais, comme il est dépourvu de beauté,
elle ne l'aime pas ; elle ne comprend même pas
qu'il puisse être aimé ! Il lui faut un long effort,
un an de réflexion, de résignation peut-être, avant
de s'apercevoir qu'on peut aimer un homme pour
ses qualités morales, malgré sa difformité ; il faut
que le pauvre Riquet lui dise, bien tendrement,
bien tristement : « Essayez de m'aimer, et vous ces-
serez de voir ma laideur ! » Ceci ne tranche-t-il pas
l'éternelle contestation entre l'esprit et la beauté ?

Lequel de ces deux biens est le plus enviable pour une femme ? S'il est vrai que l'amour, c'est la vie, comme le disent les poètes (et tout homme n'est-il pas poète quand il aime ?), la beauté est le don suprême, car c'est elle qui fait naître l'amour. L'esprit à lui seul ne suffirait pas même pour faire naître l'amitié ! Il faut se garder pourtant de lui refuser tout mérite : la beauté passe vite ; l'amour fuit plus vite encore quand il est désabusé ou seulement rassasié ; l'esprit conserve toujours son prestige et retient sous son charme ceux qu'il a une fois attirés. Sans que Perrault ait besoin de nous le dire, nous ne doutons pas que Riquet n'ait le premier cessé d'aimer. Il se sera aperçu que la princesse était bête avant qu'elle n'ait réfléchi qu'il était décidément bien laid.

Quelques-uns des contes recueillis par Perrault se retrouvent chez presque tous les peuples. Depuis que l'étude des littératures populaires est devenue une mode, que partout des érudits, des sociétés spéciales recherchent, recueillent, commentent les vieux fabliaux et les vieilles légendes, de nombreuses variantes en ont été publiées (1). Chaque peuple,

(1) Nous citerons notamment :
Les *Contes populaires de la Grande-Bretagne* (Hachette, 1875), où M. Loys Brueyre a réuni un grand nombre de contes recueillis en Angleterre, en Écosse et en Irlande par les folkloristes du Royaume-Uni. Il y a ajouté une in-

en berçant ses enfants dans ses chaumières, a revêtu du costume de son pays le thème primitif. Aussi la comparaison des divers récits fait-elle ressortir, par la différence des détails, le génie particulier, les croyances, les mœurs, les conditions climatériques et sociales de chacune des régions où la légende a été recueillie (1). Mais le fond

troduction remarquable par l'élévation de la pensée et la précision du style, et il a rappelé les contes similaires retrouvés dans d'autres parties de l'Europe, de l'Asie et même de l'Afrique ;

Les *Contes de ma Mère l'Oye*, par M. Ch. Deulin (Dentu, 1879) ;

*La Russie dévoilée au moyen de sa littérature populaire*, par M. Eugène Hins (Baillère et Messager, 1883) ;

*Les Fabliaux*, par M. Bédier (Emile Bouillon, 1893) ;

A l'étranger, les *Contes des Frères Grimm*, *La Mythologie zoologique* de M. de Gubernatis, etc.

(1) En Angleterre, ce n'est plus au bal que Cendrillon rencontre le beau prince, c'est au prêche.

En Allemagne, Cendrillon a planté sur la tombe de sa mère une branche de coudrier. La branche est devenue un arbre où les oiseaux font leur nid, et c'est l'arbre, ce sont les oiseaux qui, la voyant pleurer sur cette tombe, la prennent sous leur protection.

Le conte Russe, qui est l'analogue de notre *Chat botté*, est fort curieux (Deulin, p. 200 et suiv.; Hins, p. 77 et suiv., p. 93). La tradition en remonte à l'époque où il y avait encore en Russie plusieurs Tsars, et peut-être même à celle où, sur les hauts plateaux d'Asie, les animaux sauvages jouaient dans la vie des hommes un rôle plus important que les animaux domestiques. En effet, ce n'est pas un chat, c'est un renard qui, par son adresse, c'est-à-dire par ses mensonges, fait épouser à son maître la fille d'un roi. Dans les variantes Tartares et Mongoles, ce roi est un Khan, et les bergers gardent des troupeaux de chameaux. Le troupeau de chameaux a survécu dans le conte Russe, mais le Khan est devenu un Tsar. Le renard offre au Tsar, de la part de son maître *Cosme-vite-enrichi (Kosma skore baga-*

du récit est partout resté le même ; c'est toujours la glorification de la force ou de la ruse, de la violence ou du mensonge.

Il est peu d'études qui ne soient tristes quand elles nous font entrevoir le fond du cœur de l'homme. Celle des contes populaires est douloureuse. Que des traits semblables à ceux que nous y trouvons presque toujours aient été imaginés dans l'enfance de la civilisation, nous ne pouvons nous en étonner. L'homme était encore à l'âge du fétichisme. Il n'avait pas encore élevé sa pensée jusqu'à la divinité. Il voyait autour de lui les forces de la nature ; il se les figurait bienveillantes ou méchantes ; il essayait de

toi) quarante quarantaines (les Hébreux auraient dit soixante-dix fois sept fois) de loups gris, d'ours noirs, de martres et de zibelines qu'il décide à le suivre en leur persuadant que le Tsar les conviera à un festin où ils *mangeront du gras.* Quand, grâce au renard, le Tsar a vaincu, tué et dépouillé un autre Tsar, son voisin, par conséquent son ennemi ; quand Cosme a épousé la fille du vainqueur, un conteur Français terminerait sans doute son récit en disant que Cosme et sa Tsarewna vécurent heureux et eurent beaucoup d'enfants ; un conteur Anglais eut peut-être écrit : ils vécurent heureux et *burent à pleines tasses* (fin du conte anglais qui est l'analogue de notre Cendrillon, Brueyre, *loc. cit.*, p. 41) ; le conteur Russe dit : ils jouissent de la vie et *mâchent du pain. Manger du gras ! mâcher du pain !* Quelle devait être la misère d'un peuple qui avait pour idéal un tel bonheur !

Remarquons en passant que chez les Russes le nom du renard est féminin ; il l'était chez les Grecs et les Latins qui avaient fait de cet animal le type de la ruse et de la finesse ; il l'est encore en Espagne et en Italie. Les Français ont conservé au renard sa réputation féminine, tout en ayant la maladresse de lui donner un nom masculin.

se les concilier ou de les fléchir ; il ne songeait pas
encore à les adorer. Mais depuis ces temps primitifs,
ces contes ont été répétés dans les chaumières de
tous les pays ; partout les mères les ont racontés à
leurs enfants, en y ajoutant quelques détails nouveaux et sans doute en effaçant ceux qui pouvaient
leur déplaire ou les choquer. Partout cependant le
sentiment moral en est resté absent ; partout la
cruauté, l'avidité y ont survécu, exprimées avec
une naïveté inconsciente ! Le héros a toujours
pour unique but un avantage matériel, tel qu'un
trésor à conquérir ! Jamais il ne poursuit, comme
les chevaliers du Moyen-Age, l'honneur, la gloire,
la défense de l'opprimé, la délivrance chevaleresque
de quelque belle captive. Il vise la richesse du voisin ; il s'en empare, par la force s'il est fort, par la
ruse et le mensonge s'il est faible. Cette richesse
est, d'après le conte, sa récompense. Il en jouit
sans remords et sans honte, aux applaudissements
du conteur (1).

---

(1) Dans le conte intitulé *L'âne, la table et le bâton*,
l'amoureux dont l'amoureuse est pauvre annonce aux jeunes
filles de la contrée qu'il épousera la plus riche d'entre elles
et il les invite à venir toutes le lendemain devant sa maison
avec leur argent dans leur tablier. Quand elles sont venues,
il commande à son bâton enchanté de les tuer, prend leur
argent, le verse dans le tablier de la jeune fille qu'il aime
et s'écrie : « Maintenant, ma chérie, tu es la plus riche, je
t'épouse » (Brueyre, *loc. cit.*, p. 50).

Dans *Le jeune roi d'Easaidh Ruadh*, le roi et la reine,
après avoir tué le géant en écrasant l'œuf dans lequel était

Est-ce donc là, encore aujourd'hui, la morale des chaumières ? Suffit-il donc, comme aux temps obscurs où les peuplades Aryennes parcouraient avec leurs troupeaux les hauts plateaux de l'Asie, d'être riche pour être heureux et honoré, même quand cette richesse est le prix du mensonge, du vol, du meurtre ?

Ainsi, en dépit des efforts tentés par toutes les religions pour éveiller dans les cœurs la conscience, pour relever les âmes, pour habituer les hommes à regarder le ciel, il semblerait vraiment, quand on lit les contes populaires tels que nous les ont transmis tant de générations, que les esprits simples des temps nouveaux, tout comme les demi-sauvages des temps préhistoriques, voient encore la vie telle que sans doute elle apparaît aux animaux. Les animaux observent les faits autour d'eux et ils en tirent les conséquences immédiates qui peuvent leur servir dans la lutte pour l'existence : éviter ce qui leur attirerait des coups, s'emparer de ce qui peut leur procurer une jouissance. Mais là se borne leur sens moral. Incapables de dominer par la réflexion et la pensée le fait brutal,

cachée son âme, « prirent beaucoup d'or et d'argent.... et vécurent heureux et prospères par la suite »..... (Brueyre, page 80).

Dans *Jack et la tige de haricots*, Jack tue le géant pour prendre tous ses trésors : « De ce jour, Jack et sa mère vécurent riches, heureux et honorés » (Brueyre, p. 38).

tout autant que de regarder le ciel, ils ne peuvent s'élever, ni au sentiment du devoir ou de la charité, ni à l'adoration.

Il serait injuste cependant de prétendre, comme on le fait quelquefois, que la morale n'ait pas progressé depuis le commencement du monde. Nous trouvons dans les poésies des temps barbares, dans l'*Iliade* et l'*Odyssée*, dans les *Sagas* scandinaves, la morale sauvage des contes populaires. Aujourd'hui, quel poète oserait, sinon peut-être la pratiquer, du moins la professer et la chanter ? Quel législateur oserait assimiler la femme du prochain ou son serviteur, à son bœuf ou à son âne ? Le droit de conquête lui-même, qui pendant tant de siècles a régi seul la politique, commence à être jugé, tout autant que le vol à main armée, un abus révoltant de la force brutale, et il semble que la conscience moderne ne consente plus à l'admettre, du moins en théorie, que vis-à-vis des peuplades sauvages qui vivent en dehors de la civilisation et du droit des gens. Le respect du droit, le respect de l'homme gagnent chaque jour dans les pays civilisés, en attendant qu'une nouvelle invasion de barbares plonge encore une fois l'Europe dans la nuit cruelle, et nous rappelle, ce que du reste les contes populaires, si nous savons bien les lire, ne nous permettent pas d'oublier, que la bête humaine vit toujours ; que pour elle la force prime encore le

droit, quand le droit néglige de rester armé pour
se défendre.

Dans ses récits Perrault, tout en respectant le
fond, en a adouci la cruauté. Ses contes ne laissent
pas la même impression que ceux qui nous sont
rapportés bruts, tels que les avaient imaginés les
Aryens et conservés les chaumières.

Seul, d'ailleurs, Perrault a su leur donner le
charme du style, parce que seul, comme son ami
Lafontaine, il a su réunir le naturel et la grâce.
Séduit par l'exemple de Lafontaine, il avait commencé par écrire ses contes en vers irréguliers ;
c'était la forme alors consacrée pour les contes
comme pour les fables. Il ne tarda pas à reconnaître son erreur, et il revint à la prose, mais à une
prose qui rappelle, avec infiniment d'art, la forme
enfantine des chaumières. Son style est si différent
de celui qui, de son temps, était à la mode, qu'on a
cru devoir lui chercher une explication, et le bon
Perrault est devenu à son tour le sujet d'une légende. On a raconté (1) qu'un jour il avait donné
comme devoir de collège à son fils, alors âgé de
onze ans, un conte à rédiger. L'enfant l'écrivit à
peu près comme le racontaient les nourrices, et
Perrault s'aperçut que, pour les contes populaires,
cette forme enfantine avait une grâce et arrivait à

(1) M. Ch. Deulin, *loc. cit.*, p. 23.

une vraisemblance que n'obtenait jamais le plus
ingénieux travail des lettrés. Dès lors il l'adopta, et
quand, se décidant à publier ses contes, il les mit
sous le nom de son fils Perrault d'Armancourt, il
ne fit que rendre hommage à la vérité.

Quoi qu'il en soit de cette légende, le style de
Perrault, simple, sans recherche et sans prétention,
d'une naïveté qui semble naturelle et non voulue,
est merveilleusement approprié au genre. L'auteur
paraît vraiment croire ce qu'il raconte. Tout con-
court à la vraisemblance, les répétitions, les mots
archaïques. La répétition, en effet, est une des formes que prend naturellement la pensée chez les
peuples enfants ; elle est à l'idée ce qu'est aux mots
le retour des mêmes consonances ou la cadence
d'un rythme régulier résultant de la même succes-
sion de brèves ou de longues. « Bonnes gens qui
fauchez... Bonnes gens qui moissonnez... vous
serez hachés menu comme chair à pâté »…. La
cadence et l'assonance produisent ici un effet analogue à celui des vers, cette première forme dans
laquelle s'est partout exprimée la pensée populaire.
Quant aux vieux mots tombés en désuétude qui, à
force d'être oubliés, sont redevenus jeunes, ils nous
transportent dans ces temps d'autrefois où le merveilleux était possible, puisque les hommes y
croyaient! « Tire la chevillette, la bobinette cherra ».
Ces trois mots d'un autre âge semblent une incan-

tation magique : c'est le « *Sésame ouvre-toi !* » des *Mille et une Nuits* ; on sent, malgré soi, qu'il faudra l'intervention d'une fée pour que la « *bobinette* » fasse ce mouvement extraordinaire.

On dit qu'il n'est plus de mode aujourd'hui de faire lire aux enfants les contes de Perrault. On veut pour eux des lectures qui ne les trompent pas, et, afin de leur enseigner tout de suite la science sans erreurs, on leur donne des romans scientifiques. Peut-être est-ce dommage, non pas de leur offrir des livres où ils ne trouvent, paraît-il, que la vérité, mais de leur refuser le monde des fées ; là, du moins, le conteur ne présente pas des hypothèses pour des certitudes. En les laissant grandir avant de leur expliquer les découvertes modernes, on aurait l'avantage de ne leur enseigner plus tard que le dernier état de ces découvertes. Souvent, en cette matière, la vérité d'aujourd'hui n'est pas celle de demain ; rien n'est fragile et changeant comme cette science si fière d'elle-même ; quelqu'éphémères que soient les bulles de savon de notre imagination, elles durent plus longtemps encore, et peut-être ne nous trompent-elles pas davantage.

Si les contes de Perrault sont bannis de la bibliothèque de l'enfance, ils ne resteront pas cependant sans lecteurs. Ils plaisent surtout quand on est arrivé à l'âge où l'on peut avouer son goût pour les choses naïves sans craindre d'être traité d'enfant. A cet âge, on sait que la vie ne réalise pas nos rêves ; mais on sait aussi que les rêves sont encore ce qu'elle nous offre de meilleur. C'est alors que l'on recommence à aimer les fables de Lafontaine et les contes de Perrault.

# LA ROCHEFOUCAULD

ET

## LA COMTESSE DIANE

———

### LA FORTUNE, LE COURAGE, L'AMOUR

#### AU XVII<sup></sup> ET AU XIX<sup></sup> SIÈCLE (1)

———

Un moraliste dépeint ce qu'il a observé sur lui-même ou sur les hommes qui l'entourent. Toute observation morale est donc une confession ou un portrait. Elle est même presque toujours à la fois l'un et l'autre ; elle révèle en même temps et l'auteur et ses contemporains. Le moraliste, en effet, ne dépeint pas tout ce qu'il voit, mais seulement ce qu'il regarde ; et de même que, quand nous parcourons un livre, nous y apercevons surtout ce qui cadre avec notre propre pensée, de même, quand nous

(1) Lecture faite le 27 mars 1887 à la séance annuelle de la *Société des Etudes historiques.*

cherchons à pénétrer le cœur humain, nous y dis-
tinguons plus volontiers les traits qui concordent
avec nos préoccupations intimes, ceux qui confir-
ment nos jugements antérieurs, notre manière d'envisager la vie, nos doctrines. Un trait de bonté
aurait pu échapper à l'attention de La Rochefoucauld;
jamais un trait de vanité. Le moraliste se fait donc
connaître dans son livre, moins parce qu'il a eu
l'intention de s'y dépeindre, que parce qu'il l'a écrit
sous la dictée de ses sentiments et surtout de ses
théories.

D'autre part, ce que le moraliste a vu, c'est son
siècle qui l'a offert à ses yeux ; son esprit était
façonné par son siècle quand il a observé tel ou tel
fait, et qu'il l'a jugé plus digne que tel ou tel autre
de fixer son attention. S'il a une haute portée, il
dégagera de ses observations un trait général et
permanent du cœur humain, et sa réflexion, exprimée sous une forme saisissante, sera vraie pour
tous les temps et pour tous les hommes ; presque
toujours pourtant elle portera l'empreinte de la
société contemporaine. Sans doute il en est ainsi de
tous les livres et même de toutes les œuvres de
l'esprit humain, car il n'en est aucune dont l'auteur
n'ait subi l'influence du milieu dans lequel il vit.
Mais les recueils d'observations morales ont précisément pour objet de peindre les hommes ; ils doivent donc plus sûrement les représenter avec le

costume de leur temps et de leur pays. En outre, et
cette considération est plus décisive encore, ils sont
presque toujours écrits par des personnes étrangères
à la profession des lettres; dès lors, le métier, le
convenu, l'artificiel y doivent avoir moins de part;
conçus au sein même de la société, ils en reflètent
plus exactement l'image, et nous devons y retrouver
le tableau des mœurs, des habitudes, des préoccupations générales au milieu desquelles l'auteur a vécu,
observé, écrit.

Il est intéressant, à ce point de vue, de lire, à
côté des *Maximes* de La Rochefoucauld, un des
petits volumes parus dans ces dernières années qui,
par la finesse de l'observation, la grâce des aperçus,
l'élégance et la précision de la forme, méritent le
plus d'attirer et de retenir le lecteur délicat : les
*Maximes de la vie*, par la Comtesse Diane. A chaque
page de ces deux recueils on reconnaît, soit le grand
seigneur du temps de la Fronde, soit la Parisienne
d'aujourd'hui. Pour ne pas étendre indéfiniment
notre étude, nous nous attacherons seulement à
rechercher ce que chacun des deux auteurs a dit de
la *Fortune*, du *Courage* et de l'*Amour*.


I


La différence entre les deux époques, et par
suite entre les deux écrivains, est très marquée

pour ce que nous appellerions aujourd'hui la *fortune.*

Nous ferons d'abord une observation sur cette expression elle-même : la *fortune.* La Rochefoucauld, qui l'emploie très souvent, ne lui donne jamais le sens de *richesse.* Il la prend parfois dans son acception propre, les hasards de la vie : « *La nature fait le mérite et la fortune le met en œuvre* » (153) (1). Parfois aussi il s'en sert pour désigner les biens que la destinée accorde à un homme ; mais alors ce n'est pas, comme nous, à l'argent qu'il pense : « *La fortune fait paraître nos vertus et nos vices, comme la lumière fait paraître les objets* » (380). — « *La plupart des gens ne jugent les hommes que par la vogue qu'ils ont ou par leur fortune* » (212). — « *L'amour de la gloire, la crainte de la honte, le dessein de faire fortune, le désir de rendre notre vie commode et agréable, et l'envie d'abaisser les autres, sont souvent les causes de cette valeur si célèbre parmi les hommes* » (213). Dans aucune de ces maximes, La Rochefoucauld n'a voulu parler de la richesse, n'a entendu faire allusion au pouvoir magique de l'argent, au désir de s'enrichir.

Une des plus jolies fables de Lafontaine nous présente aussi deux personnages qui, entraînés

(1) Voir aussi 1, 45, 47, 53, 57, 58, 60, 61, 154, 309, 323, 343, 344, 380, 391, 392, 399, 403, 435, 449, etc.

par « *certain esprit de liberté* », vont loin du lieu
de leur naissance « *chercher fortune* ». Ce sont
deux chèvres,

> « Qui toutes deux étant fort fières...
> Toutes deux tombèrent dans l'eau. »

Et le fabuliste ajoute :

> « Cet accident n'est pas nouveau
> Dans le chemin de la *fortune*. »

Il ne veut nullement nous faire entendre que ses
deux héroïnes prétendaient s'enrichir, ni que ce soit
sur le chemin des écus que l'on se casse le cou.

Lorsqu'il nous dit, dans Philémon et Baucis « *que
la fortune vend ce qu'on croit qu'elle donne* », il a
soin de nous avertir qu'il parle, non seulement de
l'*or*, mais de la *grandeur* ; et certainement, de « *ces
deux divinités* », la première n'est pas la plus importante à ses yeux. Ce n'est pas aux *traitants* ou
aux *partisans* qu'il oppose les humbles héros de son
poème ; c'est, il nous le dit formellement, aux
« *favoris des Rois* ». Il pense comme La Rochefoucauld, et il parle la même langue.

La Bruyère, il est vrai, donne souvent au mot
*fortune* le sens de richesse. Mais son exemple,
explicable d'ailleurs par diverses circonstances sur
lesquelles nous reviendrons plus tard, prouve uniquement que le mot pouvait avoir alors, comme
aujourd'hui, deux acceptions. Seulement il y en

avait une à laquelle La Rochefoucauld ne songeait
jamais, et c'est précisément celle qui nous est aujourd'hui la plus familière. Quant à l'autre, nous n'y
pensons guère plus que La Rochefoucauld ne pensait
à la première, si bien que quand par hasard un de
nos contemporains l'emploie, il risque de n'être pas
compris.

Un jour, à la tribune, Guizot parlait des vertus
qui avaient fait *la fortune* du parti conservateur. Des
murmures ironiques ayant accueilli ces paroles,
l'orateur se redressa de toute la hauteur de son
dédain : « *Il y a*, dit-il, *des pensées qui ne me
viennent pas, des allusions que je ne sais pas pressentir.* » Guizot avait employé le mot *fortune* comme
l'eussent fait Lafontaine et La Rochefoucauld ; ses
adversaires affectaient malignement de l'entendre
dans le sens moderne.

On pourrait faire une remarque analogue au sujet
d'une autre expression dont le sens a également
changé à mesure que les présomptions d'argent prenaient plus d'importance dans la société : le mot
*honnête homme* éveillait autrefois l'idée de bonne
éducation ; il éveille aujourd'hui celle de probité.

Cette différence dans le sens usuel des mots par
lesquels les hommes résument, soit la qualité qu'ils
recherchent avant tout chez leurs amis, soit celui de
tous les biens envoyés par le sort qu'ils désirent
avec le plus de passion, est un signe caractéristique

des mœurs et une conséquence frappante de l'organisation sociale des deux époques.

Sous Louis XIV, aux yeux d'un homme de Cour,
le point important dans la destinée d'un personnage
était sa situation à la Cour ; la richesse était l'accessoire naturel et nécessaire des dignités ; mais elle
n'était pas le but, comme elle le serait aujourd'hui.
Aujourd'hui une situation élevée dans l'État n'est
souvent qu'un moyen plus facile et plus sûr d'acquérir la richesse. A cette époque, l'homme qui n'aurait
eu que de l'or, et qui aurait prétendu compter pour
quelque chose dans l'État, eût été ridicule. Le rang
que chacun tenait de sa naissance, de ses emplois,
de la faveur du Prince, voilà ce que l'on considérait ;
voilà ce que La Rochefoucauld appelait la *fortune* ;
voilà le sujet d'observation qui l'intéressait. « *Lors-*
*que la fortune, dit-il, nous surprend en nous don-*
*nant une grande place sans nous y avoir conduits*
*par degrés ou sans que nous nous y soyons élevés*
*par nos espérances, il est presque impossible de s'y*
*bien soutenir et de paraître digne de l'occuper* »
(449)... « *La modération des hommes dans leur*
*plus haute élévation est un désir de paraître plus*
*grands que leur fortune* » (18). — « *Il y a une élé-*
*vation qui ne dépend point de la fortune : c'est un*
*certain air qui nous distingue et qui semble nous*
*destiner aux grandes choses : c'est par cette qualité*
*que nous usurpons les déférences des autres hom-*

*mes, et c'est elle d'ordinaire qui nous met plus au-*
*dessus d'eux que la naissance, les dignités et le*
*mérite même* » (399). Ainsi, pour La Rochefoucauld,
la naissance, les dignités, le mérite, c'est cela, et
non point la richesse, qui met un homme au-dessus
des autres. Il écrit pour ceux qui, comme lui et
autour de lui, possèdent ces biens ; et il étudie avec
soin les sentiments, les faiblesses, les inimitiés qui
sont le partage accoutumé de la grandeur. Il nous
parle de la modération dans la haute fortune (18),
du danger d'occuper un emploi plus grand que son
mérite (419), des qualités nécessaires pour s'élever
dans les grandes affaires (453, 399, 343, 239, etc.) de
l'envie qui s'attache au succès : « *L'approbation que*
*l'on donne à ceux qui entrent dans le monde vient*
*souvent de l'envie secrète que l'on porte à ceux qui*
*y sont établis* » (28). — « *La haine pour les favoris*
*n'est autre chose que l'amour de la faveur. Le dépit*
*de ne pas la posséder se console et s'adoucit par le*
*mépris que l'on témoigne de ceux qui le possèdent,*
*et nous leur refusons nos hommages, ne pouvant*
*pas leur ôter ce qui leur attire ceux de tout le*
*monde* » (55). Comme cette pensée si fine et si vraie
porte bien sa date ! Quel moraliste aujourd'hui son-
gerait à nous parler de la faveur ou des favoris ?
Non que ces choses ne puissent encore exister ;
mais elles sont trop précaires et trop peu importantes
pour exciter l'envie ou la colère, ou même pour

attirer l'attention ; de nos jours, Racine ne mourrait
plus de chagrin pour avoir encouru la disgrâce de
quelque successeur du grand Roi ; mais dans le
cercle où vivait La Rochefoucauld, la faveur du
Prince était la fortune suprême, et les courtisans
adoraient, non seulement le Soleil, mais les personnages mesquins que le Soleil daignait éclairer du
reflet de ses rayons !

A côté de ces *Maximes* nombreuses sur les hautes
fortunes et sur les hautes infortunes, sur les grandes
ambitions et les grandes affaires, quelle place
La Rochefoucauld va-t-il donner aux sentiments si
variés, si intéressants par leur déraison comme par
leur puissance, que le prestige de l'or fait naître
dans le cœur de ceux qui possèdent la richesse et de
ceux qui ne la possèdent pas. Voilà une mine féconde
d'observations, se rattachant, non plus à des mœurs
passagères, aux manies accidentelles d'un cercle
étroitement limité, mais à des passions impérissables
et universelles. Tout cela pourtant semble ne pas
exister pour La Rochefoucauld. Hormis trois ou
quatre réflexions sur l'avarice (11, 167, 491, 492),
vice particulièrement honni des grands seigneurs,
et deux maximes, contradictoires d'ailleurs, sur le
mépris des richesses (54 et 301), il néglige ou il
dédaigne tout ce côté du cœur humain.

Conclurons-nous de son silence que l'argent ne
tenait aucune place dans les préoccupations de ses

contemporains, ou dans celles des hommes de son
rang, ou même dans les siennes? Les mémoires et
les correspondances du temps révèlent au contraire
une société qui était loin de se montrer insensible
aux avantages de l'opulence : l'avidité cynique des
courtisans, les exactions des personnages en place,
les mésalliances dorées des grands seigneurs, le
mélange bizarre d'envie, de dédain irrité et d'adu-
lations complaisantes dont ils entouraient les *traitants* enrichis, la place que le théâtre, image de la
vie, donnait aux legs et aux procès, tout atteste
qu'alors, comme aujourd'hui, comme toujours, la
richesse, source de jouissance ou source de puissance, était convoitée avec passion et poursuivie
avec âpreté.

Lorsque le petit marquis du *Misanthrope* énumère
complaisamment les mérites qui lui donneraient le
droit « en tout pays d'être content de soi », il s'écrie :

« J'ai *du bien,* je suis jeune, et sors d'une maison... » etc.

C'est *le bien* qui vient le premier à sa pensée. Quand
Alceste cherche quelles qualités, à défaut de faire
des vers, il pourrait reconnaître à l'homme au son-
net, il dit à Philinte :

« Je louerai, si l'on veut, son train et *sa dépense...* » etc.

La *dépense !* Comme cette expression est caractéristique ! Dépenser était pour les gens de Cour une
nécessité si impérieuse qu'ils avaient fini par en

faire un mérite ! Peut-être aurions-nous mauvaise
grâce à le leur reprocher, nous qui, pour exprimer
qu'un homme dépense beaucoup relativement à son
revenu, disons qu'il vit *honorablement.*

Mais pour satisfaire à ce devoir que la situation
sociale imposait sous peine de déchéance, pour tenir
son rang à la Cour, pour faire figure à l'armée, il
fallait de l'argent, et, afin de s'en procurer, les
grands seigneurs avaient recours, sans rougir, à des
moyens que l'usage autorisait alors et qui révolte-
raient aujourd'hui notre probité bourgeoise et notre
fierté démocratique. Quel ministre de rencontre,
quel agitateur politique de bas étage aurait de nos
jours l'impudence d'avouer, s'il avait eu la faiblesse
de s'en rendre coupable, des actes tels que ceux
dont l'intègre Sully et le fier La Rochefoucauld se
glorifient dans leurs Mémoires ?

Sully, naïf dans son amour de l'or, et probe à sa
manière, même dans les actes que nous réprouve-
rions aujourd'hui, raconte avec force détails qu'il
s'est enrichi dans sa jeunesse par les rançons des
prisonniers et par le pillage, plus tard par les dons
du Roi et par les pots-de-vin des traitants. On sortait à peine du régime féodal ; le butin et les rançons
étaient encore le droit de la guerre. Chaque seigneur, chaque gouverneur de ville ou de province,
chaque gentilhomme se regardait comme un petit
souverain, et faisait la guerre à ses frais et à son

profit. S'enrichir par la guerre, céder à prix d'argent la place forte que l'on avait charge de défendre, se révolter pour faire acheter sa soumission, s'allier avec l'étranger, ne prendre conseil que de ses intérêts et faire prévaloir ses prétentions par les armes, tous ces privilèges, réservés aujourd'hui aux puissances belligérantes, étaient revendiqués et exercés sans déshonneur par les simples capitaines. Les mœurs créées par un état social survivent si longtemps aux institutions qui leur ont donné naissance, qu'on retrouve celles-ci, même après Richelieu ; la conduite de Turenne et de Condé pendant les troubles de la Fronde ne peut s'expliquer que par les souvenirs des temps féodaux.

Devenu ministre, Sully n'a plus l'occasion de faire des prisonniers ; mais il lui reste les présents du Roi, qui lui semblent la chose du monde la plus flatteuse, et les pots-de-vin, à l'occasion desquels sa probité fait une distinction. Il blâme sévèrement ses collègues, qui les recevaient en se cachant, pour trahir les intérêts du Roi. Quant à lui, il se vante de n'en avoir jamais accepté sans en avertir Henri IV ; c'était, dit-il, ainsi convenu entre eux. A chaque occasion, d'ailleurs, il offrait de reverser au trésor royal ce qu'il avait reçu, et le bon Roi, toujours aussi surpris que charmé d'une honnêteté à laquelle ses courtisans ne l'avaient pas accoutumé, ne manquait pas, à son tour, d'autoriser l'intègre

ministre à garder ce qu'on lui avait donné ; il y
ajoutait même presque toujours une nouvelle récompense. « *Je n'y perdis rien* » est, dans les mémoires
de Sully, la conclusion ordinaire de son récit. Chaque siècle, comme chaque classe, a sa manière de
comprendre et de sentir la délicatesse, cette « *élégance de la probité* », suivant l'heureuse expression
de la Comtesse Diane. De nos jours encore nous
entendons parler du *sou pour livre*, mais ce ne sont
plus les Ministres qui se le font donner.

La Rochefoucauld répondra-t-il mieux à ce que
nous attendrions aujourd'hui d'un homme délicat,
ou même simplement d'un homme désintéressé ?
Pendant la Fronde, il offre sa soumission à Mazarin,
dans un projet de traité qu'il juge sans doute fort
honorable pour lui, car il en reproduit le texte dans
ses mémoires en s'indignant de ce que Mazarin ne
l'ait pas accepté ; le traité, muet sur tout ce qui
pouvait intéresser le bien public, stipulait uniquement des avantages personnels en faveur des divers
seigneurs révoltés ; La Rochefoucauld exigeait pour
sa part 120,000 écus, destinés à lui acheter un gouvernement ; puis, afin que l'honneur accompagnât
l'argent, il prétendait aussi obtenir pour sa femme
un tabouret à la Cour. Quelques années plus tard,
son nom figure sur la liste des grands personnages
soupçonnés d'être à la solde de Fouquet. Quand
Louis XIV est devenu le maître incontesté du

royaume, La Rochefoucauld reçoit de lui des présents et une pension ; ses frères et ses sœurs, ses enfants et ses petits-enfants ont des pensions, des bénéfices, des charges de Cour, des gouvernements qui ne sont que des présents déguisés.

Son livre ne dément pas sa vie. Remarquons en quels termes il s'exprime dans une des seules maximes où il parle de la richesse. « *Le mépris des richesses*, dit-il, *était dans les philosophes un désir caché de venger leur mérite de l'injustice de la fortune par le mépris des mêmes biens dont elle les privait; c'était un secret pour se garantir de l'avilissement de la pauvreté; c'était un chemin détourné pour aller à la considération qu'ils ne pouvaient avoir par les richesses* » (54). Ici la tournure de la phrase est significative autant que le fond même de la pensée : La richesse donne la considération et la pauvreté avilit. Voilà une première proposition; elle est, aux yeux de l'auteur, tellement avérée qu'il n'aurait pas songé à la relever pour elle-même ; il la rappelle incidemment pour justifier une seconde proposition à laquelle tout le monde n'aurait pas songé, et qui motive la peine qu'il a prise d'écrire une maxime : La richesse a tant de prestige, elle est un bien si désirable, qu'il est impossible de croire à la sincérité des philosophes qui ont prétendu la mépriser.

Certes, l'argent tient maintenant une grande place

dans nos désirs et dans nos hommages; mais personne n'oserait plus écrire ce qu'écrivait La Rochefoucauld, parce qu'il n'est personne aujourd'hui qui ne connaisse et qui ne puisse citer des hommes très sincèrement indifférents à la fortune. Ces hommes ne prétendent peut-être point au titre glorieux de philosophes; mais ils ont été assez heureux pour se créer un devoir et ils lui consacrent leur vie. Que ce soit le dévouement obscur à quelque humble tâche, ou la poursuite passionnée de quelque grand rêve humanitaire, scientifique, artistique, ou même politique, tout entiers à leur idée, suivant avec respect le sillon qu'ils se sont tracé, ils passent à côté de l'argent, l'oubliant plus encore qu'ils ne le dédaignent.

Autour de La Rochefoucauld on ne le dédaignait pas, parce qu'on ne savait point s'en passer; mais, tout en le convoitant, on affectait de le mépriser; c'était un de ces côtés matériels de la vie que l'on subit, et dont on ne parle pas. Voilà ce qui explique le silence de La Rochefoucauld. « *Ne touchez pas à l'argent, cela pue* », écrivait M^{me} de Sévigné, qui cependant savait compter la dot de sa fille, et qui dut plus tard se résigner à l'humiliation de voir son petit-fils épouser la fille d'un fermier-général pour payer les dettes des Grignan. La richesse était si peu de chose à côté de la naissance ou des dignités, que ce qui avait trait à l'argent ne comptait pas. Un homme de haut rang le prenait sans scrupule comme il le dépensait sans mesure ; ces choses glissaient sur lui sans le tacher. C'était se tacher peut-être que contracter une mésalliance, parce que c'était déroger, c'était altérer pour toute la race à venir la pureté du blason ; mais rançonner une ville, pressurer une province ou ramasser les dons du roi, et relever ainsi la fortune de ses descendants, c'était faire acte de gentilhomme.

Nous pensons et nous sentons autrement aujourd'hui. Dans notre société démocratique qui croit s'être affranchie des vieux préjugés et qui prétend ne faire de distinction entre les hommes que pour leur éducation ou pour leur valeur personnelle, la différence la plus réelle est celle que crée la fortune ; c'est la moins discutable, celle qui se traduit par les effets les plus positifs. Nous n'irons certainement pas jusqu'à dire que la richesse constitue la seule aristocratie restée puissante devant l'opinion ; toutefois on ne peut nier qu'elle ne mette un homme en relief, et qu'elle ne lui donne, dans une large mesure, l'influence réservée jadis au rang et aux dignités.

Mais précisément parce que la question d'argent a pris dans notre société effacée un rôle prépondérant ; parce que, plus qu'autrefois, il est vrai de dire, suivant l'énergique expression de la Comtesse Diane : « Le MOI est quand il a » (50), tout ce qui touche à la fortune, aux moyens de l'acquérir, à la manière de l'employer, est devenu plus grave. Chacun, se sentant moins haut, redoute plus de s'abaisser. Les *Maximes de la vie* témoignent de cet état d'esprit ; elles reflètent des préoccupations et, nous le verrons aussi, des délicatesses dont ne s'était pas avisé La Rochefoucauld.

La Comtesse Diane parle souvent de la richesse, de la pauvreté, de la ruine. Elle ne dit pas, comme La Rochefoucauld, qui ne comprenait point que l'on pût vivre sans un grand train de maison, que la richesse donne la considération et que la pauvreté avilit ; elle dit simplement, en quelques mots d'une énergie saisissante : « *La richesse rend tout facile, d'abord l'honnêteté* » (42). Elle décrit avec une ironie sereine ces sentiments terre-à-terre que chacun de nous a maintes fois eu l'occasion d'observer... chez les autres : « *La bravoure et le désintéressement sont les deux qualités que nous admirons davantage, sans doute parce qu'elles mettent en péril les biens qui nous sont les plus précieux : la vie et l'argent* » (95). — « *Nous croyons toujours que nos amis nous préfèrent à leur intérêt ; nous le croyons..., jusqu'au jour où nous avons des affaires d'intérêt avec nos amis* » (110). — « *Les parents pauvres sont toujours des parents éloignés* » *(Glanes de la vie*, p. 61).

Elle a observé avec une attention particulière les

misères qu'entraînent les vicissitudes si fréquentes
dans notre existence de travail et de luxe, de jouissances hâtives et de risques imprudemment courus.
La pauvreté succédant à la richesse, n'est-ce pas le
spectacle poignant que nous avons chaque jour sous
les yeux ? Et les conséquences d'un changement de
fortune ne sont-elles pas plus graves parmi nous
qu'elles ne pouvaient l'être parmi les grands seigneurs pour lesquels était écrit le *Livre des maxi-*
*mes ?* Qu'un La Rochefoucauld tombât en disgrâce,
qu'il perdît par quelque revers du sort les biens dont
les hasards de la guerre ou la faveur des rois avaient
enrichi ses ancêtres, il n'en conservait pas moins et
il transmettait à ses enfants ce que rien ne pouvait
lui enlever : son nom, son rang, son épée, tout ce
qui faisait son prestige ; il restait duc de La Rochefoucauld. Que reste-t-il à un bourgeois de nos jours
quand il perd son argent ? L'homme qui avait su
conquérir l'aisance et qui n'a pas su la conserver
trouve à peine, à la fin de sa vie, le moyen de gagner
péniblement son pain; le renom de probité qu'il a
peut-être la consolation de léguer à ses enfants ne
suffira pas pour les aider à se relever. La ruine leur
impose des privations matérielles pénibles, car,
comme le dit la Comtesse Diane, « *On s'accoutume*
*à tout ce qu'on a, jamais à ce qu'on n'a plus* » (94).
Elle lui impose aussi des souffrances morales bien
autrement douloureuses « *Il est difficile aux gran-*

*des âmes elles-mêmes de porter fièrement la ruine,
parce qu'elles sentent sans cesse leur dignité menacée par la misère* » (65). — Et plus loin : « *Il y a
dans la générosité même une raison de ne pas pardonner à celui qui, en nous ruinant, nous a privé
du bonheur de donner ; cette générosité entravée
chaque jour se retourne contre lui pour le faire
maudire* » (134).

*Le bonheur de donner !* Nous retrouverons souvent dans les *Maximes de la vie* cette expression
charmante. Donner est certainement une des plus
grandes joies de ce monde, un des plus doux privilèges de la fortune. L'art de donner est, avec l'art
plus difficile encore peut-être de recevoir, un des
sujets que la Comtesse Diane a observés avec le plus
de pénétration et traités avec le plus de délicatesse.

La Rochefoucauld avait dit : « *Assez de gens
méprisent le bien, mais peu savent le donner* » (301).
La Comtesse Diane cherche la cause de cette disposition singulière et cependant si commune : « *Les
caractères faibles se laisseront piller, mais ils ne
seront jamais généreux ; il faut prendre sur soi
pour donner* » (97). Conséquence étrange de la faiblesse ! C'est par faiblesse qu'on gaspille sa fortune ;
c'est par faiblesse aussi que l'on ne sait pas faire
l'effort de la bien employer ! Et cet effort, quand on
le fait, on ne sait pas le pousser jusqu'au bout.
Voyez ce que dit encore la Comtesse Diane : « *Qui*

a donné n'entend pas s'être dessaisi tout-à-fait, et se croit le droit d'exercer un contrôle sur l'obligé. Ce contrôle est d'autant plus impérieux que l'obligé est plus pauvre » (60). Voici un exemple de cette prétention singulière : « Les cœurs qui comprennent et pratiquent le mieux la générosité ne songent pourtant pas à donner aux autres le plus grand des bonheurs, le bonheur de donner ; ils ne permettent pas même d'ordinaire qu'on partage avec d'autres la jouissance de leur don » (83). Qui de nous ne fera ici un retour sur soi-même et ne sentira avec surprise combien il garde d'égoïsme jusque dans sa générosité ! Nous voulons avoir le bénéfice de notre bienfait ; nous voulons que celui qui en jouit sache à qui il le doit. Ces exigences déraisonnables que la Comtesse Diane nous fait découvrir au fond de notre cœur et qui lui donnent le droit de s'écrier : « Nous faisons souvent payer bien cher ce que nous croyons avoir donné » (97) ; ces bizarreries et ces contradictions qu'elle constate dans les âmes les plus généreuses ont toutes la même source : l'amour de soi. Notre moi déborde jusque dans nos bienfaits ; c'est pour soi qu'on donne, comme c'est pour soi qu'on se dévoue et qu'on se sacrifie, comme, hélas ! c'est pour soi qu'on aime.

Aussi la Comtesse Diane a-t-elle raison de dire : « Il faut encore plus de générosité pour bien recevoir que pour bien donner ; la grandeur d'âme pres-

*crit au bienfaiteur d'oublier et à l'obligé de se souve-
nir* » (106). Mais sa délicatesse est trop haute pour
conclure de cette observation qu'un cœur jaloux de
sa dignité ne doit pas accepter l'aide offerte par un
ami : « *On peut*, dit-elle au contraire, *tout accepter
de celui à qui on aurait tout donné ; il n'a que la
supériorité de l'occasion* » (40). Elle nous montre
que ce sont les âmes les plus fières qui savent recevoir sans s'abaisser : « *Les caractères généreux
acceptent sans embarras en pensant qu'ils donnent
le bonheur de donner. Les caractères avides de-
mandent sans honte en ne pensant qu'au profit de
recevoir. Les caractères ordinaires, ni avides, ni
généreux, ne veulent ni demander, ni recevoir, et
ne comprennent pas qu'il y ait des gens pour qui,
la reconnaissance ne soit pas un fardeau* » (64).
Voilà la vérité ! c'est celui qui donne qui est véritablement heureux et qui doit rendre grâce à son
ami. Aussi a-t-elle raison d'ajouter : « *Pour bien
donner, comme pour bien recevoir, il n'y a qu'à
laisser voir son bonheur* » (68).

Que ces pensées charmantes nous transportent
loin de La Rochefoucauld et de son fastueux entou-
rage ! Il ne faut cependant pas en attribuer l'honneur à la seule marche du temps ; les sentiments
peuvent différer, non seulement d'un siècle à l'autre, mais aussi d'une société à l'autre dans le même
siècle, et sur tous ces points La Bruyère s'éloigne

de La Rochefoucauld autant qu'il se rapproche de
la Comtesse Diane. C'est que pour lui la question
d'argent était chose grave, comme elle l'est aujour-
d'hui pour nous tous. Vivant au milieu des grands,
dans une condition subalterne à laquelle le condamnait l'infériorité de sa naissance aussi bien que
la médiocrité de son avoir, il les regardait de bas
en haut, et, pour prendre sa revanche, il en appelait d'avance à la postérité. « *Le présent*, disait-il,
*est pour les riches, et l'avenir pour les vertueux et
les habiles... Que sont devenus ces importants
personnages qui méprisaient Homère,... qui ne
lui rendaient pas le salut, qui ne daignaient pas
l'asseoir à leur table, qui le regardaient comme un
homme qui n'était pas riche et qui faisait un
livre ?* » (*Des biens de fortune*).

A côté de ces lignes amères et orgueilleuses qui
contrastent avec l'indulgente sérénité de la Comtesse
Diane, on retrouve chez La Bruyère, avec les mêmes préoccupations, les mêmes délicatesses. Lui
aussi se demande dans quelles circonstances un
cœur fier peut recevoir un don sans compromettre
sa dignité, et il affirme, presque dans les mêmes
termes, qu'il faut être généreux pour consentir à
accepter un bienfait : « *Quelque désintéressement
qu'on ait à l'égard de ceux qu'on aime*, dit-il, *il
faut quelquefois se contraindre pour eux, et avoir
la générosité de recevoir* »... « *Celui-là peut prendre*

*qui goûte un plaisir aussi délicat à recevoir que son ami en sent à lui donner »* (*Des biens de fortune*). Il a soin de nous avertir d'ailleurs qu'il suppose le service rendu par *un ami*, par *ceux qu'on aime* ; la Comtesse Diane de son côté dit par *celui à qui on aurait tout donné.* Ni l'un, ni l'autre, sans doute, n'eût parlé dans les mêmes termes d'un secours offert par le dédain d'un supérieur ou par la pitié d'un étranger.

La Comtesse Diane n'avait certainement pas dans la mémoire ces passages de La Bruyère lorsqu'elle a écrit ses *Maximes de la vie* ; il n'en est que plus intéressant de remarquer qu'à deux cents ans de distance, dans des conditions et dans des milieux si différents, les deux moralistes se sont rencontrés pour exprimer avec une exquise délicatesse un sentiment profondément vrai, qui n'étonnera que les âmes vulgaires, et pour affirmer que l'on peut honorablement devenir l'obligé d'un ami sans devenir son inférieur. La dignité n'est pas fatalement atteinte par le bienfait, la reconnaissance n'est pas une sujétion, et quand c'est vraiment le cœur qui donne, l'égalité n'est pas à tout jamais rompue.

Avant de quitter cette matière, nous ne résistons pas au plaisir de citer encore une *Maxime de la vie* dont la forme est superbe et qui atteste une grande profondeur d'observation : « *Si un homme qui tombe veut se relever, qu'il se hâte de saisir la*

*main que tout le monde lui tend dans le premier
moment. Plus tard, tout le monde aura passé son
chemin* » (4). Ce n'est pas seulement à la perte
d'argent que s'applique cette remarque, mais à tout
revers, à toute disgrâce ; nos temps troublés nous
en ont trop souvent fourni la preuve. Un homme
est victime de quelque changement politique, ou,
pour ne pas blesser sa conscience, il brise volontairement sa carrière. Aussitôt tous ses amis s'agitent ;
les indifférents eux-mêmes s'émeuvent ; chacun,
avec une ardeur sincère, cherche à remédier à son
infortune. Mais que le premier effort n'aboutisse
pas, que le temps s'écoule, on se lasse, on oublie ;
il reste seul. Et si parfois on pense encore à lui, on
semble se dire qu'après tout c'est sa destinée ! On
lui reprocherait presque de se plaindre encore et de
ne pas savoir se résigner !

Ne nous étonnons point qu'il en soit ainsi. Où
serait le mérite du sacrifice s'il n'était pas suivi de
souffrance ? Admirerions-nous l'homme de cœur
qui immole à sa conscience sa situation ou sa fortune, s'il était certain de retrouver une fortune ou
une position ? Il savait ce qui l'attendait ; il savait
qu'il n'obtiendrait des hommes qu'une estime
stérile et qu'il n'aurait pour récompense que le
seul bonheur qui sur la terre dépend uniquement
de nous-même : la satisfaction d'avoir fait son
devoir. Voilà pourquoi il peut regarder avec fierté

ceux dont l'oubli rapide et la lâche indifférence
n'ont pas su le venger de l'injustice, et qui, devant
son abnégation, ne savent montrer que de la faiblesse.

## II

Le mot *courage* n'a pas changé de sens depuis
deux cents ans. Aujourd'hui, comme autrefois, il
comprend dans ses diverses acceptions tous les
genres de la force d'âme : bravoure devant le danger, résistance à la tentation, constance dans le
malheur ou la souffrance. Or, La Rochefoucauld lui
donne toujours le sens de valeur militaire, et la
Comtesse Diane le sens de fermeté. Chacun des
deux auteurs l'emploie pour exprimer celle des qualités de l'âme élevée et vaillante à laquelle il s'intéresse le plus.

Quand La Rochefoucauld veut parler de la fermeté d'âme, il se sert des mots *constance* ou *intrépidité*, qu'il emploie dans un sens peut-être un peu
différent de celui que nous leur donnerions aujour-
d'hui : « *La constance des sages n'est que l'art de
renfermer leur agitation dans le cœur* » (20).
« *Nous croyons souvent avoir de la constance dans
les malheurs lorsque nous n'avons que de l'abatte-
ment* » (420 ; voir aussi 21). « *L'intrépidité doit
soutenir le cœur dans les conjurations, au lieu*

*que la seule valeur lui fournit toute la fermeté qui
lui est nécessaire dans les périls de la guerre »*
(*Pensées supprimées*, 40). — La Rochefoucauld, on
le voit, était loin de dédaigner la fermeté d'âme,
car ici, sous le nom d'intrépidité, il la met au-dessus
de la bravoure militaire ; mais il lui donne dans
son livre une place beaucoup moins importante.
Qu'il désigne la bravoure militaire sous le nom de
*courage* (1), ou plus habituellement sous le nom de
*valeur* (2), il l'étudie sous toutes ses formes (3),
distinguant le courage contre le mousquet ou contre
l'épée, en rase campagne ou devant des retranchements, en public ou sans témoins, en plein jour ou
dans l'ombre de la nuit ; il en recherche les mobiles
secrets ; il en démasque les contradictions et les
défaillances ; il y revient souvent, et l'on voit qu'il
y pense toujours. Ainsi, même dans cette tirade
célèbre par laquelle il clot son livre, en affirmant,
après « *la fausseté de tant de vertus, la fausseté du
mépris de la mort* » (504), c'est encore la mort du
soldat sur le champ de bataille qui domine sa
pensée.

Le courage devant l'ennemi était, en effet, le
plus nécessaire des courages dans un siècle militaire, le plus familier à La Rochefoucauld qui avait

(1) 215, 504, *P. S.* 616.

(2) 1, 150, 213, 214, 215, 216, 220, 365, *P. S.* 40.

(3) 213, 214, 215, 216, 217, 219, 220, 221, etc.

commencé sa vie dans les camps et qui la finissait
dans une Cour, le plus naturel et le plus répandu
parmi cette société de grands seigneurs qui tous
appartenaient à l'armée, et qui considéraient comme
le privilège de leur caste de ne devoir au roi que le
sacrifice de leur sang.

Notre siècle a d'autres idées et d'autres mœurs ;
aussi voyons-nous chez la Comtesse Diane des
préoccupations très différentes. Ce qui l'intéresse
par dessus tout, c'est la force d'âme ; pour elle, le
*courage*, c'est cet empire sur soi-même qui fait
l'honneur de l'homme dans toutes les difficultés de
la vie (1) ; qui l'élève au-dessus des petitesses et des
lâchetés mondaines (2) ; qui lui permet de lutter
contre la douleur et contre les coups de la destinée
aussi bien que contre le péril (3) ; qui le soutient
par la résignation et par la fierté quand le malheur
est accompli (4), et qui lui inspire, s'il le faut, le
sacrifice sous toutes ses formes, y compris le sacri-

(1) « Il faut toujours être brave pour faire ce qu'on veut »
(*Maximes de la vie*, p. 56; voir aussi p. 119).

(2) « Il y a autant de lâcheté à condamner un absent que
de courage à formuler un reproche en face ; mais la lâcheté
est si générale qu'il est d'usage de ne cacher son mépris
qu'à celui qui l'inspire » (*Maximes de la vie*, p. 35).

(3) « Pour supporter la vie, il faut du courage ou des illusions » (*Glanes de la vie*, p. 126); « Il faut un grand courage pour porter sa peine tout seul » (*id.*, p. 176).

(4) « L'homme se console de bien des douleurs ; le courage
commence l'œuvre, l'habitude la continue, le temps l'achève »
(*Maximes de la vie*, page 200).

fice de la vie, l'un des plus faciles de tous : « *Le courage le plus court*, dit-elle, *est le plus aisé ; on sacrifie sa vie plus facilement qu'on ne la consacre* » (*Maximes de la vie*, p. 100).

Quand la Comtesse Diane s'occupe du courage devant le péril, elle ne s'attache pas spécialement, comme La Rochefoucauld, au danger que rencontre le soldat ; elle songe à tout danger qui peut menacer un homme, et la forme même qu'elle donne à sa pensée prouve que ce qui la frappe le plus dans ce genre de courage, ce n'est pas le côté brillant du mépris de la mort, l'entrain militaire, mais la fermeté calme et réfléchie d'une âme maîtresse d'elle-même, qui voit le péril et qui l'affronte délibérément pour accomplir un devoir. « *Avoir peur, c'est s'obéir ; être brave, c'est se commander* » (p. 207). — « *La peur est un instinct, le courage est une conquête ; la volonté fait taire la peur et la cache sous le courage* » (p. 52). Cette disposition d'esprit ne tient pas uniquement à ce que le sexe de l'auteur ne lui donne pas l'occasion d'affronter personnellement les dangers de la guerre ; toutes les femmes sont sensibles au prestige de la valeur militaire, et d'ailleurs la Comtesse Diane appartenait à une famille où tous les hommes ont porté l'épée. Mais de nos jours ce n'est plus le soldat qui joue dans l'ordre social le rôle prépondérant ; ce n'est plus le courage du champ de bataille qui est

le plus souvent nécessaire ; ce n'est plus devant
le danger matériel qu'un homme doit surtout se
préparer à rester inébranlable. Le livre de la
Comtesse Diane, comme celui de La Rochefoucauld, reflète les préoccupations générales du siècle
qui l'a inspiré et de la société pour laquelle il a
été écrit.

## III

L'amour est éternel comme le cœur humain ; le
sens du mot *amour* ne peut avoir changé depuis deux
cents ans ; cependant, là aussi le siècle a mis son
empreinte, et lorsque La Rochefoucauld parle de
l'amour, le sentiment qu'il dépeint n'est pas celui
dont le même mot éveille en nous la pensée. Ce
qu'il voyait autour de lui, ce qu'il s'est plu à observer et à décrire, c'est la galanterie, ou tout au plus
ce sentiment élégant et frivole que nous ont légué
le moyen-âge et la chevalerie, et en qui se confon-
dent le respect et le désir, la tendresse discrète et
le besoin de proclamer hautement son amour, la
résolution de tout braver pour posséder la femme
aimée, et la soumission. fière parce qu'elle est
volontaire, à l'être faible et adoré dont on se sent
le maître. Dans le livre comme dans la vie de
La Rochefoucauld on retrouve l'homme auquel

ses contemporains ont donné pour devise ces
vers :

« Pour mériter son cœur, pour plaire à ses beaux yeux,
J'ai fait la guerre aux Rois, je l'aurais faite aux Dieux ».

Quel amoureux aujourd'hui oserait tenir un
langage qui pouvait paraître charmant alors parce
qu'il était vrai, qui serait ridicule maintenant,
tant il formerait dissonance avec nos mœurs ?

La galanterie, que Montesquieu a si bien définie
en disant : « *Elle n'est point l'amour, mais le délicat, mais le léger, mais le perpétuel mensonge de
l'amour* » (*Esprit des Lois*, XXVIII, 22) ; la galanterie a sa grâce puisqu'elle peut inspirer le dévouement jusqu'à la mort ; mais elle l'inspire par genre,
par mode, et non par affection. Si elle a trop la
conscience de sa fragilité pour donner le bonheur,
elle peut cependant, dans une société polie et raffi-
née, donner, avec l'illusion de l'amour, un plaisir
élégant et délicat ; mais bientôt elle dégénère ; elle
fait place à ce qui ne se nomme l'*amour* que dans
les salons et les ruelles, à la galanterie banale et
basse, recherche vaniteuse et sensuelle du commerce
amoureux, qui n'est même plus l'illusion de l'amour,
qui en est le mensonge et le plus grand ennemi ».
« Cette *piperie*, dit Montaigne, *rejaillit sur celui
qui la fait ; il ne lui couste guère, mais il n'acquiert
aussi rien qui vaille* » (livre III, chapitre III).

La Rochefoucauld a bien senti la différence de ces divers sentiments et il a cherché à les distinguer : « *L'amour*, dit-il, *prête son nom à un nombre infini de commerces qu'on lui attribue, et où il n'a non plus de part que le Doge à ce qui se fait à Venise* » (77). — « *Il n'y a que d'une sorte d'amour, mais il y en a mille différentes copies* » (74). — Ailleurs il précise encore davantage : « *Ce qui se trouve le moins dans la galanterie, c'est de l'amour* » (402). Toutefois il est entraîné par les mœurs de son temps comme par ses propres souvenirs, et, en général, ce qui se trouve le moins dans ses pensées sur l'amour, c'est de l'amour.

« *Il y a*, dit-il, *des gens qui n'auraient jamais été amoureux s'ils n'avaient jamais entendu parler de l'amour* » (136). Comment ! Colin et Babet ont besoin d'avoir entendu parler de l'amour pour se chercher sans cesse, pour trembler quand ils se retrouvent, et cependant pour ne se sentir heureux que quand ils sont ensemble ! L'amour est dans la nature et non dans la convention sociale ; il ne s'apprend pas, il se devine, parce qu'il se sent. Ce qui est de convention, ce qui a besoin d'être appris, c'est la galanterie ; c'est la forme différente que chaque siècle, chaque société, chaque coterie donne aux relations galantes entre les deux sexes (1) ;

_____

(1) Il est curieux de rappeler en quels termes, au siècle suivant, Dubuisson critiquait *Le Legs* de Marivaux : « Il

c'est la copie de l'amour là où n'est pas l'amour, et où cependant la vanité et la sensualité veulent, à défaut du bonheur, chercher du moins le plaisir.

« *L'amour, tout agréable qu'il est, plaît encore plus par les manières dont il se montre que par lui-même* » (501). Si nous comprenons bien ce qui se cache sous cette phrase un peu maniérée, ce n'est pas à l'amour qu'elle peut s'appliquer, mais à la comédie de l'amour.

« *Un honnête homme peut être amoureux comme un fou, mais non comme un sot* » (353). Oui, dans le commerce de la galanterie, où, n'aimant pas, on serait un sot de se laisser berner ; mais quand on aime, est-ce que l'on calcule encore ! Est-ce que l'on se préoccupe de la louange ou des railleries des hommes ? Les contemporains prétendent que dans cette maxime, La Rochefoucauld fait allusion à certaines péripéties de sa liaison avec M^{me} de Longueville. S'il en est ainsi, M^{me} de Motteville et M^{me} de Sévigné le jugeaient bien lorsqu'elles écrivaient, la première : « *Ce seigneur était peut-être plus intéressé qu'il n'était tendre* » (*Mémoires de M^{me} de Motteville*, II, 275) ; la seconde : « *Il allait,*

» s'agit d'un marquis et d'une comtesse que l'auteur a montés sur les plus bas bourgeois, qui s'aiment, et qui ne » peuvent se déterminer à le dire ! » — Celui qui, en 1740, écrivait ces lignes. ne pouvait admettre qu'entre un marquis et une comtesse il pût exister autre chose que la comédie de l'amour. L'amour, avec ses timidités ou ses prudences, c'était bon pour les bas bourgeois ou les paysans !

*comme un enfant, revoir Verteuil et les lieux où il a chassé avec tant de plaisir ; je ne dis pas où il a été amoureux, car je ne crois pas que ce qui s'appelle amoureux il l'ait jamais été* » (lettre du 7 octobre 1676).

« *Il y a dans la jalousie plus d'amour-propre que d'amour* » (324). Ici un doute nous arrête ; nous ne sommes pas absolument certain de la pensée de l'auteur. Avant La Rochefoucauld, le mot *amour-propre* était habituellement pris dans son sens étymologique, l'*amour de soi*. Lui-même l'a souvent employé dans ce sens général : « *L'amour-propre, dit-il notamment, est l'amour de soi-même et de toutes choses pour soi* » (*Max.* suppr., 563). Mais de toutes les formes que peut prendre l'*amour de soi*, celle qui le frappait davantage, celle qu'il se plaisait à mettre à nu et qu'il a le plus souvent flagellée, c'était l'admiration de soi: « *il rend les hommes idolâtres d'eux-mêmes* » (*loc. cit.*) ; presque toujours, quand il a écrit *amour-propre*, sa pensée reste vraie ou même devient plus vraie encore si l'on donne à ce mot le sens de vanité, par exemple dans cette phrase si souvent citée : « *L'amour-propre est le plus grand de tous les flatteurs* » (2 ; voir aussi 3, 4, 13, 228).

Depuis que les *Maximes* du grand écrivain sont dans toutes les mémoires, le mot *amour-propre* a presque complètement perdu son acception primitive, et il n'est plus guère employé que pour exprimer cette forme particulière d'amour de soi qui nous pousse à nous admirer nous-même, et à vouloir inspirer aux autres une opinion avantageuse de notre personne et de nos mérites. Aussi, contrairement peut-être à l'intention de La Rochefoucauld, tout lecteur donnera-t-il aujourd'hui cette interprétation à la phrase que nous venons de citer : « *Il y a dans la jalousie plus d'amour-propre que d'amour* ». Il hésitera d'autant moins, que la pensée, ainsi comprise, sera aussi juste que piquante. Mais elle sera juste à la condition qu'il s'agisse de la galanterie, et non point de l'amour. C'est la galanterie, en effet, qui a pour principal mobile l'amour-propre. Quant à l'amour, son mobile est le besoin de posséder ce qu'on aime, et de le posséder seul ; voilà d'où naît la jalousie. Le vieux Corneille l'exprime avec autant de grâce que de poésie dans les vers charmants que l'Amour adresse à Psyché : « *Des tendresses du sang*, dit Psyché, *peut-on être jaloux ?* » Et l'Amour répond :

« Je le suis, ma Psyché, de toute la nature.
Les rayons du soleil vous baisent trop souvent ;
Vos cheveux souffrent trop les caresses du vent...
. . . . . . . . . . . . . . . . . . . . . . . .
N'ayez d'yeux que pour moi, qui n'en ai que pour vous ;
Ne songez qu'à m'aimer, ne songez qu'à me plaire ».

Être jaloux, c'est aimer pour soi. Le jaloux veut que ce qu'il aime ne soit heureux que par lui et

pour lui; il le tuerait plutôt que de le voir heureux
par un autre. Quelle place reste-t-il pour l'amour-
propre dans un sentiment aussi passionné ? La
Rochefoucauld dit dans une autre maxime : « *Il n'y
a point de passion où l'amour de soi-même règne
si puissamment que dans l'amour, et on est toujours plus disposé à sacrifier le repos de ce qu'on
aime qu'à perdre le sien* » (262). Cette fois c'est
bien l'amour, l'égoïsme suprême, l'égoïsme d'autant
plus implacable qu'il est inconscient, et que les
expressions même dont il se sert, *amour, aimer*,
concourent à le tromper. L'objet *aimé* n'est que
l'instrument de notre propre bonheur; l'amant
sacrifierait sans hésiter tout l'univers aussi bien
que sa propre vie à l'idole en qui pour quelques
instants se résume tout son être ; mais il immole-
rait sans plus d'hésitation cette idole elle-même,
aussitôt qu'il apercevrait en elle une volonté et des
désirs se séparant des siens. Cette passion est
égoïste sans doute, mais elle est profonde, et ce
n'est point dans l'amour-propre qu'elle a ses racines.

Si la pensée de La Rochefoucauld est douteuse
quand il parle de la jalousie, elle ne l'est plus quand
il parle de la fidélité, et là sa méprise est caractéristique : « *La violence qu'on se fait pour demeurer
fidèle à ce qu'on aime ne vaut guère mieux qu'une
infidélité* » (381). Est-ce que, quand on aime, on se
fait violence pour être fidèle ? Est-ce qu'on pourrait

ne pas l'être ? « *Il est*, dit-il ailleurs, *plus difficile d'être fidèle à sa maîtresse quand on est heureux que quand on est maltraité* » (331). Ici du moins l'auteur ne profane pas le mot *amour*; il ne nous trompe pas sur le sentiment auquel il fait allusion (1).

« *Dans l'amour, la tromperie va presque toujours plus loin que la méfiance* » (335). Quelle calomnie contre ce pauvre amour, la plus sincère de toutes les passions ! C'est la contrefaçon de l'amour, c'est la galanterie, qui pour réussir a besoin de mensonge, comme pour rester fidèle elle a besoin d'effort ; c'est cette lutte de deux êtres coquets, Acaste et Célimène, qui partent en guerre l'un contre l'autre pour goûter la gloire d'avoir triomphé, et qui, une fois la curiosité et l'amour-propre satisfaits, se hâtent d'aller chercher ailleurs des conquêtes nouvelles. Mais quand on aime, pourquoi tromper ? Pourquoi mentir ? La Rochefoucauld est mieux inspiré lorsqu'il dit : « *Le plus grand miracle de l'amour, c'est de guérir de la coquetterie* » (349 ; voir aussi 376).

Que La Rochefoucauld nie la constance en amour, personne ne songera à s'en étonner ; mais voyons en quels termes il va s'exprimer. Il ne dira pas, comme Vauvenargues, en quelques mots amers et incisifs, « *La constance est la chimère de l'amour* »

---

(1) La Comtesse Diane dit au contraire : « L'amour s'accroît de son bonheur » (*Glanes de la vie*, p. 178).

(398) ; il écrira une phrase précieuse et cherchée qui ne peut s'appliquer qu'à la galanterie : « *La constance en amour est une inconstance perpétuelle qui fait que notre cœur s'attache successivement à toutes les qualités de la personne que nous aimons, donnant tantôt la préférence à l'une, tantôt à l'autre ; de sorte que cette constance n'est qu'une inconstance arrêtée et renfermée dans un même objet* » (175 ; voir aussi 176). Ici le fond et la forme eussent été dignes de trouver place dans la *Carte de Tendre*, et Alceste qui connaissait, lui, le véritable amour, eût certainement grondé :

« Ce sont colifichets dont le bon sens murmure,
Et ce n'est point ainsi que parle la nature ».

Ce serait pousser notre discussion jusqu'au paradoxe que de prétendre qu'aucune des Maximes de La Rochefoucauld ne peut s'appliquer à l'amour proprement dit. Nous en avons déjà cité plusieurs ; nous pourrions en ajouter quelques autres encore : « *Il n'y a point de déguisement qui puisse long-temps cacher l'amour où il est, ni le feindre où il n'est pas* » (70). — « *Le plaisir de l'amour est d'aimer, et l'on est plus heureux par la passion que l'on a que par celle que l'on donne* » (259). Mais presque toujours alors ce sont les mauvais côtés de l'amour que La Rochefoucauld se plaît à peindre. Il montre la désillusion succédant à

l'ivresse, la lassitude à la possession (417) ; il met
en relief, dans quelque phrase mordante, les points
par où l'amour se rapproche de la galanterie : « *On
a bien de la peine à rompre quand on ne s'aime
plus* (1) » (351). Ou bien il raille les petites faiblesses des amants : « *Ce qui fait que les amants et les
maîtresses ne s'ennuient point d'être ensemble,
c'est qu'ils parlent toujours d'eux-mêmes* » (312).
Hélas ! « *L'amour sincère ne sait parler que de soi* »
(*Glanes de la vie*, p. 132). Mais quand chacun des
deux amants est las d'entendre l'autre parler de soi,
les amants cessent de se rechercher et bientôt de
s'aimer. — Il décrit en termes amers l'égoïsme de
l'amour : « *Si on croit aimer sa maîtresse pour
l'amour d'elle, on est bien trompé* » (374). — « *Si
on juge de l'amour par la plupart de ses effets, il
ressemble plus à la haine qu'à l'amitié* » (72). —
« *Plus on aime une maîtresse, et plus on est prêt
de la haïr* » (111). — « *Nous sommes plus près
d'aimer ceux qui nous haïssent que ceux qui nous
aiment plus que nous ne voulons* » (321).

Tout cela peut être vrai de l'amour comme de la
galanterie ; mais dans l'amour n'y a-t-il que cela ?
Pourquoi, sauf dans cette délicieuse pensée : « *On*

---

(1) Cette maxime est charmante et vraie ; mais comme le
sentiment qui l'a inspirée est loin de celui qui a dicté à la
Comtesse Diane la réponse à cette question : « Qu'y a-t-il
de plus difficile à dire ? » : « Je ne vous aime plus. » (Livre
d'or).

*p ardonne tant que l'on aime* (1) » (330), La Rochefoucauld ne nous peint-il pas les sentiments secrets
et profonds, les élans enivrés d'un cœur atteint par
l'amour ? Pourquoi ne nous montre-t-il pas cette
empreinte ineffaçable que l'amour, même quand il
a été passager, et pourvu qu'il ait été sincère, im-
prime pour toute la vie sur l'âme qui l'a ressenti ?
C'est qu'au fond il ne croyait pas à l'amour. Il en
fait lui-même l'aveu lorsqu'il dit : « *Il est du véritable amour comme de l'apparition des esprits ;
tout le monde en parle, mais peu de gens en ont
vu* » (76). Pour faire comme tout le monde, il a parlé
de l'amour, mais il en a parlé sans l'avoir vu, et
surtout sans l'avoir éprouvé. Peut-être n'était-il pas
complètement sincère, mais à coup sûr il était vrai
lorsqu'il terminait son propre portrait par ces mots :
« *Moi qui connais tout ce qu'il y a de délicat et de
fort dans les grands sentiments de l'amour, si
jamais je viens à aimer ce sera assurément de
cette sorte ; mais de la façon dont je suis, je ne
crois pas que cette connaissance que j'ai me passe*

---

(1) La reine de Roumanie a dit au contraire : « Le pardon
est presque de l'indifférence ; on ne pardonne pas quand on
aime (*Pensées d'une reine*, III, 4). On a dit souvent qu'en
matière d'observations morales tout peut être vrai et tout
peut être contesté. Ici d'ailleurs nous estimons que c'est La
Rochefoucauld qui a raison et qui décrit le véritable amour.
Dans l'amour, plus encore que dans toute autre affection,
tant qu'on aime on a besoin de ce qu'on aime ; voilà pourquoi
on lui pardonne toujours.

*jamais de l'esprit au cœur* ». — M^{me} de Motteville
et M^{me} de Sévigné l'avaient bien jugé. Il ne connaissait pas l'amour, il n'y croyait pas. Il ne croyait
qu'à la galanterie, plus ou moins délicate, plus ou
moins sensuelle ; à ce commerce amoureux qui n'est
qu'une distraction de l'esprit et un plaisir des sens,
qui masque le vide du cœur, et auquel seul peut
s'appliquer cette pensée amère : « *Il n'y a guère de
gens qui ne soient honteux de s'être aimés quand
ils ne s'aiment plus* » (71).

La galanterie, sans doute, est de tous les temps,
comme le libertinage, cette parodie de l'amour. De
nos jours elle est loin d'être inconnue, mais du
moins elle n'occupe pas seule les esprits délicats ; à
côté d'elle, au-dessus d'elle, nous croyons à l'amour.
Ce ne serait plus la galanterie, ce serait l'amour qui
ferait aujourd'hui le principal sujet des observations d'un moraliste de bonne compagnie. D'autre
part, la galanterie est maintenant moins hardie, et
La Rochefoucauld ne pourrait plus dire : « *On ne
compte d'ordinaire la première galanterie des
femmes que lorsqu'elles en ont une seconde* » (499).
Il ne pourrait plus, sans calomnier notre siècle,
écrire : « *Il y a peu d'honnêtes femmes qui ne
soient lasses de leur métier* » (367). Que l'on ne
nous accuse point d'avoir seulement fait des progrès
dans l'hypocrisie, ce qui, d'ailleurs, La Rochefoucauld ne le contesterait pas, serait déjà « *un hom-*

*mage rendu à la vertu* » ; mais non, c'est la moralité générale qui a gagné, c'est le sens moral qui
s'est élevé. Nous allons en trouver la preuve dans
les *Maximes de la Vie*.

La Comtesse Diane semble éviter de nommer
l'amour. Elle n'a pas ce scrupule lorsqu'elle décrit
d'une plume légère les petits manèges des amants
dans le monde : « *Ce sont toujours les yeux qui les
premiers parlent d'amour* » (96). Mais lorsqu'elle
veut dépeindre le sentiment lui-même, les mouvements secrets du cœur aimant, elle emploie plus
volontiers, comme Lacordaire dans *Marie-Madeleine*,
des expressions assez générales pour s'appliquer à
toute grande affection qui s'empare de notre âme.
Il y a certainement dans cette réserve une sorte de
pudeur instinctive et délicate ; une femme qui écrit
peut toujours appréhender que la malice du lecteur
ne prétende trouver dans le tableau qu'elle trace
de ce qui s'est passé devant ses yeux l'aveu de ce
qu'elle aurait elle-même ressenti. Mais ce langage
n'a-t-il pas encore une autre cause, et ne doit-il
pas nous avertir que l'auteur va nous transporter
dans une région bien différente de celle où nous
laissait La Rochefoucauld ? Pour celui-ci, ce qu'il
appelle l'*amour* n'est qu'un amusement passager,
une sorte de lutte diplomatique où chacun des deux
partenaires s'efforce d'obtenir plus qu'il ne donne,
et veut surtout ne s'engager ni tout entier, ni pour

toujours ; pour la Comtesse Diane, c'est un sentiment sérieux et sincère, fondé sur l'estime et sur l'admiration (1); c'est la plus intense de nos affections.
La Rochefoucauld y voyait une source de plaisir ;
elle y verra la source du bonheur, et, comme suivant elle, « *le bonheur ne se donne pas, il s'échange* »
(144), l'amour tel qu'elle le concevra, sera moins
encore le désir d'être heureux que le désir de rendre
heureux ce qu'on aime : « *Tout être aimé qui n'est
pas heureux paraît ingrat* » (15). — « *On croit avoir
tout fait pour l'être préféré quand on l'aime comme
on voudrait être aimé de lui ; il se trouverait plus
heureux si on l'aimait comme il veut être aimé* » (73).

Toutefois elle sait qu'il ne suffit pas d'aimer pour
donner le bonheur, d'être aimé pour le ressentir ;
que l'amour ne nous apporte pas seulement les
plus douces joies, mais aussi les douleurs les plus
amères, puisqu'elles nous viennent de celui de qui
nous attendions le bonheur. « *Aimer quelqu'un,*
dit-elle, *c'est à la fois lui ôter le droit et lui donner
la puissance de nous faire souffrir* » (5). — « *Aimer,
c'est souffrir ; être aimé, c'est faire souffrir* » (*Glanes de la vie*, p. 114). Nous souffrirons de son indifférence, de son oubli, peut-être de l'excès de son
amour. Nous souffrirons sans qu'il soit en faute,

(1) « Il faut devoir lever les yeux pour regarder ce qu'on
aime » (*Glanes de la vie*, p. 3). — « La pire misère est d'aimer encore ce qu'on ne peut plus estimer (*id.* p 135).

simplement parce que « *nous sommes sensible à
tout ce qui lui arrive et à tout ce qui vient de
lui* » (11). Nous souffrirons de la nature elle-même
et de l'infranchissable barrière qu'elle oppose à la
fusion intime des âmes les plus étroitement unies.
Sully-Prudhomme, dans une de ses plus touchantes
*Solitudes*, s'écrie, en s'adressant aux étoiles de la
*Voie lactée* :

> ... Vous ressemblez à nos âmes !
> Ainsi que vous chacune luit
> Loin des sœurs qui semblent près d'elle,
> Et la solitaire immortelle
> Brûle en silence dans la nuit.

La Comtesse Diane a compris à son tour cet
inévitable tourment des âmes aimantes : « *Ce qu'on
dit à l'être à qui l'on dit tout n'est pas la moitié
de ce qu'on lui cache* » (43). — « *Jamais nous ne
disons notre pensée jusqu'à la lie; jamais nous ne
sommes sûrs de pénétrer jusqu'au fond d'une
autre âme, Nous sommes seuls au monde* » (223).

Oui, même pendant qu'il se sent partagé, l'amour
fait souffrir parce que, plus il est heureux, plus il
est insatiable. Plus l'amant se sent aimé, plus il
voudrait étreindre l'âme et le cœur de l'être qu'il
aime, pour ne faire avec lui qu'un cœur et qu'une
âme. Ce désir est si intense que le rêve de tous les
amants est de mourir ensemble, endormis dans
l'ivresse de leur bonheur.

Comment se fait-il qu'un sentiment si profond, si
puissant, soit si souvent éphémère ? C'est qu'il
nait de ce qu'il y a de plus fragile dans notre
double nature, le caprice d'un corps qui se lasse,
les illusions d'un cœur qui finit toujours par s'ouvrir à la vérité. La Comtesse Diane ne l'ignore pas,
et elle l'avoue dans une réflexion qui, sous sa forme
légère, suppose cependant encore la sincérité de
l'affection : « *En amour, le mot « toujours » veut
dire seulement de la bonne volonté pour l'avenir* «.
(109). Un jour viendra peut-être où l'un de ces
deux êtres qui semblaient ne plus en faire qu'un
se réveillera de son ivresse, indifférent et glacé !
L'autre devra reprendre seul le sillon de la vie : il
lui faudra se consoler, c'est-à-dire, arracher de son
cœur jusqu'au souvenir du bonheur perdu. Comment nos deux moralistes vont-ils dépeindre les
sentiments qui agitent son âme ? « *En amour*, dit
philosophiquement La Rochefoucauld, *le premier
guéri est toujours le mieux guéri* » (417). C'est
charmant et c'est vrai, même pour l'amour ; mais
ne sent-on pas que La Rochefoucauld pense surtout
à cette galanterie légère où, quand on s'unit, on
prévoit qu'on se quittera bientôt; où, quand on se
quitte, la grande affaire est d'être bientôt consolé?
Gageons que, dans sa vie, La Rochefoucauld a toujours été *guéri* le premier !

Quant à la Comtesse Diane, elle ne s'occupe pas

du *premier guéri :* elle ne songe qu'à l'autre, à celui qui a été trahi, à celui qui aimait, à celui qui souffre : « *D'abord on n'aime plus; longtemps après on arrive à n'aimer pas, c'est alors qu'on cesse de souffrir* » (*Maximes,* p. 122). La phrase, ainsi formulée en termes généraux, n'est vraie pour l'amour que s'il n'est pas une galanterie, s'il est réellement l'amour. Mais comme elle est vraie alors ! Elle est vraie aussi pour l'amitié, pour toutes les autres affections vives et sincères que vient à briser la trahison ou l'indignité !

Que la mort frappe l'un des deux amants : La Rochefoucauld écrira cette *Maxime* qui peut-être était juste de son temps, mais qui n'est plus que choquante aujourd'hui, tant elle s'éloigne de nos mœurs: « *La plupart des femmes ne pleurent pas tant la mort de leurs amants pour les avoir aimés que pour paraître plus dignes d'être aimées* » (362). L'indifférence et les calculs de l'égoïsme, c'est là ce qu'il suppose; c'est là ce qu'il aperçoit, parceque c'est là ce qui l'intéresse. La Comtesse Diane dira : « *Tout être aimé a perdu le droit de mourir* » (*Glanes de la vie,* p. 108). « *Quand on a perdu l'être aimé, on ne tient plus à sa propre vie : on ne s'aime plus soi-même qu'en souvenir de lui, en respect de ce qu'il aimait* » (*Maximes,* p. 85). Elle ajoute, et ceci montre qu'à ses yeux l'amour, comme toute autre affection d'ailleurs, paraît loin de

20

l'égoïsme puisqu'il survit à la mort : « *On se con-*
*sole de l'abandon d'un ami, parce qu'on arrive à*
*ne plus l'aimer ; mais on ne se console jamais de*
*sa mort, parceque mort on l'aime encore* » (194).
C'est encore la même pensée qu'elle exprime sous
une autre forme : « *L'homme qui perd celle qu'il*
*aime pense à mourir ; la femme qui perd celui*
*pour qui elle est belle pense à détruire sa beauté.*
*J'ai vu dans un cimetière musulman une magni-*
*fique chevelure noire nouée d'une corde et jetée de*
*toute sa longueur sur la terre fraîche d'une tombe*
*récente* » (220). Ce qui intéresse et ce qui frappe la
Comtesse Diane, aussi bien dans notre société
émoussée par la civilisation que dans les races
restées plus près de la nature, c'est la sincérité des
sentiments : l'amour lui apparaît comme une affection profonde et absolue.

Comme nous sommes loin de La Rochefoucauld
et de sa vaine galanterie ! Quelle différence entre
cette passion qui commence par être sincère, même
quand elle doit finir, et un commerce amoureux qui
ne s'est jamais fait illusion sur sa durée, où le cœur
n'a jamais été engagé, qui n'intéressait que les sens
ou que la vanité ! La Comtesse Diane a vu passer
sous ses yeux cette frivole recherche du plaisir,
mais elle ne s'attache pas, comme La Rochefoucauld, à la dépeindre, et elle n'en parle que pour
exprimer son dédain. La Rochefoucauld avait dit :

« *Ce qui se trouve le moins dans la galanterie,
c'est de l'amour* » (402) ; elle écrit à son tour : « *La
galanterie, c'est l'amour sans amour* » (179). Au
premier abord les deux maximes paraissent iden-
tiques : l'idée est la même, les mots sont les mêmes ; mais combien le sentiment diffère ! La Rochefoucauld constate froidement un fait qu'il juge
piquant peut-être, mais qui lui semble tout naturel ;
la Comtesse Diane laisse percer du mépris et de la
pitié pour une faiblesse dépourvue de la passion
qui en serait l'excuse, de la tendresse qui en ferait
le charme. Sans doute ici chacun de nos deux auteurs suit la tendance de son sexe ; mais il obéit
aussi au sentiment de son siècle. Au théâtre et dans
le roman, quand nos contemporains étudient et
décrivent l'amour, ils n'en font pas un caprice léger
dont on reste le maître, dont on s'amuse quelque
temps et que l'on abandonne avec aisance en s'attachant seulement à rester fidèle aux règles convenues
de l'élégance et du bon ton ; pour eux, qu'il soit
innocent ou coupable, qu'il pousse celui qui le subit
au dévouement ou au crime, l'amour est toujours
une passion sérieuse et redoutable qui envahit et
domine malgré nous tout notre être.

La Comtesse Diane voit que l'amour est cruel et
qu'il peut s'éteindre ; mais elle voit aussi que,
quand on l'éprouve, on croit sincèrement qu'il ne
s'éteindra jamais. Quand il dure, ce qui arrive

plus souvent que ne le croient les sceptiques et les
libertins, il ne demeure pas en cet état de pa-
roxysme où l'être tout entier s'incarne dans un sentiment unique qui le soulève au-dessus de la terre ;
mais c'est encore lui qui nous fait vivre et nous
rend heureux : « *L'amour fait vivre dans l'avenir
quand on est jeune, dans le passé quand on est
vieux, et dans le ciel pendant un jour* » (177).
Tandis que La Rochefoucauld peint avec une ironie
railleuse un passe-temps dont il avoue lui-même
qu'on est honteux quand on a cessé de s'en amuser
(71), la Comtesse Diane décrit une passion dont les
traces restent douces et profondes parce qu'elle n'est
ni une fantaisie passagère des sens, ni un jeu de
l'amour-propre, et que le cœur tout entier s'est
donné. Voilà pourquoi les *Maximes de la Vie*,
quand elles nous parlent de l'amour, même pour
nous rappeler sa fragilité, élèvent l'âme et la conso-
lent, au lieu de l'attrister comme le livre sceptique
de La Rochefoucauld.

Nous pourrions étendre à d'autres sujets l'étude
que nous venons d'esquisser, et toujours nous
retrouverions dans chacun de nos deux moralistes,
à côté de l'empreinte de son caractère personnel, la
marque de son siècle, presque l'histoire de son temps.
Ainsi la Comtesse Diane ne paraît nullement
occupée de ce que La Rochefoucauld appelait les

*grandes affaires* ; nous dirions aujourd'hui la *politique*. Laissant de côté ces questions redoutables où les personnes tiennent plus de place que les principes, et détournant ses yeux de nos querelles et de nos intrigues, elle se contente d'observer dans les salons la comédie mondaine qui se joue autour d'elle, et de démasquer avec finesse les mobiles secrets derrière les prétextes par lesquels nous cherchons à tromper les autres et nous parvenons quelquefois à nous tromper nous-mêmes . Un jour cependant le tonnerre gronde et lui révèle qu'au-delà de la famille et des amis il y a la France; que la patrie n'est pas un mot vague et banal, mais une réalité vivante et saignante. Alors entre une gracieuse définition du tact : « *Le tact, c'est le bon goût dans les actions* » (115), et une réflexion mélancolique sur le bonheur : « *Nous n'avons de bonheur certain que celui que nous croyons donner* » (114), elle écrit ces lignes douloureuses : « *Le cœur ne connaît pas toutes ses tendresses ; c'est le malheur de la patrie qui nous révèle combien elle nous est chère* » (115).

La Rochefoucauld, au contraire, l'homme aux grandes ambitions, le politique sans cesse préoccupé des affaires publiques, n'a pas un mot sur la patrie. Qu'était-ce, de son temps, que la patrie, et où était-elle ? Dans l'armée de Turenne ou dans l'armée de Condé ? Avec les Princes ou avec Mazarin ? Il y avait

des partis, des ambitions, des intrigues, il n'y avait
nulle part un drapeau, emblème de la France, devant
lequel se seraient inclinés respectueusement tous
les enfants du même pays. L'idée de la patrie, on
ne l'aurait à cette époque trouvée que dans les
vers de Corneille!

Mais pendant les longs troubles qui avaient pré-
cédé la grandeur de Louis XIV, La Rochefoucauld
avait vu les personnages les plus élevés de l'État
monter sur l'échafaud ; il rappelle leurs noms dans
ses Mémoires. Il n'avait pas oublié que lui-même,
à différentes reprises, avait risqué sa tête. Aussi
nous dira-t-il : « *Ceux qu'on condamne au supplice
affectent quelquefois une constance et un mépris
de la mort qui n'est en effet que la crainte de l'envisager. De sorte qu'on peut dire que cette constance et ce mépris sont à leur esprit ce que le
bandeau est à leurs yeux* » (21). Aujourd'hui, bien
que les souvenirs de la Terreur planent encore sur
notre histoire et projettent sur notre avenir un
nuage sanglant, nous ne songeons pas, dans la vie
ordinaire, que l'échafaud puisse menacer un homme
qui n'est pas un criminel ; un moraliste ne suppose pas que le lecteur pour lequel il écrit soit
prédestiné à devenir un assassin, et il laisserait
aux criminalistes ou aux philanthropes réforma-
teurs le soin de décrire les sentiments d'un condamné à mort.

Les pensées sur la clémence des princes (15 et 16), sur la confiance des grands (239), sur la magnanimité (248, 285), sur la gloire (268, 272), sur la générosité, qui *n'est qu'une ambition déguisée* (246), sur l'air bourgeois, qui *se perd quelquefois à l'armée, et jamais à la Cour* (393), etc., etc., se rapportent aussi à un état social qui est bien loin de nous, et nous rappellent ce qu'était La Rochefoucauld. Les *grands* formaient alors une classe à part ; Pascal, La Bruyère, Massillon, composaient des discours, des chapitres, des sermons sur les *grands*. La Rochefoucauld, qui était parmi les *grands* l'un des plus élevés par la naissance et par l'illustration personnelle, vivait à la Cour au milieu d'eux, ne voyait qu'eux, n'écrivait que pour eux. Il ne songeait pas à ce que nous nommerions aujourd'hui le *public*, mais uniquement à ce petit groupe d'hommes de haut rang, de femmes élégantes et spirituelles dont les jugements et les manières s'imposaient au reste de la nation. Peut-être même est-ce parce qu'il n'a pas observé d'autre modèle qu'il a été entraîné à exagérer le rôle de la vanité dans les mouvements du cœur humain. S'il avait étudié la généralité des hommes, il aurait reconnu que l'*amour de soi*, qui sans doute est pour tous le grand mobile, ne prend pas chez tous la même forme ; peut-être est-ce surtout dans les classes élevées que l'*amour-propre* (dans le sens moderne

du mot) devient prépondérant. Que l'on mette en
opposition, par exemple, l'amour-propre et l'intérêt ;
le gendre de M. Poirier sacrifiera son intérêt, mais
M. Poirier fera taire son amour-propre. Or, pour
La Rochefoucauld, M. Poirier et les *gens du commun* (504) n'existaient pas.

La Comtesse Diane fait aussi des distinctions
entre les hommes, mais elle établit autrement ses
catégories. « *L'humanité*, dit-elle, *se divise en deux
parts inégales : d'un côté les natures d'élite, de
l'autre côté tout le monde* » (217). Elle oppose les
« *grandes intelligences* », qui, dit-elle, « *se cherchent dans la foule comme des compatriotes à
l'étranger* » (46), et les âmes *vulgaires*, les *caractères ordinaires* (64), qui sont pour elle, non plus
les *gens du commun*, mais *tout le monde*, ou *la
foule*. Elle est d'un siècle qui ne reconnaît plus de
castes, mais qui sait encore distinguer la délicatesse
des sentiments, la culture de l'intelligence, la poli-
tesse des manières ; où, dans les salons nobles ou
roturiers, chacun est assuré d'obtenir la place que
lui assignent son caractère, son mérite et son éducation, c'est-à-dire les qualités qui font qu'il nous
inspire confiance, qu'il nous intéresse et qu'il ne
nous froisse pas.

Ainsi chacun de nos deux moralistes reflète les
sentiments, les idées générales, les préjugés du
siècle qui l'a vu naître. Il les reflète à son insu, et

son témoignage n'en est que plus précieux, car, ainsi que le dit la Comtesse Diane, « *le vrai est dans l'involontaire* » (167). En nous attachant principalement à faire ressortir ce côté de leur œuvre, nous savions que nous courions un danger : celui de mettre en relief leurs défauts et leurs lacunes plutôt que leurs qualités, car c'est par ses faiblesses surtout qu'un auteur est de son siècle. Mais nous avons pris pour objet de notre étude deux écrivains qui ne sont pas moins remarquables par l'excellence de la forme que par la finesse et la vérité des aperçus, et celles mêmes de leurs *maximes* qui décrivent des mœurs passagères ont, comme les autres, leur intérêt et leur valeur. Nous nous hâtons d'ajouter, d'ailleurs, que s'ils ont souvent dépeint ces traits accidentels qui sont le résultat de l'éducation ou de l'exemple et le signe particulier d'une époque ou d'une coterie, ils ont su retracer aussi ces mouvements éternels du cœur humain et ce caractère immuable de la race, que l'on retrouve, les uns chez tous les peuples de la terre, l'autre à toutes les époques de la vie d'une nation. Sous des formes variables et avec certaines nuances, au fond l'homme est toujours le même ; les mœurs, les préjugés diffèrent d'un siècle à l'autre ; les passions sont impérissables.

Faut-il tirer une conclusion de notre travail, porter un jugement sur les différences que la lec-

ture des deux moralistes nous a révélées, et rechercher si nous valons mieux ou moins que nos pères ?
Pour les âges comme pour les personnes, il est
souvent utile de comparer afin d'apprendre à supporter, et nous sommes trop de notre siècle pour ne
pas nous plaire à constater, en terminant cette
étude, que, sur plusieurs points du moins, elle
nous a conduit à rendre hommage à nos contemporains : la force morale obtient chez eux la considération qui jadis était plus exclusivement l'apanage de la bravoure militaire : ils ont, quoi que
l'on puisse dire, plus de délicatesse pour tout ce
qui touche à l'argent ; ils croient à l'amour ; le mot
de *patrie* fait vibrer leurs cœurs, et leur indignation noterait d'infamie quiconque, dans nos querelles intestines, oserait faire appel à l'étranger.
Puissent ces réflexions nous consoler quelque peu
des petitesses et des misères qui affligent notre
temps !

# DENYS COCHIN

Fondateur des Salles d'Asile [1]

———

Les hautes préoccupations de l'Histoire, l'étude des grands événements politiques qui ont décidé la destinée des nations ne doivent pas nous faire négliger des faits d'un ordre plus modeste qui ont exercé une influence heureuse sur le sort des hommes, et je ne sortirai pas du cadre de nos travaux en entretenant la *Société des Études historiques* du philanthrope pieux et sympathique qui a attaché son nom à la fondation des Salles d'Asile en France.

Il y a en effet des hommes dont le souvenir se résume dans une institution. Denys Cochin a abordé successivement la médecine, le barreau, les affaires municipales, les questions économiques et même la politique, car il fut député, ce philanthrope à qui la reine Marie-Amélie disait un jour : « Vous, député, Monsieur Cochin ! La politique n'est pas le pays des bonnes actions ». La rectitude de son jugement,

(1) *Revue de la Société des Études historiques*, 1885.

son intelligence et son activité ont permis à son fils
de dire de lui avec justice : « Partout où il passa, il
laissa sa trace ». Et cependant, à la distance de
quelques années, cette trace s'efface ; elle se confond
avec celle de tant d'autres hommes distingués et
oubliés, qui, eux aussi, ont été jurisconsultes, ou
économistes, ou philanthropes. Mais un jour, en
s'occupant des familles ouvrières, en se demandant
ce que deviennent les pauvres petits enfants pendant que le père et la mère, chacun de son côté,
travaillent loin du logis, Denys Cochin a organisé
la Salle d'Asile ; voilà ce qui assure à son nom la
reconnaissance de la postérité.

Il appartenait à une de ces vieilles familles bourgeoises qui n'ont jamais été rares à Paris, où les
générations se transmettent religieusement un pa-
trimoine de vertu et d'honneur, et qui passent
inaperçues des observateurs superficiels, parce
qu'elles ne sont jamais mêlées à ce qui fait du
bruit. Depuis saint Louis la famille Cochin avait
compté des hommes distingués au barreau, dans
les arts, dans le clergé ; la piété, le travail, la charité, le dévouement à la chose publique y étaient
héréditaires. Ces traditions invitaient Denys Cochin
à s'occuper des pauvres ; ses sentiments personnels
l'y portaient ; un grand deuil hâta et décida sa
vocation. Jeune encore il eut le malheur de perdre
sa femme, la mère d'Augustin Cochin. Les grandes

douleurs, comme les grandes joies, ouvrent le cœur à la compassion ; mais les bonheurs sont trop courts pour laisser une empreinte profonde ; les peines durent plus longtemps, et ce sont elles qui inspirent les longs dévouements. Cochin sentit que son deuil durerait toute sa vie, et, renonçant à sa carrière, il se voua désormais à l'amélioration du sort des classes déshéritées, de celles pour qui la vie est matériellement si difficile, et qui ont besoin d'être aidées par les classes déjà parvenues à l'instruction et à l'aisance. Les pauvres, et parmi les pauvres les enfants, voilà quels furent dès lors les objets de sa sollicitude.

Mais il ne tarda pas à comprendre que le meilleur moyen d'assister les pauvres n'est pas d'attendre qu'ils soient tombés dans la misère. Membre du bureau de bienfaisance de l'arrondissement de Paris qui à cette époque comptait le plus grand nombre d'indigents, l'arrondissement des Gobelins, il constata l'inefficacité et le danger des secours tels que les distribuent trop souvent la routine inintelligente et l'indifférence lassée. « Il faut, disait-il, guérir la pauvreté comme on guérit la maladie, et non pas l'entretenir comme un état permanent par une alimentation périodique et imprudemment accordée ........ Les distributions d'aumônes sans condition de travail peuvent devenir de tous les secours les plus corrupteurs, les

plus dangereux pour la morale et pour la paix publique » (1). Plus tard, il exprimera plus énergiquement encore la même pensée, et, flétrissant ces
secours publics « qui accoutument les citoyens, au
lieu de vivre par le travail et de payer l'impôt, à
vivre de l'impôt et à menacer la tranquillité de ceux
qui le paient », il ajoutera ces paroles sévères :
« Les dépositaires de l'autorité devraient savoir que
lorsqu'on se mêle d'influer sur le sort des hommes
en créant des secours publics, il faut agir gravement pour ne rien compromettre » (2). Donner le
secours sous forme de travail et de salaire, s'attacher surtout à prévenir l'indigence, tel fut le but
de ses efforts.

Un fait bien ordinaire, devant lequel d'autres,
rendus indifférents par l'habitude, auraient passé
sans même le remarquer, devint pour lui l'occasion
d'appliquer ces principes. Un jour il rencontra dans
le Luxembourg trois tout petits enfants déguenillés
qui semblaient abandonnés. Il les interrogea. Les
malheureux n'avaient plus de mère. Leur père était
employé, comme manœuvre, à ratisser les allées ;
pour ne pas enfermer les enfants seuls au logis, il
les emmenait avec lui et les laissait vaguer dans le
jardin toute la journée, livrés à eux-mêmes, et

(1) Rapport fait en 1828 au nom des douze bureaux de
bienfaisance de Paris.

(2) *Manuel des fondateurs de Salles d'Asile*, p. 49.

mendiant pour ne pas mourir de faim. Etait-ce par
l'aumône, était-ce même par l'assistance en travail
que l'on pouvait porter remède à de semblables
misères, préserver ces pauvres petits et donner à
leur père la sécurité ? Combien d'enfants dans la
classe ouvrière sont ainsi, suivant l'expression d'un
rapport américain, « enfermés dans le logis en
hiver, enfermés hors du logis en été », toujours
exposés à mille périls, et souvent, par leur seule
présence, condamnant leurs parents à la douloureuse nécessité de solliciter ou tout au moins de
subir l'aumône !

Cochin n'était pas homme à se contenter de gémir
sur le mal ; il chercha le remède ; il voulut l'appliquer lui-même. Il loua deux chambres rue des
Gobelins (1826) ; il y réunit quelques petits enfants
livrés à eux-mêmes comme ceux qu'il avait vus au
Luxembourg, puis il vint chaque jour passer plusieurs heures au milieu d'eux, surveillant les soins
qu'il leur faisait donner, et cherchant pour eux une
méthode appropriée à leur âge. Quelques exercices
pour satisfaire leur besoin de mouvement ; des
leçons de choses pour éveiller leur attention sans la
fatiguer ; quelques prières pour développer dans
leur âme l'instinct du bien et pour donner une base à
la morale ; voilà ce qu'il établit dans son essai d'asile,
ce qui fait encore aujourd'hui le fond de tous les sys-
tèmes inspirés par l'étude éclairée de la pédagogie.

Pendant que Cochin, guidé par son seul amour pour les pauvres, faisait cette expérience, d'autres personnes à Paris étaient préoccupées de la même question. M. de Gerando avait retrouvé en Angleterre les *Infants schools*, imitation heureuse des anciennes salles d'asile d'Oberlin et de M^me de Pastoret, et il avait formé un Comité pour étudier les moyens de ramener en France cette institution, d'origine française, qui réussissait si bien de l'autre côté de la Manche. La passion du bien, comme toute autre passion, amène à se rapprocher les hommes qui en sont également animés ; mais elle a ce mérite particulier que, du moins lorsqu'elle est sincère, elle ne les divise pas par des rivalités. Denys Cochin se mit en rapport avec le Comité de M. de Gerando et aussitôt il en devint l'âme. Il décida M^me Millet à aller en Angleterre étudier les *Infants schools* ; il y a alla lui-même, puis il organisa rue des Martyrs une véritable salle d'asile destinée surtout dans sa pensée à contrôler par l'expérience les procédés Anglais, à les approprier aux habitudes de la population Française, et à prouver que l'institution était susceptible de vivre en France.

L'expérience faite, il présenta au Préfet de la Seine le plan d'un établissement primaire complet, où la salle d'asile avait sa place à côté de l'école ; c'était ce que l'on appelle aujourd'hui un *Groupe scolaire*. Le Préfet répondit que ce rêve d'un homme de bien était irréalisable ; que d'ailleurs, si l'on créait à Paris un établissement de ce genre il en faudrait bientôt au moins vingt, ce qui entraînerait, pour la seule construction des locaux, une dépense inadmissible de cinq millions.

Denys Cochin ne se découragea pas ; il résolut de faire lui-même l'essai de cette institution que l'autorité officielle déclarait impraticable, mais que son intelligence jugeait possible et sa philanthropie nécessaire.

Il s'associa avec des entrepreneurs et obtint d'eux qu'ils construiraient, à frais communs, mais sous sa responsabilité, un établissement dont il donna le plan et qui pourrait recevoir mille enfants de deux à quatorze ans ; il leur laissa à dessein une part indivise de la propriété, pour qu'ils eussent intérêt à bien construire. Trois mois et dix-sept jours après la pose de la première pierre, la maison de la rue Saint-Hippolyte était ouverte et quatre cent vingt enfants de tous les âges prenaient place dans les diverses classes. L'année suivante les enfants étaient au nombre de mille, le Préfet de la Seine ouvrait les yeux, et la ville de Paris se décidait à acheter le bâtiment, qu'on lui abandonna à prix coûtant. Cochin raconte dans son *Manuel des Salles d'Asile* l'histoire de cette fondation, et il termine son récit en adressant aux personnes qui pourraient être

tentées d'imiter sa charité cet avis douloureux qui
atteste une amère et profonde expérience du cœur
humain :

« Peu de personnes pensent qu'on puisse faire
le bien pour le bonheur de le faire et pour répandre
sur son existence le délicieux sentiment d'une bonne
et grande action. Les personnes injustes, malignes
ou superficielles, ne manquent pas d'empoisonner
les meilleures intentions, lorsque la puissance des
chiffres ne les réduit pas au silence. Les fondateurs
qui voudront éviter de voir calomnier leurs vues
bienfaisantes devront donc calculer généreusement
la proportion de leur largesse, pour qu'elle soit
évidente à tous les yeux ». — « Pour moi, après
avoir procuré une grande économie à la ville de
Paris ; après avoir passé des années en voyages, en
études et en soins quotidiens pour importer dans
cette ville des Établissements qui y étaient impar-
faitement ébauchés ; après avoir, pour ainsi dire,
créé une méthode d'enseignement pour les Asiles et
fondé le premier collège royal d'instruction primaire qui ait été organisé en France, j'ai cru
devoir ajouter à tous ces sacrifices une donation de
mobilier et d'autres valeurs s'élevant à 22,006 fr. 72,
pour qu'il fût notoire qu'aucun esprit de spécula-
tion ne m'avait dirigé dans cette entreprise » (1).

(1) *Manuel des Fondateurs de Salles d'Asile*, p. 89.

Quels cruels mécomptes laissent deviner ces lignes, piquant commentaire du triste proverbe belge : « Ne faites pas de bien, on ne vous fera pas de mal ». Mais les amertumes ne découragent pas les âmes généreuses (1), et d'ailleurs les sacrifices de Cochin n'avaient pas été stériles ; l'institution des Salles d'asile était désormais fondée en France.

Peu de temps après fut promulguée la grande loi de 1833 sur l'instruction primaire. Cochin saisit cette occasion pour expliquer que la Salle d'asile est le complément naturel de l'école, et pour fixer définitivement le caractère qu'il voulait donner à son œuvre. Son *Manuel des Fondateurs et des Directeurs de Salles d'asile*, ouvrage remarquable

(1) Il y a quelques années, la femme d'un grand industriel vint me demander des renseignements pour organiser une crèche dans l'usine de son mari. Elle en avait eu l'idée en constatant les services rendus par une crèche de Paris dont tous deux nous connaissions le fondateur. Incidemment elle me dit : « Je ne connais personne qui fasse autant de bien que lui, et personne qui ait été plus calomnié ». — « Comment ! vous savez cela, et vous avez le courage d'entreprendre une œuvre de bienfaisance ? » — « Oui. Je sais ce qui m'attend. Quand je viendrai à ma crèche on jettera de la boue sur ma voiture. Mais il faut faire le bien pour le bien, et non en vue de la reconnaissance ». — Quelques mois après, la crèche était construite ; c'était, et c'est encore une des mieux installées, des mieux tenues, des plus fréquentées des environs de Paris. Je demandai au directeur de l'usine si les familles dont l'œuvre soignait les enfants étaient reconnaissantes du bienfait qu'elles devaient à la charité de la fondatrice et aux sacrifices du patron. — « Oh ! la dernière fois que M^me X... est venue voir sa crèche, on a jeté de la boue dans sa voiture ». — Il me répétait les paroles mêmes dont j'avais conservé le douloureux souvenir.

d'un esprit philosophique et pratique qui sait voir
à la fois le but et le chemin, résume les résultats
de l'expérience déjà acquise, prévoit, discute et
résout toutes les questions. Ce livre présente encore
aujourd'hui un véritable intérêt ; il permet de mesurer la route parcourue depuis 1833, et de comparer les préoccupations qui régnaient à cette époque
avec celles qui dominent aujourd'hui.

Nous sommes étonnés, par exemple, de voir avec
quelle insistance Cochin se croit obligé de démontrer l'importance du rôle des femmes dans les salles
d'asile, et avec quelle timidité il se contente de
demander qu'on leur laisse au moins une part dans
la direction de ces établissements ; nous apprenons
avec surprise que la première salle d'asile a été
confiée par lui à un homme. Il eut d'ailleurs la
main heureuse ; M. de Kerguidu rendit à l'institution naissante des services aussi précieux que
Buchanan en Écosse ; c'est lui qui organisa cette
petite discipline, grâce à laquelle une seule maîtresse peut diriger un grand nombre d'enfants.

Ailleurs, nous voyons Cochin développer à plusieurs reprises l'idée que les salles d'asile peuvent
être utiles, non seulement pour les familles ouvrières, mais aussi pour les familles aisées ou même
riches.

« Les enfants, dit-il, seraient là moins gâtés que
chez eux ; ils y trouveraient des soins hygiéniques

mieux entendus et des maîtres présentant plus de
garanties que des bonnes insuffisamment surveil-
lées ». Les inventeurs ont ceci de commun avec les
auteurs et avec tous les pères qu'ils sont facilement
portés à exagérer les mérites de leur création, et
cinquante années d'expérience paraissent avoir
condamné sur ce point la pensée de Cochin. Ne
nous hâtons pas cependant de lui donner définitivement tort. Je lisais dernièrement dans un rapport
adressé à notre ministre de l'Instruction publique,
à la suite d'une mission officielle, qu'aux États-
Unis un grand nombre de *Jardins d'enfants* sont
destinés aux familles aisées ; à Boston seulement,
il y en a douze de ce genre sur une quarantaine
d'établissements qui existent dans la ville ou dans
la banlieue(1). Et, sans même traverser l'Atlantique,
ne voyons-nous pas à Paris, depuis quelques
années, s'établir des maisons spéciales où les mères
les plus tendres envoient leurs *babies*, à peine âgés
de quatre ou cinq ans. Là, ces petits diables qui,
dans l'appartement, étaient insupportables et déso-
béissants, parce qu'ils y manquaient d'air, d'espace
et de camarades, deviennent heureux, bien portants
et sages ; par surcroît, l'émulation vient s'emparer

---

(1) Rapport de M^lle Loisillon, inspectrice générale des
Salles d'asile.

Les chiffres donnés dans ce rapport ne concordent pas
complètement avec ceux de la statistique officielle du *Bu-*
*reau de l'Éducation* de Washington pour 1883.

d'eux ; ils veulent apprendre, pour faire comme les autres. Voilà bien la salle d'asile pour les riches, telle que la rêvait, disons mieux, telle que la prévoyait Denys Cochin.

Un autre point mérite aussi notre attention. Cochin définissait ses établissements « des salles d'*hospitalité* et d'*éducation* en faveur du premier âge ». Il ajoutait que « de ces deux bienfaits, l'hospitalité est sans contredit le plus précieux ». Cependant nous remarquons que, dans l'ensemble de son *Manuel*, il insistait beaucoup plus sur l'éducation et l'enseignement que sur l'hospitalité. C'est qu'il écrivait pour son temps. A cette époque c'était l'enseignement qu'il redoutait de voir négliger. Le soin de pourvoir à l'instruction de l'enfance paraissait alors moins un devoir social vis-à-vis de l'ensemble de la classe ouvrière qu'une œuvre d'assistance vis-à-vis des pauvres qui n'auraient pas pu payer l'écolage. La plupart des écoles publiques étaient soutenues par les hospices ou les bureaux de bienfaisance ; on les désignait sous le nom d'*Écoles de charité*. Lorsque les Salles d'asile furent créées, elles furent considérées à plus forte raison comme rentrant dans les attributions des bureaux de bienfaisance. En effet, en gardant les enfants, elles donnaient aux parents le moyen de gagner leur vie au lieu de demander des secours. A Paris, ce fut le Conseil général des hospices, et non la Ville, qui se chargea de les créer, et de faire face à la dépense. La dénomination de *Salles d'asile*, qui fut alors adoptée, répondait à cette idée. Cochin ne l'avait acceptée qu'à regret, parce que, disait-il, « elle ne présente pas assez nettement l'idée de *l'éducation* préparatoire que les enfants reçoivent *accessoirement à l'hospitalité* ». Il pouvait donc craindre que l'éducation, sacrifiée dans le nom, fût bientôt négligée dans le fait, et que les Salles d'asile, entretenues sur le budget des pauvres, administrées par des hommes que leurs habitudes portaient à s'occuper d'assistance plutôt que d'enseignement, fussent transformées en simples garderies ?

S'il vivait aujourd'hui, peut-être aurait-il une préoccupation bien différente. Les progrès de l'industrie, l'étude des questions sociales ont développé les idées dont la loi de 1833 était déjà l'expression, et ont mis en relief, avec l'importance de l'instruction primaire, la nécessité de l'intervention de l'État. Les *Salles d'asile*, depuis longtemps enlevées aux établissements de bienfaisance, sont devenues des *Écoles maternelles*, et cette fois encore la dénomination officielle est le signe de l'esprit de l'époque. Les autorités universitaires ne seront-elles pas tentées à leur tour de négliger, dans la double mission des salles d'asile, celle qui rentre le moins dans leurs préoccupations habituelles, celle que Cochin appelait *l'hospitalité*, et qu'il jugeait la plus importante ? Déjà nous voyons, non sans quelque inquiétude, se manifester cette disposition nouvelle. Certains documents recommandent de ne pas admettre dans les Écoles maternelles les enfants au-dessous de quatre ans ou même quatre ans et demi, par ce motif que « plus bas, l'enfant n'est décidément pas, si l'on peut ainsi dire, *matière scolaire*. Il appartient à sa mère... » (1). Le ministre de l'Instruction publique lui-même dans ses circulaires (2), combat la tendance « à multiplier inconsidérément les *Écoles maternelles* (3), au lieu de se borner à établir des Classes enfantines » (4), et il prescrit non seulement de ne pas créer, mais de ne pas maintenir les établissements « qui ne reçoivent qu'un petit nombre d'enfants, la plupart au-dessous de quatre ans, et qui rendent si peu de services » à l'Instruction publique.

Avons-nous besoin de dire que les Inspectrices générales des Salles d'asile luttent contre ces doctrines ; elles sont femmes ; elles comprennent les besoins des mères et ceux des enfants. Elles savent que trop souvent la mère est forcée de travailler pour gagner sa vie ; qu'alors l'enfant, exposé à mille dangers, reste seul dans le logis vide ou dans la

(1) *Dictionnaire de pédagogie et d'instruction publique*, v°. Écoles maternelles.
(2) Circulaire du 21 mai 1884.
(3) Enfants de deux ans à sept ans.
(4) Enfants de quatre ou cinq ans à sept ans.

rue ; elles savent aussi, ce qu'oublient peut-être les
universitaires, qu'avant même de devenir *matière
scolaire* et d'avoir besoin de l'instruction, l'enfant a
besoin de soins matériels et moraux, d'un commencement d'éducation ; il y a en lui un futur citoyen
dont il ne faut pas livrer la santé et la vie aux périls
de l'abandon, il y a une âme qu'il ne faut pas
laisser s'atrophier.

Si les idées que depuis quelque temps nous
voyons poindre viennent à prédominer ; si ce n'est
plus « qu'à contre-cœur » que les autorités scolaires
« se résignent à ouvrir les portes des Écoles maternelles à des enfants de deux à quatre ans » (1), il
faudra vraiment dans quelques années recommencer l'œuvre d'Oberlin, de M^{me} de Pastoret, de Denys
Cochin, et inventer de nouveau les Salles d'asile.

Tandis que je suivais pas à pas les phases diverses de l'œuvre à laquelle Denys Cochin a attaché
son nom, que je voyais ses débuts humbles et con-
testés, que j'admirais combien il faut de patience et
de sacrifices pour faire accepter une institution qui
doit un jour être bénie de tous, ma pensée se repor-
tait involontairement sur un autre homme de bien
dont le caractère et la carrière offrent avec ceux de
Cochin plus d'un point de ressemblance, et qui,
quelques années plus tard, s'avançant plus loin

(1) *Dict. de Pédagogie, loc. cit.*

dans la même voie, a complété la Salle d'asile
en fondant la Crêche. Comme Denys Cochin,
Firmin Marbeau avait de bonne heure quitté les
travaux du jurisconsulte pour se livrer à l'étude de
l'économie sociale et pour se consacrer à l'amélioration du sort des classes souffrantes ; comme lui il
s'attacha à « substituer le travail à l'aumône » (1),
et il porta ses principaux efforts sur l'enfance, afin
de conserver à la patrie des citoyens robustes, honnêtes et religieux. Son œuvre eut le sort de toute
chose nouvelle : il vit les crêches accueillies avec
faveur tant que les éloges qu'on leur adressait pouvaient paraître la critique de ce qui existait avant
elles, puis combattues avec animosité aussitôt qu'elles menacèrent de devenir à leur tour une des
institutions du pays. Il dut soutenir de longues
luttes pour prouver qu'en donnant à l'ouvrière qui
vit de son travail le moyen de ne pas envoyer son
enfant en nourrice, la crêche ne brise pas le lien
maternel ; qu'en soignant l'enfant pendant toute la
journée elle ne compromet pas sa santé. Firmin
Marbeau réussit, comme Denys Cochin, à transformer une œuvre précaire et isolée en une institution
durable, et il réussit par les mêmes qualités : l'esprit
d'organisation qui sait prévoir, la persévérance
infatigable que ne rebute aucune épreuve, le déta-

---

(1) *Des Crêches*, ouvrage couronné par l'Académie française.

chement absolu de sa personne. A partir du jour où
il a entrevu son œuvre, il s'y consacre tout entier
et semble désormais ne plus vivre que pour elle. Il
ne néglige pas cependant les autres aspects de la
vie sociale ; il sait que les choses humaines s'en-
chaînent, et que tout esprit qui s'isole se diminue ;
mais il rapporte à son œuvre tout ce qu'il observe,
tout ce qu'il apprend. Il s'incarne en elle, de telle
sorte que si plus tard on veut parler de lui, ce sera,
comme pour Denys Cochin, son œuvre plus que sa
personne qu'il faudra raconter. C'est ainsi du reste
que l'un et l'autre eussent eux-mêmes désiré que
l'on écrivît leur histoire. Bien différents des habiles
qui ne cherchent dans tous les incidents de la vie
que l'occasion de faire valoir leur personnalité, eux
s'oublient et s'effacent, et tout entiers à leur but
humanitaire, ils lui sacrifient sans arrière-pensée
leur amour-propre comme leur intérêt. S'ils éprouvent parfois un regret et un étonnement, c'est quand
ils se heurtent à des gens qui, par jalousie contre
leur personne, cherchent à entraver une œuvre
utile à l'humanité : âmes incapables de comprendre
leur passion désintéressée pour le bien parce qu'elles
ne seraient pas capables de la ressentir ! Ils ne se
plaignent pas, d'ailleurs, de la destinée qu'ils ont
choisie ; ils obtiennent la seule récompense réservée
à l'homme qui consacre sa vie à son prochain : la
satisfaction de la conscience. C'est l'un des bonheurs

les plus doux qu'il nous soit donné d'espérer sur cette terre ; c'est aussi l'un des plus faciles et des plus sûrs, car il ne dépend que de nous ; on se sent heureux quand on a fait du bien.

Un jour, le grand-oncle de Denys Cochin, le fondateur de l'hôpital qui, malgré nos révolutions, porte encore le nom de cette famille bienfaisante, allait à son église Saint-Jacques-du-Haut-Pas faire un sermon de charité. Il est arrêté par une vieille mendiante, de lui bien connue. « Je n'ai plus rien, lui dit-il, j'ai tout donné ». — « Mais, Monsieur le Curé, les boucles d'argent de vos souliers me suffiraient pour acheter du pain pendant plusieurs jours ». — « Vous avez raison », dit le saint prêtre, qui se baisse et détache ses boucles d'argent. Mais une réflexion lui vient : « Si je vous les donne, on croira peut-être que vous les avez volées ! Venez avec moi ». — Il conduit la mendiante chez un bijoutier, vend lui-même ses boucles et lui en remet le prix. Puis il se rappelle ses paroissiens qui l'attendent. Il se hâte, monte en chaire, et, pour excuser son retard, raconte ce qui vient de lui arriver. Ce jour-là il n'eut pas besoin de parler longtemps pour prêcher la charité, et il trouva dans sa bourse de quêteur plus de bijoux que de gros sous. Hé bien ! ce qu'il a éprouvé en ce moment, n'est-ce pas ce sentiment délicieux que nient, parce qu'ils l'ignorent, les malheureux qui ne se sont

jamais occupés que d'eux-mêmes, n'est-ce pas le
bonheur ? Et ces dames émues qui venaient de lui
donner leur or et leurs bracelets pour ses pauvres,
est-ce qu'elles aussi, pendant cet instant, n'avaient
pas été heureuses ?

Ecoutez encore. J'ai prononcé tout à l'heure le
nom de M^{me} Millet, cette femme intelligente et
dévouée qui partagea avec Denys Cochin l'honneur
d'organiser les premières Salles d'asile, et qui désormais se voua comme lui à cette œuvre. Un jour
elle était en omnibus, courant d'un de ses établissements à l'autre. Un voisin la reconnaît, s'informe
de sa santé, des nouvelles de sa famille, puis, continuant la conversation, il lui demande combien
elle a d'enfants. — « Justement, répond-elle, j'ai
fait mon compte ce matin : j'en ai 3,600 ! » Comme
son interlocuteur, elle suivait sa pensée, et sa
pensée était toute aux pauvres petits enfants que
les Salles d'asile préservaient de l'abandon et de la
misère ! Dans ce mot encore ne devinez-vous pas le
bonheur ? Que nous cherchions le bonheur dans
l'affection ou dans le dévouement, nous ne le trouverons, croyez-le, que dans ce qui nous arrache à
nous-mêmes.

J'ai puisé ces deux anecdotes et la plupart des
traits que je vous ai cités sur Denys Cochin dans
un livre de notre confrère, M. Emile Gossot, qui
semble avoir pris à tâche d'étudier les institutions

utiles aux familles ouvrières et les personnages qui
ont concouru à en doter notre pays. Un de ses
premiers ouvrages était consacré à *M^lle Sauvan et
aux Écoles de Paris*; l'Académie française lui a
décerné un prix Monthyon. Celui-ci est intitulé :
*Les Salles d'Asile en France et leur fondateur :
Denys Cochin.* J'ai tenu à rappeler le nom de
M. Gossot, parce qu'il est juste de l'associer aux
noms qu'il nous a fait aimer. Écrire la vie d'un
homme de bien, c'est aussi faire une bonne action,
car c'est éveiller en nous le désir d'imiter sa vertu.
Denys Cochin est un de ces modèles que chacun
de nous devrait avoir toujours sous les yeux ; heureux qui peut dire avec vérité comme cet homme
pieux et doux : « Ma vie ne sera jamais assez longue
pour réaliser tout le bien que j'ai dans mon cœur ! »

# M<sup>ME</sup> MARIE PAPE-CARPANTIER [1]

## SA VIE ET SON ŒUVRE

### Par M. ÉMILE GOSSOT

Il est des institutions à la fois modestes et précieuses, qui semblent n'appeler que le concours de
personnalités pures et désintéressées. On s'y dévoue
parce qu'elles sont utiles aux classes pauvres ; on ne
les exploite pas. Les Salles d'Asile ont eu cette
bonne fortune. Quels en ont été les principaux
promoteurs en France ? Oberlin, M<sup>me</sup> de Pastoret,
M. de Gérando, Denys Cochin, M<sup>me</sup> Millet, François
Delessert, M<sup>me</sup> Jules Mallet. Tous ces noms sont
justement respectés ; tous rappellent le souvenir
d'âmes généreuses qui ont fait le bien pour le bien,
sans arrière-pensée de préoccupations personnelles.

M<sup>me</sup> Pape-Carpantier, par l'importance des services qu'elle a rendus à l'institution, par le dévouement absolu qu'elle lui a consacré pendant plus de
trente années, mérite de figurer sur cette liste
d'honneur. Elle avait 27 ans lorsqu'en 1842 la ville

(1) Revue de la *Société des Études Historiques,* 1891.

du Mans lui offrit de diriger une Salle d'Asile. A cette époque, on parlait moins qu'aujourd'hui de l'instruction populaire, mais on était loin d'y rester indifférent, et l'opinion publique se faisait une haute idée du rôle moral des instituteurs, ces « collaborateurs de la Providence », suivant la belle expression de M. Gossot. Quand M<sup>lle</sup> Carpantier vint prendre possession de son poste, la Municipalité se plut à témoigner de l'importance qu'elle attachait à un établissement où la première éducation était donnée aux petits enfants.

L'installation de la nouvelle directrice fut l'occasion d'une cérémonie publique ; le maire lui adressa solennellement un discours pour lui exprimer les espérances que l'on fondait sur son intelligence et son zèle. M<sup>lle</sup> Carpantier méritait ces éloges. Elle prit à cœur sa mission, et bientôt elle la définit dans un livre qui eut un grand retentissement : les Conseils sur la direction d'une salle d'asile. L'Académie Française, qui ne néglige jamais de donner ses encouragements à un ouvrage où elle voit, en même temps qu'un bon livre, une bonne action, lui décerna en 1847 un de ses prix Monthyon, et M. Villemain, interprète de la haute assemblée, expliqua le but de la salle d'asile en des termes qu'il n'est peut-être pas inutile de rappeler aujourd'hui : « L'expérience, disait-il, ressemble ici à une utopie réalisée. On voit, pour

une réunion d'enfants de la condition la plus
pauvre, tous les soins de la culture morale la plus
attentive mêlés à la surveillance physique. Précisément parce que l'étude à cet âge est encore peu
de chose, l'éducation a pris une grande place et
s'applique à tous les actes de cette vie naissante.
Origine et direction des sentiments affectueux,
élévation du cœur vers Dieu, premiers instincts de
dignité morale, et, pour ainsi dire, premier point
d'honneur de l'âme excité dès l'enfance, habitude et
goût de l'obéissance sortis du développement même
de l'être moral et destinés, non pas à détruire la
volonté, mais à la rendre judicieuse et ferme,
répression plus assortie aux caractères qu'aux actes
pour améliorer toujours au lieu de punir, voilà ce
que le dévouement au devoir et la sagacité du cœur
découvrent et' mettent en œuvre dans le cercle
étroit d'un asile. » M. Villemain n'était pas de cette
école qui prétend éloigner de la salle d'asile, sous
prétexte qu'ils ne sont pas encore *matière scolaire*,
les enfants trop petits pour apprendre à lire et à
écrire. Même à cet âge, M^lle Carpantier savait leur
enseigner quelque chose : la prière, l'obéissance
affectueuse, le respect, la discipline de leur volonté
naissante. Napoléon faisait remonter l'éducation
plus loin encore : « Rien, disait-il, ne peut remplacer l'éducation des langes. »

Le livre de M^lle Carpantier avait attiré sur elle

22

l'attention des personnes qui s'occupaient d'éducation populaire, et particulièrement de M<sup>me</sup> Jules Mallet, dont le nom ne peut être séparé de tout ce qui a été fait en France pendant de longues années pour acclimater et développer les Salles d'Asile. M<sup>me</sup> Mallet avait compris que la première éducation à donner aux tout petits enfants est un art, comme l'instruction à donner aux enfants plus âgés ; que cet art ne peut être abandonné à l'instinct des directrices ; qu'il doit être étudié ; que par conséquent il peut être enseigné. Elle avait rêvé la création d'une *Ecole Normale des Directrices des Salles d'Asile.* En 1847, son neveu, M. de Salvandy, était Ministre de l'Instruction publique ; elle réussit à lui faire adopter son projet et à obtenir que M<sup>lle</sup> Carpantier fût chargée d'organiser et de diriger le modeste établissement.

Dans la circulaire qui en annonçait la création, M. de Salvandy, d'accord en cela avec M. Villemain, définissait ainsi la mission des Salles d'Asile : « Au point de vue des intérêts du présent, elles offrent aux mères les moyens d'employer avec sécurité toute leur journée au travail, ce capital du pauvre ; aux enfants, un refuge assuré contre les dangers de l'abandon et de l'isolement. Au point de vue de l'avenir, elles forment des générations saines de corps et d'esprit, qui pourront fournir plus facilement à leurs propres besoins, et seront ainsi pour

la patrie une source nouvelle de richesse et de force. » A peine l'Ecole Normale était-elle à peu près
constituée, que la Révolution de Février vint tout
remettre en question. Il fallut recommencer des
démarches et convaincre le nouveau gouvernement.

A cette occasion, on nous pardonnera de rappeler
un fait certainement oublié, même de la génération
qui a vu la seconde République. On sait que pendant plusieurs semaines des manifestations sans
nombre vinrent assaillir à l'Hôtel-de-Ville le gouvernement provisoire. Chaque profession, chaque
corps de métier arrivait à son tour, avec drapeaux
et musique, et venait exposer gravement ses griefs
particuliers et ses vues générales sur la situation
de la France. Le gouvernement provisoire dut
charger un secrétaire *ad hoc* de recevoir poliment
et de renvoyer satisfaites ces incessantes députa-
tions dont les Parisiens s'amusaient au milieu de
leur tristesse, et dont Louis Reybaud s'est moqué
si finement dans son *Jérôme Paturot à la recherche
de la meilleure des républiques*. Or, la première
de ces manifestations eut pour objet les œuvres de
l'enfance, et fut conduite à l'Hôtel-de-Ville par
M^me Jules Mallet. C'était le 26 février, le surlendemain de la révolution ; Paris était encore en
armes et couvert de barricades ; les morts n'étaient
pas enterrés ! M^me Mallet et les autres personnes
qui, à leur grand grand émoi, furent convoquées par

les organisateurs de cette manifestation imprévue, ne crurent pas pouvoir s'abstenir d'y paraître. A côté d'elle marchaient avec résignation, et peut-être un peu pâles, les présidentes de quelques-unes des crèches de Paris, la vénérable duchesse de Marmier, appuyée sur le bras du président de la Société des crèches ; puis deux prêtres catholiques, un pasteur protestant et un rabbin. Sur des bannières flottaient ces inscriptions : — *Éducation populaire : Crèches, Asiles, Écoles, Apprentissage.* — *Laissez venir à moi les petits enfants.* — *Union des cultes.* — Un boutiquier de la Chaussée d'Antin, sergent de la garde nationale, vit par hasard passer la manifestation ; il eut pitié de ces dames dont quelques-unes peut-être étaient ses clientes, et, pour les protéger par le prestige de son uniforme, il quitta son épicerie, prit d'office la tête du cortège, recruta en route quelques vainqueurs de Février qui flânaient le fusil sur l'épaule en chantant : « Mourir pour la patrie », et qui, entrant de suite dans leur rôle, firent énergiquement ranger les passants. La troupe charitable, se grossissant à chaque rue, traversa les barricades, dont les sentinelles étonnées lui présentaient les armes, arriva triomphalement sur la Place tumultueuse de l'Hôtel-de-Ville, fendit la foule et fut reçue par le Maire de Paris. Ce personnage se hâta, pour la congédier, de promettre une subvention de 300 francs aux cinq plus pauvres crèches (*Bulletin des Crèches*, Janvier-Mars 1848, p. 80). On revint avec la même pompe et sans accident rue de la Chaussée d'Antin, où M^{me} Mallet fut reconduite par ses gardes du corps improvisés jusque dans la cour de la maison de banque. Le Gouvernement provisoire ne garda rancune ni aux crèches, ni aux salles d'asile, ni à M^{me} Mallet du dérangement qu'on lui avait imposé et du fâcheux exemple que tant d'autres s'empressèrent de suivre. Quelques semaines après, M^{me} Mallet obtint gain de cause pour l'œuvre qui lui tenait le plus à cœur : un décret réorganisa l'*Ecole Normale Maternelle* et en conserva la direction à celle dont l'expérience et le dévouement étaient une garantie du succès de l'institution.

M^{me} Pape-Carpantier resta jusqu'en 1874 à la tête de l'établissement. Pendant cette longue période, elle forma plus de 1,500 directrices de Salles d'Asile, qu'elle pénétra de son esprit et de sa méthode. Elle leur communiquait son amour de l'enfance, leur recommandant d'aimer chacun de leurs élèves « comme l'aime sa mère ». Elle s'attachait surtout à élever leur âme ; elle leur montrait la grandeur et la poésie de leur mission en apparence si humble : « Aider l'essor des facultés de l'âme à mesure qu'elle s'épanouit ; donner une direction à ces jeunes esprits qui vont se mettre en route, à ces petits oiseaux qui vont prendre leur vol vers

l'avenir !... Orienter la volonté dans cette âme raisonnable, religieuse et perfectible que Dieu a
donnée à l'enfant », et qu'elle définissait si bien
quand elle citait ce mot d'un enfant à sa mère :
« Mon âme, c'est avec quoi je t'aime ! » Elle leur
apprenait à tirer des moindres incidents d'une Salle
d'Asile la matière d'une leçon qui, pour frapper
l'attention de l'enfant et pour mériter d'être retenue,
doit toujours contenir un enseignement moral.
« C'est, disait-elle, la philosophie des choses qui
les rend intéressantes ; sans cette pensée morale,
les faits par eux-mêmes ne sont rien. Il faut les
tirer du domaine de l'abstraction, les rendre vivants
et animés. » Une autre école a préconisé le travail
attrayant, pour obtenir l'attention facile ; le procédé
de Mme Pape-Carpantier n'était pas tout-à-fait le
même : c'est le cœur qu'elle cherchait à mettre en
jeu. « Nous ne valons, disait-elle, qu'autant que
nous aimons » ; et elle voulait « que les enfants
aimassent tout ce que Dieu a fait dans le monde. »
Elle avait remarqué qu'ils s'intéressent naturellement aux animaux plus qu'aux choses. Pourquoi ?
Les animaux ont la vie, et on peut les aimer. Pour
appeler l'attention sur les choses, il faut les faire
aimer ; pour les faire aimer, il faut y montrer la
vie, en dégager la signification morale. De cette
réflexion sont nées les Leçons de Choses. Dans ses
cours aux futures directrices, Mme Pape-Carpantier

cherchait à poétiser, pour les faire aimer, le dessin linéaire et jusqu'aux mathématiques ! Pour elle, la ligne droite devenait l'emblême de la droiture ; la ligne courbe, celui de la douceur. La parabole était l'image vivante de l'âme humaine : tous les rayons qui partent de son foyer s'élancent vers l'infini ! Après cette leçon, comment ne pas se sentir pris d'une réelle sympathie pour la parabole ?

Ainsi, même pour arriver à l'instruction, elle s'attachait d'abord à l'éducation. Elle recommandait avant tout de former le cœur des enfants, de développer en eux la conscience, de leur faire aimer le devoir : « L'homme, disait-elle, n'est qu'une conscience vivante.... Chacun fait son paradis à sa guise ! Le mien sera celui où tous les devoirs seront remplis, toutes les aspirations réalisées.... Que les devoirs soient mesquins ou grands, tous sont également sacrés ; tous doivent être également chers ».

Elle voulait que l'enfant fût bon : « La valeur d'un homme, disait-elle, est dans sa bonté ; c'est sur sa bonté que se mesurent tous ses titres à l'estime et tous ses droits au bonheur.... L'amour des autres, ajoutait-elle, n'est pas un devoir ; c'est une consolation ». Béranger pensait comme elle. Un jour Chateaubriand se plaignait d'être fatigué de la vie. « C'est peut-être, lui répondit-il, que vous ne pensez pas aux autres ! » Quelle leçon pour tant de pauvres cœurs blessés qui restent tristes parce qu'ils restent stériles, parce qu'ils se referment sur eux-mêmes et ne voient que leur douleur, au lieu de regarder quelquefois la douleur ou même la joie de leur prochain! Leur malheur, le vide intolérable de leur âme, est la punition de cet isolement de l'humanité, qu'il serait cruel de qualifier d'égoïsme, puisqu'ils n'en ont pas conscience, mais dont ils meurent! « Le culte des morts, disait encore M^me Pape-Carpantier, est fécond quand il se transforme en œuvres. »

M^me Pape-Carpantier ne se contentait pas d'appliquer sa méthode dans son enseignement à l'École Normale ; elle l'a développée dans de nombreux écrits, remarquables par la clarté de l'exposition autant que par l'intelligence judicieuse de la première éducation ; elle l'a reproduite avec plus d'éclat encore dans les *Conférences sur les Leçons de Choses* qu'en 1867 M. Duruy la chargea de faire à la Sorbonne aux instituteurs venus pour visiter l'Exposition universelle, et au sujet desquelles Victor Hugo la félicitait de « faire germer dans les âmes la foi en Dieu par la contemplation réfléchie de son œuvre immense. »

L'année précédente, à la prière de M. Duruy, elle avait étudié, sous le nom d'*Union Scolaire*, le plan d'un vaste établissement destiné à réunir tous les degrés de l'enfance. C'était un groupe complet, qui débutait par une crèche, comprenait des classes, des réfectoires, des cours, dix ateliers, une cuisine, une lingerie et une repasserie. Tout était prévu pour préparer les jeunes filles aux diverses tâches que devait leur imposer la vie. En quittant l'école, elles auraient possédé, outre l'instruction primaire, un métier et des notions générales de travaux à l'aiguille, de blanchissage, de cuisine, d'hygiène pratique ; elles n'auraient pas été, comme le sont trop souvent les femmes de toutes les classes, étrangères aux soins à donner aux petits enfants. Tout, dans l'*Union Scolaire*, aurait été sujet d'étude et d'apprentissage. Ce projet, souvent réclamé depuis, n'a pas encore été réalisé ; il semble cependant praticable autant qu'il serait utile, et nous ne pouvons croire qu'il dépasse, soit l'aptitude de l'autorité publique, soit les ressources de l'initiative privée.

Les dernières années de M^me Pape-Carpantier ont été attristées par des attaques aussi imméritées que douloureuses. On l'accusa de libre-pensée, presque d'athéisme, elle dont la vie avait été imprégnée de charité chrétienne ; elle qui avait écrit que « le premier devoir du maître est de faire comprendre aux enfants l'existence de Dieu, de leur faire aimer Dieu, non par des raisonnements abstraits, mais par le spectacle des beautés de la nature et par les récits de la vie de Jésus-Christ » ; elle qui, plus tard, à son École Normale, faisait religieusement ses Pâques avec ses élèves !

M^me Pape-Carpantier quitta avec douleur, mais sans amertume, l'établissement qu'elle avait créé, auquel elle avait consacré sa vie, et où elle avait rendu tant de services à la cause de l'enfance. L'erreur dont elle était victime, bientôt reconnue par ceux qui l'avaient commise, fut moralement réparée, mais ne put être effacée. M^me Pape-Carpantier fut nommée Inspectrice générale ; elle ne put être rendue à son École Normale, déjà pourvue d'une autre directrice. Il fallait ce couronnement à une vie où le dévouement aux autres avait tenu tant de place ; il est bon que les hommes sachent qu'on paye tous les services qu'on rend, et que, pour les cœurs élevés, ce n'est pas une raison de renoncer à rendre service.

M^me Pape-Carpantier a laissé des traces utiles et profondes de son passage dans cette vie. Elle avait compris et elle a aidé à pratiquer le devoir que Dieu a imposé à chaque génération vis-à-vis de la génération qui lui succède : faire de chaque enfant un homme capable de supporter à son tour le poids et les luttes de la vie et de transmettre le flambeau de la civilisation à une génération nouvelle ; ce devoir se résume en un mot : l'éducation !

## LA

# TAXE DES PAUVRES A ABBEVILLE

## AU XVIᵉ SIÈCLE [1]

La taxe des pauvres est aujourd'hui tellement éloignée de nos mœurs que nous sommes portés à la considérer comme une institution spéciale à l'Angleterre, oubliant qu'elle a existé en France pendant plusieurs siècles. Pour en étudier les effets et les résultats, nous n'avons pas besoin de nous transporter chez nos voisins ; il suffit de consulter nos propres archives provinciales ou municipales.

L'obligation pour la cité ou la paroisse de nourrir ses pauvres avait été depuis longtemps affirmée par l'Église comme un principe de charité chrétienne (Concile de Tours, 567), et par l'État comme le seul moyen de prévenir ou d'atténuer le fléau de la mendicité (Capitulaire de 806).

Au xvıᵉ siècle, la périodicité de la famine, de la peste et de tous les maux qu'engendrent inévitable-

(1) *Revue de la Société des Études Historiques*, 1889.

ment la guerre civile et la guerre étrangère avaient
rendu la misère si générale, les mendiants étaient
devenus un tel danger dans les campagnes et même
dans les villes, que l'autorité publique se décida à
transformer en obligation légale ce qui jusque-là
n'avait été qu'une obligation de conscience pour
les particuliers et une règle de police pour les
communes. Cette transformation s'effectua d'une
manière qui dut sembler toute naturelle. L'Église
et l'État étaient alors unis et se prêtaient un mutuel
secours pour atteindre le but que tous deux se
proposaient : guider les hommes dans la voie de la
religion et de la prospérité matérielle. Les divers
services de l'assistance étaient confiés au clergé et
formaient une des branches de l'administration
ecclésiastique. La législation charitable était régie
par le droit canonique, et, pour subvenir aux dépenses nécessitées par le soin des malades et l'entretien des pauvres, l'Église ne comptait sur d'autres
ressources que les dons volontaires. Elle recommandait aux fidèles de consacrer aux pauvres une
partie de leurs revenus. Elle leur rappelait que
l'aumône, « la rançon de l'âme », suivant l'expression de Saint Jean-Chrysostôme, est le plus sûr
moyen de racheter ses fautes et de mériter les
récompenses éternelles. Entre les mains de l'Église,
l'exercice de la charité n'était qu'un devoir de
conscience. Lorsque l'autorité civile, pressée par la

nécessité de combattre le fléau devenu redoutable
de la mendicité, entreprit de diriger elle-même
l'administration charitable, elle commença par continuer ce qui se pratiquait auparavant. Elle conserva
l'organisation et les procédés de l'Église ; elle pré-
tendit seulement exécuter elle-même le précepte
de la charité qui, jusque-là, n'avait été mis en
œuvre que par la puissance ecclésiastique. Elle crut
accomplir une mission qui lui était imposée par
Dieu. Mais, peu à peu, à la sanction toute spirituelle
que l'Église donnait à ses prescriptions, le pouvoir
civil ajouta la sanction matérielle qu'il attache à la
violation de ses lois. Il mit au service de la prescription divine, de l'obligation religieuse, la force
dont il disposait. Ce fut ainsi qu'il passa, par une
transition toute naturelle et inévitable, du droit
canon au droit civil, de la loi divine à la loi humaine, du don volontaire à l'impôt. (1)

Les mêmes nécessités paraissent avoir pesé en
même temps sur tous les pays, comme tend à le
démontrer une ordonnance de Charles-Quint du
7 octobre 1531, applicable à ses provinces de Flandre.
En France, ce fut le Parlement qui prit l'initiative.
Un arrêt du 22 avril 1532 fait appel à l'aumône
volontaire : l'article 6 ordonne dans chaque paroisse

(1) *L'Assistance à Paris sous l'ancien régime et la
Révolution*, par Louis Parturier, p. 93 et suivantes ; p. 144
et suivantes.

des quêtes publiques, et exhorte « les prélats et
» autres gens d'église et tous autres qui ont accou-
» tumé de faire aumônes et charités publiques et
» secrètes de bailler *ce qu'ils voudront et auront*
» *dévotion de donner* par charité et aumônes aux
» pauvres. »

Mais aussitôt les aumônes volontaires deviennent
insuffisantes ; dès 1533, un arrêt du 22 août prescrit
aux chapitres et couvents de religieux dans Paris
de contribuer à la nourriture des pauvres, sous
peine de la saisie de leur temporel.

En 1535 le roi intervient à son tour, et un
édit du 6 juillet ordonne la levée d'une imposition
extraordinaire de 12.000 livres sur les habitants de
Paris, pour « subvenir à la nourriture et soulagement des pauvres. »

Quelques années après survient l'arrêt du Parlement du 12 novembre 1543, qui paraît être le point
de départ de la taxe des pauvres, et dont les termes
méritent d'être rapportés :

« Pour ce que les aumônes, qui sont le fondement
» de la nourriture et éducation des pauvres, dépen-
» dent principalement de la charité des bons et
» notables bourgeois, manans et habitants de la
» ville de Paris, laquelle a été *merveilleusement*
» *refroidie depuis le commencement de l'institu-*
» *tion de la communauté des pauvres,* en manière
» que les aumônes *sont diminuées des trois quarts*

» *ou plus*, la Cour enjoint aux curés et vicaires des
» églises paroissiales, ainsi qu'aux prescheurs de
» la ville de Paris, d'admonester le populaire de
» faire l'aumône à la communauté des pauvres....,
» en leur faisant claire démonstrance, par raisons
» vives et efficaces, qu'ils y sont tenus et obligés,
» et que, pour l'exécution de l'obligation divine, il
» faudra que la justice séculière y mette la main ;
» et conséquemment, de ce qu'ils peuvent faire de
» leur bonne volonté et par ce moyen mériter
» envers Dieu et la république, ils pourront être
» contraints de le faire par justice, et perdront la
» plus grande part du mérite. »

Ainsi, dans l'esprit du Parlement, la taxe des
pauvres reste avant tout une aumône volontaire,
que chacun est appelé à fixer en raison de ses ressources. C'est seulement en cas de refus ou d'offres
jugées insuffisantes que la justice séculière apparaît
pour forcer les récalcitrants à payer une aumône
proportionnée à leurs moyens.

A partir de cette époque, une série de dispositions
émanées de la Couronne (1), des parlements ou des

(1) Voir notamment l'édit de François Ier, 1544, qui crée
un bureau général des pauvres et l'autorise à lever chaque
année une taxe sur les princes, les seigneurs, les ecclésiastiques, les communautés, les bourgeois et propriétaires.
Voir aussi la déclaration d'Henri II, 13 février 1551, constatant que « les mendiants sont quasi énumérables à Paris »,
et que « les quêtes et aumônes recueillies chaque semaine
dans les paroisses sont tant diminuées. »

municipalités elles-mêmes donnèrent aux échevins
des villes, aux marguilliers des paroisses, ou à des
établissements spéciaux créés sous le nom de
*Bureaux des Pauvres*, le droit de lever sur tous
les habitants, sans exceptions ni privilèges, des
taxes d'aumônes pour les pauvres. Ces prescriptions
furent résumées et définitivement étendues à toute
la France en 1566 par l'article 73 de la célèbre
ordonnance de Moulins : « Ordonnons que les pau-
» vres de chacune ville, bourg, village, seront
» nourris et entretenus par ceux de la ville, bourg
» ou village dont ils sont natifs et habitants, sans
» qu'ils puissent vaguer et demander l'aumône
» ailleurs qu'au lieu où ils sont. Et à ces fins les
» habitants seront tenus à contribuer à la nourri-
» ture desdits pauvres selon leurs facultés, à la
» diligence des maires, échevins, consuls et mar-
» guilliers des paroisses. » Cette disposition resta
en vigueur jusqu'à la Révolution ; des ordonnances
spéciales la rappelaient aux villes, en confirmaient
ou en modifiaient les conditions d'exécution chaque
fois que des circonstances particulières appelaient
de nouveau l'attention de l'autorité royale sur la
misère publique, sur la mendicité ou le vaga-
bondage.

La taxe des pauvres répondait si bien aux idées
du XVI<sup>e</sup> siècle que plusieurs villes avaient devancé
les dispositions des édits.

Ainsi à Chartres, en 1555, l'évêque avait réuni tous
les corps ecclésiastiques, justice, curés, habitants
de la ville et des faubourgs ; l'avocat de la ville
avait « remontré que le nombre des pauvres aug-
» mentait de jour en jour ; hommes et femmes
» valides venaient impunément à Chartres mendier,
» au grand détriment des indigents de la ville,
» etc. » Les échevins avaient été chargés de rechercher les règlements faits dans les villes de Paris,
Orléans et Tours pour la nourriture des pauvres.

Abbeville n'attendit pas non plus les ordres de
l'autorité royale. L'histoire de la taxe des pauvres
dans cette ville a été l'objet d'une étude détaillée et
documentée publiée en 1888 par le comte de Brandt
de Galamets sous le titre de : « La Taxe des Pauvres
à Abbeville en 1588. » Abbeville possédait depuis
longtemps une *Bourse des Pauvres*, désignée dans
les anciens documents sous le nom d' « *Aumône* »,
qui était dotée de biens et de rentes, dues à d'anciennes libéralités et aussi à certains usages ; ainsi,
après chaque élection, le maire, les échevins, les
argentiers, et quelques autres dignitaires municipaux payaient une bienvenue qui, suivant le grade,
variait de dix sols à quatre livres. En 1565, à la
suite d'une récolte exceptionnellement mauvaise,
les revenus de l'*aumône* et les dons volontaires se
trouvèrent insuffisants pour secourir les pauvres de
la ville et pour répondre aux demandes des men-

diants beaucoup plus nombreux qui affluaient du dehors. Il fallut prendre des mesures. Les gens des trois états de la commune furent convoqués le 5 novembre par le procureur du Roi et le procureur fiscal ; ils adoptèrent les résolutions suivantes : Sept notables, choisis dans les trois ordres, furent constitués en « *Bureau des Pauvres* ». Ils furent chargés de provoquer et de recueillir les dons volontaires que les habitants *opulents* seraient appelés à verser chaque semaine, et d'employer les fonds ainsi obtenus à donner du travail aux indigents valides et à nourrir les pauvres non valides. Mais on prévit que parmi les habitants à qui leur fortune donnait le moyen et le devoir de concourir à l'œuvre commune, quelques-uns, après avoir promis des souscriptions hebdomadaires, seraient peu empressés de les payer; que d'autres peut-être refuseraient toute contribution volontaire. Les trois états attribuèrent au *Bureau des pauvres* le droit de contraindre les premiers à tenir leurs engagements et d'imposer d'office aux autres la cotisation que leur fortune présumée leur permettait de payer. A ce pouvoir, si étendu puisqu'il était discrétionnaire, l'assemblée ajouta la dispense pour les membres du bureau des pauvres de rendre compte de leurs décisions et de leur gestion.

Il est probable que cette institution rencontra de sérieuses difficultés pratiques. Après avoir

pourvu aux besoins momentanés en vue desquels
elle avait été créée, elle cessa d'exister. L'état
social qui l'avait motivée n'avait cependant pas
changé, et, quinze ans après, de nouvelles calamités
ayant sévi sur la contrée, on se décida à y revenir.

Le procureur général au Parlement de Paris
requit la publication et l'exécution à Abbeville de
l'article 73 de l'ordonnance de Moulins et d'un arrêt
du Parlement du 12 juin 1580, portant « Règlement
pour la nourriture et l'entretènement des pauvres ».

Avant de réunir les trois ordres, le maire de la
ville les appela à délibérer séparément. La noblesse
et le tiers-état acceptèrent le principe de la taxe
obligatoire. Le clergé seul le combattit, voulant
laisser à la charité chrétienne, avec la liberté, tout
le mérite de l'aumône volontaire. Mais les trois
ordres furent d'accord pour reconnaître la nécessité
de constituer un *bureau des pauvres* permanent.
L'assemblée plénière fut tenue le 22 juillet 1580.
Nous y retrouvons en petit la grande querelle de
1789 sur le vote par tête et le vote par ordre ; la
noblesse refusa d'y assister, parcequ'elle craignait
d'y être soumise au vote par tête. La décision fut
prise malgré son absence, conformément d'ailleurs
à l'avis qu'elle avait séparément émis.

Le « *Bureau des Pauvres* » fut composé de membres pris indifféremment dans les trois ordres, élus
par leurs pairs, ne pouvant, sous peine d'amende,

décliner ces fonctions , et dispensés de rendre
compte de leurs décisions et de leur gestion. Il eut
pour mission de nourrir les pauvres invalides et de
donner du travail aux autres dans des ateliers de
charité. Pour lui créer des ressources, on lui attribua certains biens de l'ancienne « *Aumône* » ; on
lui assigna un prélèvement sur l'octroi ou sur d'autres revenus municipaux ; on fit appel aux dons
volontaires ; enfin on lui conféra le droit d'imposer
d'office les habitants d'après leur aisance présumée.

M. le comte de Brandt de Galamets a eu la bonne
fortune de retrouver le *rôle général* qui fut dressé
par le bureau des pauvres pour l'année 1588. Ce
document est extrêmement curieux. Il est établi
par paroisses et par rues. Il comprend 1734 imposés
dont il indique le nom, la demeure et la cotisation.
La taxe était hebdomadaire, comme la distribution
des secours ; tel était d'ailleurs l'usage général à
cette époque. La cote la plus élevée pour les simples particuliers était de douze sous ; la plus faible
de trois parisis. La première n'était imposée qu'à
cinq bourgeois ; elle représentait, d'après la valeur
de la monnaie à cette époque, le prix de trois jour-
nées d'ouvriers des champs. Pour l'année entière,
elle pouvait correspondre environ à 312 francs.
Trois parisis pouvaient valoir cinq à six centimes
de notre monnaie actuelle. Les corps moraux, tels
que le prieuré, la commanderie, l'hôpital et la collé-

giale, payaient des taxes proportionnées à leur richesse. L'ensemble du rôle se montait, pour chaque semaine, à 120 livres deux sous quatre deniers, et pour l'année entière, à 6.340 livres quatre deniers, somme qui, évaluée au cours moyen du règne d'Henri III, équivalait à 22.910 francs de notre monnaie.

Nous n'avons pas besoin d'insister sur l'intérêt tout particulier que la notice de M. de Brandt présente pour les habitants d'Abbeville. Mais, en dehors même de la localité, elle peut fournir des enseignements utiles. Elle nous montre quelles conditions accompagnaient alors la taxe des pauvres ; elle nous fait entrevoir quelques-uns des effets qui l'ont suivie. Aujourd'hui que s'agite la question de l'assistance obligatoire, qui, à certains égards, se rapproche de la taxe des pauvres, il est bon de se rendre compte de ce que ce système a produit dans le passé.

Du moment qu'une taxe obligatoire était établie sur les habitants pour nourrir les pauvres de la ville, il fallait, avant tout, garantir aux contribuables que le produit de l'impôt qu'on exigeait d'eux profiterait exclusivement à leurs concitoyens. Tel était d'ailleurs le principe général sur lequel reposait depuis longtemps la législation en matière d'assistance : chaque commune devait nourrir ses pauvres, et il était défendu aux pauvres d'implorer

la charité en dehors de leur commune ; la mendicité était punie des peines les plus sévères, le fouet,
la prison, le pilori, la marque au front, la mutila-
tion des oreilles, le bannissement (1). Aussitôt que
le bureau des pauvres eut été constitué, une ordonnance de police municipale prescrivit « à toute
» personne, de quelqu'âge, qualité et condition
» qu'elle pût être, réfugiée à Abbeville et n'y ayant
» aucun moyen de gagner sa vie, sinon avec men-
» dicité, oisiveté, *bellisterie* et *invaliderie*, d'avoir
» à partir dans les trois jours sous peine du fouet ».
Peu après, cette prescription fut étendue même
aux personnes réfugiées dans la ville depuis deux
ans. Ce premier point réglé et les étrangers sortis,
il fallait veiller à ce que, ni ceux qui auraient été
expulsés, ni d'autres, ne pussent rentrer. Les gardiens des portes reçurent l'ordre, sous peine d'être
eux-mêmes frappés d'amende arbitraire, de refuser
l'entrée de la ville à quiconque ne justifierait pas de
moyens d'existence. Une exception pourtant fut faite
par humanité, en faveur de ceux qui ne pourraient
aller commodément par une autre route à leur
destination, et qui promettaient de ne pas séjourner
à Abbeville plus d'une nuit. M. de Brandt ne nous
dit pas si c'était le gardien de la porte qui était

---

(1) Capitulaire de 806 ; établissements de Saint Louis,
1230 ; ordonnance de Jean-le-Bon, 1350 ; édits ou ordonnances
de 1536, 1545, 1558, etc.

juge des moyens d'existence allégués ou de la
difficulté de passer par une autre route.

Voilà donc les pauvres de la ville investis seuls
du privilège d'y habiter et d'y recevoir des secours.
Pour constater leur qualité, il leur fut prescrit de
porter cousue sur leur manche une marque officielle
dont M. de Brandt donne le *fac-simile*. Ces pauvres
ne devaient recevoir d'aumône que du bureau. Il
fut interdit aux bourgeois, sous peine d'un écu
d'amende, de secourir directement les indigents.
Là encore, pourtant, une exception dût être faite :
quand on pouvait justifier qu'on était parent d'un
indigent, on avait la permission de le nourrir et de
le loger, même s'il n'était pas originaire de la ville ;
seulement il fallait, quoique le défrayant de tout,
s'engager à ne pas diminuer ses aumônes aux pauvres de la commune. Ce n'était pas seulement l'aumône individuelle qui était interdite, mais aussi,
fait remarquable à cette époque, l'aumône aux
ordres religieux.

La plus grande difficulté ne consista pas à empêcher les habitants de faire des dons à des indigents
autres que ceux qui étaient pourvus de l'estampille
municipale. Les procès-verbaux recueillis par M. de
Brandt constatent, d'une part, que la taxe était
difficilement perçue ; d'autre part, qu'elle avait tari
la source des aumônes volontaires. Ainsi le prieuré
de Saint-Pierre « représenta qu'avant l'établisse-

ment de la taxe il faisait plusieurs aumônes particulières, telles que 900 petits pains et la nourriture
d'une pauvre femme ; mais qu'il avait dû cesser,
faute de ressources, aussitôt que la taxe fut établie ».
Beaucoup de contribuables se refusaient à payer
leur cotisation. Le rôle comprenait toutes les familles présumées non indigentes, en sorte que les
habitants étaient divisés en deux catégories tran-
chées : les imposés et les assistés ; quand on sortait
de l'une, c'était pour entrer dans l'autre. Plus d'une
fois il arriva que l'on fut forcé de secourir des
malheureux que l'on avait commencé par poursuivre et que l'on avait ruinés en saisissant leurs biens
pour le paiement de leur taxe.

Dans la vie, l'homme qui a l'imprudence de com-
mettre un mensonge est forcé, pour le soutenir, de
mentir encore, de mentir toujours. De même en
politique et en administration, quand on commence à s'écarter de la vérité, quand on prétend
substituer à la libre action des volontés indivi-
duelles les prescriptions arbitraires de l'autorité
publique, il faut se résigner à une interminable
série de prescriptions vexatoires, sans lesquelles la
première mesure apparaît de suite inexécutable ou
inefficace. Et plus on marche dans cette voie, plus les
obstacles se multiplient, jusqu'au moment où l'on
renonce à forcer la nature, et où l'on se résigne à
laisser les faits économiques se produire avec liberté.

Que de prescriptions étranges et choquantes ont accompagné ou suivi l'établissement de la taxe à Abbeville ! Les étrangers n'ont plus la liberté d'aller et de venir, de s'établir dans la ville ou même de la traverser ; les habitants n'ont plus celle de suivre l'impulsion de leur cœur et de secourir les pauvres de leur choix ; les notables n'ont pas le droit de se soustraire aux fonctions de membres du bureau des pauvres ; les pauvres sont contraints de porter sur leur manche la marque de leur pauvreté. Des ateliers de charité, où est organisé une sorte de travail inutile, obligent les indigents secourus à faire semblant de gagner leur pain. Enfin, une taxe arbitraire, établie par des hommes dispensés de rendre compte, frappe tous les habitants d'après leur fortune présumée ! (1).

Que de telles mesures soient prises exceptionnellement, au moment où éclate une grande cala-

(1) Il semble que ces conditions soient l'accompagnement inévitable de l'assistance obligatoire et de la taxe des pauvres. En Irlande, « chaque division électorale cherche à » rejeter sur une autre, proche ou lointaine, les familles » qu'elle risque d'avoir un jour à entretenir dans un *Workhouse* ou à assister à domicile ; de là, obstacle à l'établissement de nouveaux habitants, expulsion des tenanciers pauvres, refoulement de la population vers les villes » ou vers l'étranger » (Jacques Flach, *Le Gouvernement local en Irlande*).

En Allemagne, les lois de juin 1870 et de mars 1871 permettent aux communes d'interdire le séjour sur leur territoire aux nouveaux arrivants s'ils ne peuvent justifier de moyens d'existence et elles déclarent obligatoires les fonctions gratuites dans les établissements d'assistance.

mité publique, un de ces malheurs contre lesquels les moyens ordinaires sont impuissants et qui suspendent en quelque sorte la vie sociale et les conditions normales de l'existence, nul n'en serait étonné, et chacun s'y prêterait avec résignation et dévouement. Mais c'était une institution permanente que l'on prétendait créer. Cette privation générale des droits les plus simples et les plus naturels était l'état normal auquel on prétendait condamner la société.

Le résultat obtenu justifia-t-il au moins un tel sacrifice de la liberté ? En 1586, quelques années à peine après l'établissement de ce régime, une famine sévit sur la contrée. M. de Brandt fait une description douloureuse de la misère qui la suivit. Son récit prouve combien le régime qui venait d'être établi était inefficace. Les pauvres affluèrent dans la ville, où des distributions de pain se faisaient par les soins de la municipalité. Ils forçaient les maisons des bourgeois, menaçaient du pillage, et, après la levée d'une taxe supplémentaire, ils prétendirent exiger que chaque habitant prît à sa charge, dans sa maison, un ou plusieurs pauvres.

La « Taxe des Pauvres » fut conservée à Abbeville jusqu'à la Révolution ; mais il paraît qu'elle fut abaissée : le prieuré de Saint-Pierre, taxé en 1588 à 104 livres par an, ne payait plus en 1739 que 54 livres, quoique la monnaie eût alors moins de

valeur. M. de Brandt ne nous dit pas si la taxe y
était aussi impopulaire que dans d'autres villes.
A Paris, notamment les commissaires chargés de
la percevoir étaient si mal reçus, quelquefois si
maltraités, que souvent ils refusaient leur office, et
que, pour les décider à l'accomplir, il fallut à certaines époques les menacer de fortes amendes.
C'était toujours, on le voit, le même système :
qu'il s'agît de celui qui répartissait la taxe, ou de
celui qui la recouvrait, ou de celui qui la payait, la
contrainte était la loi à laquelle tous étaient soumis.

Nous ne doutons pas qu'aujourd'hui, les aumônes
données volontairement aux pauvres d'Abbeville
par la charité libre des habitants ne dépassent le
chiffre obtenu péniblement jadis par la taxe obligatoire. Il y a certainement à Abbeville plus de cinq
familles dépensant chaque année 312 francs en
aumônes, et les pauvres de la ville reçoivent certainement plus de 22.910 francs par an.

Louis XIV maintint le principe de la taxe des
pauvres dans son édit de 1656 qui créa l'hôpital-
général. Il voulut même en faire une nouvelle
application en établissant une taxe spéciale au
profit de cette institution. Mais le Parlement, en
enregistrant l'édit, refusa d'admettre la taxe nouvelle, sauf en tant qu'elle frappait les chapitres et
les communautés ; quant aux bourgeois, ils ne
pouvaient être taxés qu'*en cas de nécessité.*

La taxe des pauvres n'avait jamais donné les résultats que l'on en attendait. Créée pour remédier à la diminution des aumônes volontaires, loin d'atténuer le mal, elle l'aggravait. Elle ne fut jamais acceptée sans protestations. Les mesures coercitives ne réussissaient pas toujours à en assurer le recouvrement. Une grande partie des taxes réclamées pendant la cruelle année 1709 ne furent pas payées, et, en 1716, l'Hôtel-Dieu et l'hôpital-général finirent par renoncer à recouvrer les sommes dues.

La taxe des pauvres fut à peu près abandonnée en fait. Les pouvoirs publics cherchèrent enfin à la remplacer par une autre source de revenus, et ils attribuèrent aux pauvres une partie des ressources de l'octroi et le droit sur les spectacles. Ils substituèrent ainsi l'impôt indirect, que le contribuable paie sans s'en apercevoir et sans en connaître la destination précise, à l'impôt direct, qui a pour effet immédiat et constant de diminuer les dons volontaires ; le contribuable qui a payé la taxe des pauvres se croit, par cela seul, dispensé de toute autre aumône.

# DE L'INDEMNITÉ

AUX

# DÉPUTÉS DES ÉTATS-GÉNÉRAUX[1]

————

On savait depuis longtemps que les députés aux États-Généraux recevaient une indemnité pour leurs frais de déplacement et de séjour dans la ville où se tenaient les États : les historiens en ont retrouvé la preuve pour toutes les réunions des États-Généraux, depuis l'assemblée de 1308, sous Philippe le Bel. On savait aussi que cette indemnité était recouvrée en vertu de lettres-patentes ou d'ordonnances rendues par le roi, soit de son propre mouvement, soit sur la demande qui lui en était faite par les trois ordres au moment de leur séparation. Mais comment le recouvrement était-il opéré ? Voilà ce qu'on ignorait, et ce qu'a révélé à M. Vachez [2] un vieux commandement d'huissier.

[1] Revue de la *Société des Études historiques*, 1894.
[2] *De l'indemnité aux députés des États-Généraux*, par M. Vachez, secrétaire-général de l'Académie de Lyon.

Chemin faisant, M. Vachez rappelle toute une série de faits connus, mais curieux, qui jettent un jour intéressant sur les usages et les mœurs de nos pères.

L'indemnité n'était pas la même pour tous les députés ; il devait en être ainsi dans des temps où tout était privilège, inégalité. Elle différait suivant les ordres, et, dans chaque ordre, elle variait avec le rang de l'élu. Aux États-Généraux de 1576, l'indemnité allouée aux députés du clergé s'élevait à 20 livres pour un évêque, à 25 livres pour un archevêque ; elle descendait à 8 ou 9 livres par jour pour les simples prêtres. En 1488, les députés du Tiers recevaient 7 livres 10 sous s'ils représentaient un siège royal, 6 livres seulement s'ils étaient délégués par le « plat pays », c'est-à-dire par les campagnes. Quant aux élus de la ville où siégeaient les États, comme ils n'avaient pas à se déplacer, ils devaient se contenter de 4 livres 10 sous.

L'indemnité n'était pas à la charge de ce que nous appelons aujourd'hui l'État, c'est-à-dire la généralité des contribuables. Elle n'était pas non plus supportée exclusivement par le Tiers-État, comme on l'a souvent prétendu. Chaque collège payait directement ses représentants. Ainsi les clercs et les nobles étaient soumis à une taxe spéciale. Cela leur sembla choquant : il était admis alors que tout impôt devait peser exclusivement sur les roturiers. Pour les classes privilégiées, l'exemption de toute taxe n'était pas seulement un avantage pécuniaire, mais une satisfaction d'amour-propre, un hommage dû à leur dignité. Aussi, en 1484, les nobles réclamèrent-ils contre ce qui leur paraissait une méconnaissance de leurs droits. Le Tiers-État se défendit avec vivacité, et la discussion devenait irritante, quand le chancelier intervint. Il exhorta le clergé et la noblesse à supporter leurs frais de députation « pour cette fois seulement, et sans que cela tirât à conséquence ». Du moment que la mesure était déclarée provisoire, elle fut acceptée par les intéressés ; depuis, elle continua à être appliquée toutes les fois que les États furent réunis. En France, le caractère provisoire est la plus sûre garantie de durée.

Le mandat des députés était alors réellement un mandat, contracté entre le délégué et ceux qui le chargeaient d'aller défendre leurs intérêts. Les conditions en étaient débattues, et acceptées de part et d'autre quand on s'était mis d'accord. En général, le collège électoral allouait à son député une avance destinée à lui permettre de « s'équiper » ; puis il lui promettait, après son retour, une somme déterminée. De là certaines conséquences : En 1592, année de guerre civile, le pays n'était pas sûr. Les députés de Lyon firent observer à leurs commettants qu'ils risquaient d'être volés pendant le voyage,

ou même d'être faits prisonniers par les soldats qui
infestaient le pays, et ils ne consentirent à accepter
le mandat qui leur était offert par le consulat de la
ville que quand les consuls se furent engagés, le
cas échéant, à les indemniser de tout dommage ou
même à payer leur rançon. D'autre part, en 1588,
quand le député de Lyon revint dans ses foyers
après les États de Blois et réclama l'indemnité de
15 livres par jour qui lui avait été promise, les
échevins refusèrent de la payer : « On ne vous doit
rien, lui dirent-ils, pour la belle besogne que vous
avez faite ».

C'est pour ces cas que la taxation par ordonnance
royale pouvait être utile, utile du moins aux députés, sinon aux commettants. La pièce découverte et
reproduite par M. Vachez se rapporte aux États-Généraux de 1614. Elle prouve que le recouvrement de
l'indemnité n'était pas toujours facile ni prompt. Les
États avaient été clos le 23 février 1615. L'indemnité due au député de la noblesse de Forez, Jacques
d'Urfé, qui, suivant l'usage de sa famille, avait un
surnom parce qu'il était le cadet et était appelé
Paillard d'Urfé, avait été taxée à 4.560 livres. Elle
n'était pas encore payée trois ans après. Le rôle fut
mis en recouvrement le 2 mai 1618. Il comprenait,
outre la somme principale, celle de 558 livres pour
le droit de levée, les frais, etc. M. Vachez a retrouvé
un commandement adressé par un huissier à un

bourgeois de Montbrison, possesseur d'une rente
noble. Cette pièce montre quels moyens pratiques
étaient offerts aux députés pour recouvrer leur
indemnité ; d'autre part, elle constate que la taxe
destinée à payer les délégués de la noblesse
pouvait être perçue même sur de simples bourgeois,
quand ceux-ci étaient propriétaires de biens nobles.
Cet impôt spécial était dû par la terre noble, quel
qu'en fût le possesseur.                          .

Tous ces détails nous reportent à des mœurs bien
éloignées des nôtres, et, à chaque pas, nous amènent à nous demander ce que nous avons gagné, ce
que nous pouvons avoir perdu aux changements
que le cours des âges a apportés dans notre organisation sociale et dans nos usages.

Aujourd'hui le mandat parlementaire n'est plus
un véritable mandat, un service accidentel ; c'est
presque une fonction qui remplace les autres ou
qui y conduit, et qui dispense un homme d'exercer
une profession précise et classée. Ce ne sont plus
les « commettants » qui paient leur député, c'est
l'État, c'est-à-dire tout le monde. L'élu n'est plus
obligé de justifier qu'il a gagné son indemnité en
faisant « de belles besognes » ; le contribuable paie
sans s'apercevoir qu'il paie, sans faire d'avance ses
conditions, sans discuter ensuite l'accomplisse-
ment plus ou moins utile ou fidèle du mandat.
L'action de l'individu s'est effacée, pour faire place

à l'action collective de l'État : le principe d'autorité s'est substitué au principe de liberté.

Autre différence : Lorsque la réunion des États-Généraux avait pour première conséquence la création immédiate d'un impôt supplémentaire, pesant directement sur les commettants, ceux-ci tenaient peu à ce que les États fussent souvent convoqués, ni à ce que les sessions se prolongeassent outre mesure. Philippe le Long et Charles VII avaient sans nul doute l'assentiment de leurs sujets lorsque le premier déclarait dans une de ses Ordonnances qu'il n'appelait pas la petite noblesse « pour lui éviter des frais », et lorsque le second, sollicité d'assembler les États, répondait : « Il n'y en a nul » besoin, car ce n'est que charges et dépenses au » pauvre peuple, qui a à payer les frais de ceux qui » y viennent ».

Cependant les États-Généraux ont été le premier instrument de notre affranchissement. En politique comme en morale, c'est le résultat final auquel il faut s'attacher : la liberté doit être conquise ; elle est la récompense de l'effort viril et du sacrifice.

# DU DROIT

SUR LES

# DOCUMENTS HISTORIQUES [1]

———

A mesure que l'Association littéraire et artistique internationale pénètre davantage dans le détail des questions pratiques qui se rattachent au principe de la propriété littéraire, elle voit surgir des problèmes nouveaux, souvent très délicats, que n'ont encore résolus ni les lois de chaque pays, ni la Convention de Berne, et qui méritent une étude spéciale.

L'an dernier, au Congrès de Berne, M. Vaunois, analysant le droit complexe qui appartient à un auteur sur son œuvre, y distinguait un droit pécuniaire et un droit moral : le droit d'exploiter l'œuvre et de s'en réserver le profit ; le droit de faire respecter sa création et de défendre sa personnalité. Le droit pécuniaire constitue une richesse ; il est

---

(1) Rapport présenté au *Congrès international de la propriété littéraire et artistique* tenu à Monaco en 1897 (*Revue de la Société des Études historiques*, 1897).

dans le commerce ; il peut être cédé ou donné. Il devrait donc, si l'on s'en tenait aux principes généraux de la législation, être, comme les autres biens de l'auteur, le gage de ses créanciers. Mais le droit moral de l'auteur se dresse devant les créanciers, et, tout en leur abandonnant le profit de la publication faite volontairement par l'auteur, il ne leur permet pas de s'emparer de l'œuvre elle-même, de la publier sans le consentement libre de celui qui l'a créée, qui y a mis son intelligence et son cœur, et à qui en appartient, en même temps que l'honneur, la responsabilité.

Un autre rapporteur, M. Mack, a opposé au droit moral de l'auteur, qui est maître de son œuvre, le droit du public qui veut pouvoir se procurer cette œuvre, y puiser un profit intellectuel, jouir, en un mot, de la richesse nouvelle qu'elle a ajoutée au trésor commun de l'humanité.

Les questions que soulève la propriété des *documents historiques* se relient, dans une certaine mesure, à celles qu'ont traitées M. Vaunois et M. Mack ; elles mettent aussi en présence, en opposition parfois, le droit moral de l'auteur ou de ses représentants, et le droit du public.

Qu'est-ce qu'un *document historique ?* On peut qualifier ainsi toute pièce, publique ou privée, officielle ou intime, qui peut aider à établir ou à éclaircir un point intéressant pour l'histoire.

Cette définition comprend, dans la généralité inévitable de ses termes, des documents différents par leur nature, différents aussi par les circonstances dans lesquelles ils se sont produits ; il est donc impossible d'indiquer une solution unique applicable à tous les cas qui peuvent se présenter.

Cependant, avant d'arriver aux distinctions nécessaires que nous prévoyons, nous pouvons apercevoir, dès à présent, un caractère qui sera commun à toute pièce pouvant mériter la qualification de *document historique* : cette pièce n'aura jamais été écrite par la personne qui prétend s'en servir et qui demande quels sont ses droits.

Le possesseur actuel du *document historique* n'en est pas l'auteur. Donc, lors même qu'il aurait le premier découvert le document, lors même qu'il serait propriétaire légitime du manuscrit, ce fait ne suffirait pas pour lui donner sur le texte les droits que les lois sur la propriété littéraire attribuent et garantissent à un auteur sur son œuvre. Ces droits, il pourra se les voir opposer, si celui qui en est légalement investi les invoque pour lui interdire la publication qu'il serait tenté de faire ; il ne pourra pas les invoquer lui-même, à moins de justifier qu'ils lui ont été cédés expressément par l'auteur ou par ses représentants. S'il s'agit d'un manuscrit, il pourra être propriétaire de l'objet matériel ; il ne sera pas nécessairement propriétaire de l'œuvre. Il pourra, aux termes de l'article 544 du Code civil, « jouir et disposer du manuscrit de la manière la plus absolue » ; il pourra le donner, le vendre, le revendiquer s'il lui est volé ; il pourra même le détruire s'il en a la fantaisie. Mais il n'aura pas sur l'œuvre les droits qui appartiennent exclusivement à l'auteur et que la loi du 19 juillet 1793 définit ainsi : « Vendre, faire vendre, distribuer l'ouvrage et en céder la propriété en tout ou en partie ».

Peut-être, si nul ne le lui interdit, lui sera-t-il permis de publier le texte ; mais, s'il a ce droit, il l'aura comme l'aurait toute autre personne, et il ne pourra pas s'opposer à ce qu'un autre publie la pièce, soit avant lui, soit après lui. Exceptons pourtant le cas où cette autre personne serait liée envers lui par quelque convention particulière ; par exemple, si elle tenait de lui le texte objet de la contestation, et si elle ne l'avait reçu que sous la condition de ne pas le publier. Dans ce cas, ce qui armerait d'une action le propriétaire du manuscrit ou l'heureux révélateur du document, ce ne serait pas la législation sur la propriété littéraire, ce serait la convention intervenue entre lui et son adversaire.

Ces principes posés, examinons les cas divers qui peuvent se présenter, et cherchons quelles solutions seront justifiées dans chaque circonstance par le caractère particulier de la pièce pour la quelle sera réclamée la qualification de *document historique*.

Première hypothèse : il s'agit d'un document qui n'est pas une œuvre privée, mais une pièce officielle. Il était jusqu'alors ignoré. Un heureux investigateur a eu la bonne fortune de le découvrir dans les cartons cachés de quelques archives, dans la poussière de quelque bibliothèque longtemps inexplorée. Ce sera, par exemple, le texte d'un traité intervenu entre deux puissances, une note diplomatique demeurée secrète, la correspondance officielle d'un ministre ou d'un souverain avec ses agents ; ce sera peut-être quelque vieille charte oubliée, dont l'étude permettra de reconstituer la physionomie d'un siècle disparu.

Aucun de ces actes ne relève des lois sur la propriété littéraire. Ni l'auteur, ni ses représentants ne pourraient invoquer ces lois et prétendre y trouver le droit exclusif de publier l'œuvre ou d'en interdire la publication. Telle pièce appartiendra au public par son essence même ; telle autre était destinée à rester secrète, et celui qui l'a jadis rédigée n'aurait pas eu, dans l'origine, le droit de l'imprimer pour en tirer un profit pécuniaire. S'il existe des lois qui interdisent de la publier aujourd'hui, ces lois sont celles qui peuvent régir le secret professionnel, les secrets d'État, les documents appartenant à l'État et déposés dans les archives nationales ou dans les bibliothèques publiques (1), etc., ce ne sont pas les lois sur la propriété littéraire. Il en serait de même du vieux cartulaire qu'un érudit aurait eu la bonne chance de découvrir et le mérite d'apprécier.

Si aucune loi spéciale ne s'oppose à la publication, l'heureux révélateur du document aura, en effet, la faculté de le publier le premier, comme il aurait celle de le garder pour lui. Mais, d'une part, il ne pourra pas empêcher un autre érudit de le découvrir à son tour et de le publier avant lui ; d'autre part, aussitôt qu'il aura livré sa trouvaille au public, elle appartiendra au public, et tout historien aura le droit de s'en servir et de la reproduire. L'inventeur gardera l'honneur de la découverte ; s'il accompagne sa publication d'un commentaire, les lois sur la propriété littéraire protégeront son commentaire ; mais elles ne protégeront pas le document lui-même, qui n'est pas son œuvre.

Deuxième hypothèse : il s'agit d'une pièce privée inédite, dont l'original se trouve dans les mains d'une personne étrangère à la famille de celui qui l'a écrite. Ce seront des mémoires, des lettres missives, des notes de famille, un livre de raison, etc. De tels documents peuvent avoir un intérêt historique quand ils émanent d'un personnage dont la vie

(1) Code pénal, 378 et 418 ; décret du 20 février 1809, etc.

appartient à l'histoire, ou d'un homme particulièrement bien informé sur un fait intéressant et peu
connu, ou même quand, émanée d'un personnage
obscur et sans intérêt par lui-même, la pièce révèle
un trait de mœurs curieux et oublié. Ici commencent les difficultés ; ici nous serons obligé de faire,
suivant les circonstances, suivant le caractère ou la
date de la pièce, peut-être aussi suivant la notoriété
plus ou moins grande de celui qui l'a écrite, une
série de distinctions souvent fort délicates, et d'où
il semble impossible d'écarter entièrement l'arbitraire.

Supposons d'abord que, dans la pensée de celui
qui l'a écrite, la pièce était destinée à être un jour
imprimée. Il s'agit, par exemple, de mémoires. Un
personnage obscur ou célèbre les écrit pendant les
loisirs de sa vieillesse, pour se donner, en racontant les faits dont il a été le témoin, l'illusion d'agir
encore ; pour se venger de l'injustice du sort qui
lui a refusé une destinée égale à son mérite ; pour
prouver, en jugeant ses contemporains, qu'il leur
était supérieur ; parfois aussi, tout simplement,
pour laisser après lui la trace aigrie de ses rancu-
nes. L'auteur ne manque jamais de les faire précé-
der de ces mots : « Je les écris pour mes enfants ;
je ne songe pas à les publier moi-même ; mais dans
quelques années, quand auront disparu tous ceux
dont je rappelle les noms, peut-être paraîtront-ils

dignes d'être livrés au public. Ils lui apprendront
ce qu'étaient la vie et la société à l'époque où je me
suis agité sur la terre, ce que pensaient et faisaient
mes contemporains, ce que je valais et quel rôle
j'aurais pu jouer ». Ici, sans aucun doute, nous tom-
bons sous l'application des lois sur la propriété
littéraire. Ces mémoires sont des *œuvres posthu-
mes* ; ils sont régis en France par le décret du
1er germinal an XIII : « Les propriétaires par suc-
cession ou autrement d'un ouvrage posthume ont
les mêmes droits que l'auteur, et les dispositions
des lois sur la propriété exclusive des auteurs et sur
sa durée leur sont applicables ». Remarquons que
le décret ne dit pas : « le propriétaire du manuscrit »,
mais « le propriétaire de l'ouvrage », c'est-à-dire
celui qui possède, comme l'avait l'auteur lui-même,
le droit de le publier. Si l'auteur vivait encore, lui
seul aurait le droit d'en faire ou d'en autoriser la
publication ; l'ami à qui il aurait donné le manuscrit
serait propriétaire de l'autographe, mais ne serait
pas par cela seul présumé propriétaire de l'œuvre.
Si l'auteur est mort, la situation légale reste la
même ; la propriété de l'œuvre a passé au représentant de sa personne, à son héritier naturel ou testamentaire, et le propriétaire du manuscrit n'a pas le
droit de le publier sans l'autorisation de ce représ-
sentant. Pour que ce droit lui fût reconnu, il faudrait qu'il prouvât d'abord que l'auteur, en lui

abandonnant le manuscrit, a entendu lui abandonner également ses droits sur le texte ; puis que
l'auteur a entendu le rendre seul juge de l'oppor-
tunité de la publication.

Nous arriverons à une conclusion semblable s'il
s'agit d'un document intime et confidentiel que
l'auteur destinait à rester ignoré du public. Que
l'on réclame ou non pour le document la qualification de *document historique,* ce ne seront pas
seulement les lois sur la propriété littéraire qu'il
faudra consulter ; ce seront surtout les lois de droit
commun, celles qui garantissent un principe plus
important encore au point de vue social que la
propriété de l'auteur sur son œuvre, le respect du
domaine intime de la pensée et de la conscience de
chaque citoyen.

Prenons pour exemple une lettre missive. Il est
de principe que la lettre appartient à celui à qui
elle a été adressée, et nul, pas même celui qui l'a
écrite, ne peut la lui retirer. Mais le destinataire
est présumé l'avoir reçue à titre confidentiel, et il
n'a pas le droit de trahir la confidence, de livrer au
public la pensée de son correspondant. Notre jurisprudence est formelle à cet égard ; elle se fonde
moins sur le droit exclusif qui appartient à l'auteur
de tirer un profit pécuniaire de la publication de la
lettre, que sur une considération d'un ordre plus
élevé, sur le droit qu'a tout homme de faire respec-

ter sa personnalité. La solution n'est pas douteuse quand l'auteur de la lettre existe. Après lui, son droit passera-t-il à ses représentants ? Si son droit lui survit, combien d'années durera-t-il ? En présence de ce droit, quels seront les droits de l'histoire ?

Oui, son droit lui survit. Il ne peut être permis au premier venu, entre les mains de qui le hasard aura fait tomber une lettre de mon père, de la publier sans mon aveu. Sous un certain rapport, mon droit est même plus étendu que ne l'était celui de mon père, car j'ai le droit de défendre, non seulement sa personnalité, mais aussi la mienne. Je porte le nom de mon père ; je suis lié à lui par la solidarité qui unit les générations successives de la même famille, et si la publication peut être blessante pour moi, même quand elle ne le serait pas pour lui, on ne peut me refuser le droit de l'interdire.

Ce droit sera-t-il éternel ? Peut-on admettre qu'après trois cents ou quatre cents ans un descendant de l'auteur puisse encore s'opposer à la publication d'une pièce qui a pu être confidentielle au moment où elle a été écrite, mais qui a véritablement cessé de l'être après que tous les intéressés ont disparu ? Là où il n'y a plus d'intérêt, il ne saurait plus y avoir de droit. Si aujourd'hui nous n'éprouvons aucun scrupule à troubler dans leur

repos funéraire les Pharaons d'Egypte ou même le
bon Roy René, nous ne pouvons pas prétendre que
les confidences épistolaires qu'ils ont pu faire au
plus intime de leurs correspondants soient plus
inviolables que leur sépulture.

Ce que nous disons des lettres missives, nous le
dirons également des autres pièces intimes dont
nous avons parlé, notes de famille, comptes, livres
de raison, etc. Pour cette catégorie de documents,
les difficultés aiguës se présenteront moins souvent
que pour les lettres, car, à moins qu'ils n'émanent
d'un personnage sur lequel se porte la curiosité
publique, ils n'offriront d'intérêt qu'après un long
espace de temps. Ce que l'érudit cherchera alors ce
ne sera pas la personnalité de l'auteur, ce sera la
physionomie générale de l'époque où il vivait. Souvent l'écrit paraîtra d'autant plus intéressant qu'il
émanera d'un personnage plus effacé, ressemblant
davantage à tous ses contemporains ; à travers son
manuscrit réapparaîtra d'autant mieux le tableau
d'idées, d'habitudes, de mœurs devenues curieuses
pour nous précisément parce qu'elles seront oubliées,
parce qu'elles feront contraste avec les nôtres. Pour
ce genre de documents, c'est le recul qui fait naître
l'intérêt historique, et il fait en même temps disparaître l'intérêt de la famille.

Admettons donc que, pour les pièces intimes,
lettres missives ou notes de famille, la publication

devra, en principe, être libre au bout d'un certain délai. Quel sera ce délai ? Aucune loi ne le détermine. Il serait cependant utile d'en fixer un, au moins comme règle générale, et sous réserve des exceptions que motiveraient les circonstances. Ici les raisons de décider offrent une grande analogie avec celles qui peuvent être présentées pour les questions relatives à la propriété littéraire ; il paraît donc naturel d'adopter ce même délai. En fait, le délai admis par la loi française paraît satisfaire suffisamment aux convenances. Quand cinquante ans se sont écoulés depuis la mort de celui qui a écrit la pièce objet de la contestation, il est présumable que l'intérêt de la famille sera éteint ou tellement affaibli que, du moins dans les cas les plus fréquents, il ne pourra plus tenir en échec l'intérêt de l'histoire.

Si, par extraordinaire, cet intérêt existe encore, nous ne refuserons pas à la famille la faculté de l'invoquer ; mais son *veto* ne serait plus absolu ; les tribunaux seraient juges de son opposition, apprécieraient les intérêts contradictoires, et pourraient, soit interdire, soit autoriser la publication.

Malgré les termes dont nous venons de nous servir, *veto absolu*, nous admettrions que dans certaines circonstances, même avant l'expiration du délai de cinquante ans, la publication peut être permise, et, en cas d'opposition de la famille, nous

reconnaîtrions aux tribunaux le droit de décider
souverainement. L'auteur est un personnage public
dont la vie a été livrée, par le choix qu'il a fait
lui-même de sa carrière, au jugement du public.
C'est un homme politique, un écrivain célèbre, un
artiste éminent, un de ces hommes qui marchent
en tête de leur siècle, qui le caractérisent, qui en
sont, en quelque sorte, les porte-drapeau. Toutes
les particularités de leur existence intéressent la
génération qui les suit, qui a été formée par eux,
vivifiée par leur souffle ; tous les incidents qui
peuvent avoir contribué à mûrir leur génie, à lui
donner sa couleur et sa direction appartiennent à
l'histoire. Faudra-t-il attendre, pour les connaître
entièrement, que deux générations leur aient survécu, que cinquante ans se soient écoulés, que d'autres hommes les aient remplacés dans l'attention
passionnée du public, qu'ils commencent à descendre dans l'oubli ?

Autre hypothèse : l'auteur est un savant, un
écrivain dont l'opinion fait autorité, ou bien c'est
un de ces hommes politiques qui ont pu avoir un
jour l'illusion de compter dans l'histoire ; leur nom,
bien oublié maintenant, on peut le retrouver dans
Larousse, ce répertoire fidèle de ce qui ne mérite
pas d'être retenu par la mémoire. Ils ont fait du
bruit pendant quelques instants ; ce qu'ils pensaient, ce qu'ils disaient, était répété par tous les

journaux, était commenté par tous les lecteurs, et peut encore être précieux aujourd'hui pour nous apprendre quel était le courant d'idées qui agitait leurs contemporains. La lettre n'a rien de confidentiel; elle est exclusivement politique, littéraire ou scientifique. Quel peut être l'intérêt, le droit de la famille à empêcher qu'elle ne soit publiée?

Ces questions se sont souvent présentées dans la pratique, et, par dérogation au principe général, la jurisprudence française a admis que les tribunaux sont compétents pour apprécier, soit le caractère du personnage, soit le caractère de la lettre; pour peser l'intérêt de la famille et celui du public.

Quelle que soit notre répugnance à laisser ainsi aux tribunaux, dans des matières aussi délicates, un droit arbitraire d'appréciation, il nous paraît impossible de le leur refuser. La loi aveugle, statuant sur des cas généraux, ne peut prévoir ces mille nuances qui donnent à chaque espèce sa physionomie particulière et que le juge du fait est seul en mesure d'apercevoir. Prétendre s'en tenir à une règle absolue, applicable sans distinction à des circonstances si diverses, ce serait, pour éviter l'arbitraire, tomber à chaque instant dans l'inique et dans l'absurde. Par la force des choses, les tribunaux sont les gardiens naturels de nos intérêts moraux comme de nos droits pécuniaires, et ce pouvoir, que nous réclamons pour eux, la jurisprudence le leur a reconnu. Le public, qui juge à son tour leurs arrêts et qui parfois les critique, n'a jamais songé à s'élever contre le principe même de leur intervention.

Peut-être y aurait-il lieu d'établir sur ces derniers points, toujours sous le contrôle des tribunaux, encore une autre distinction. Admettons que je ne puisse publier, à cause de l'opposition de la famille, le texte intégral d'un manuscrit que j'ai entre les mains. N'aurai-je pas au moins le droit de me servir, pour établir une thèse historique, de ce que je lis dans ce manuscrit? Ce n'est plus là une publication proprement dite, telle que pourrait la faire le propriétaire de l'œuvre; ce n'est plus l'exploitation pécuniaire de la propriété littéraire; c'est l'usage légitime d'un document que j'ai le droit de ne pas ignorer. La distinction est peut-être difficile à établir juridiquement; elle satisfait pourtant la raison; elle repose sur la différence qui sépare du droit pécuniaire le droit moral, que ce droit soit revendiqué par l'auteur ou par l'historien. La conscience publique saura faire cette différence; ce qui la blesserait si je n'avais d'autre visée que de gagner de l'argent ne la choquera plus quand mon but exclusivement intellectuel sera seulement d'éclairer une thèse de science ou d'histoire.

Il va sans dire que les lois sur la diffamation resteraient applicables, et que d'ailleurs, là encore, en cas de contestation, les tribunaux prononceraient.

Voici, en résumé, quelles seraient nos conclusions :

1° Un document, ancien ou ignoré, découvert dans les archives de l'Etat ou dans une bibliothèque publique, ne peut devenir l'objet d'une propriété littéraire. Si aucune loi spéciale (papiers appartenant à l'État, secret professionnel, droits des représentants de l'auteur, etc.) ne s'oppose à ce qu'il soit publié, celui qui l'a découvert le premier ne peut interdire à un tiers de le publier avant lui, et, quand il l'a publié lui-même, le document appartient au public et peut être librement reproduit. Le révélateur a la propriété littéraire de la forme qu'il a donnée à sa publication, du commentaire dont il l'a accompagnée, mais non du document lui-même.

2° En principe, et sous réserve des conventions particulières qu'aurait pu souscrire l'auteur, une pièce privée inédite (mémoires, lettres missives, notes intimes) ne doit être publiée qu'avec le consentement des représentants de celui qui l'a écrite, à moins qu'il ne se soit écoulé cinquante ans depuis la mort de l'auteur. La pièce privée inédite tombe ainsi dans le domaine public à la même date que les œuvres publiées par l'auteur.

3° Par exception au principe, les tribunaux saisis

par les parties intéressées doivent pouvoir soit autoriser la publication avant le délai de cinquante ans, s'ils reconnaissent que le document n'a aucun caractère confidentiel et offre un intérêt exclusivement politique, scientifique ou littéraire ; soit interdire la publication, même après le délai de cinquante ans, s'ils jugent que la pièce est confidentielle et que la famille a intérêt à la laisser dans l'oubli.

4° D'autre part, nous serions disposé à admettre que le possesseur d'un document, même quand il n'aurait pas, d'après les principes ci-dessus, le droit d'en éditer une publication spéciale, aurait le droit de s'en servir pour établir ou appuyer une thèse historique. Là encore, en cas de contestation, les tribunaux seraient juges ; les lois sur la diffamation resteraient d'ailleurs applicables.

*Après une discussion approfondie, le Congrès a ainsi formulé ses conclusions :*

1° Les documents découverts dans des archives ou des bibliothèques privées ne peuvent devenir l'objet d'une propriété littéraire.

2° Un document privé ne peut, en principe, être publié qu'avec le consentement des représentants de celui qui l'a écrit, à moins qu'il ait perdu tout caractère confidentiel.

# TABLE

BRIVE, IMPRIMERIE ROCHE

www.ingramcontent.com/pod-product-compliance
Lightning Source LLC
Chambersburg PA
CBHW050309030726
47505CB00003B/632